스토리텔링,
교육을 아우르다

스토리텔링, 교육을 아우르다

초판 1쇄 발행 2014년 8월 29일
초판 2쇄 발행 2016년 3월 4일

지은이   황신웅
펴낸이   정규상
펴낸곳   성균관대학교 출판부
출판부장 안대회
편집   신철호 · 현상철 · 구남희 · 홍민정 · 정한나
마케팅   박인봉 · 박정수
관리   오시택 · 김지현

등록   1975년 5월 21일 제1975-9호
주소   110-745 서울특별시 종로구 성균관로 25-2
전화   02) 760-1252~4
팩스   02) 762-7452
홈페이지 press.skku.edu

ⓒ 2014, 황신웅

ISBN 979-11-5550-068-2   03370
잘못된 책은 구입한 곳에서 교환해드립니다.

스토리텔링,
교육을 아우르다

황신웅 지음

STORY
TELLING

성균관대학교
출판부

1장

———

서문

Introduction

요즈음 들어서 스토리텔링이 많은 주목을 받고 있다. 하지만 스토리텔링은 새로운 것이 아니다. 스토리텔링은 오래전 우리들이 지혜를 나누는 중요한 방법이었다. 마을 사람들은 모닥불 주위에 둘러앉아 이야기를 주고받으며 지식을 교환했고, 아이들은 할머니가 들려주는 이야기들을 통해 삶의 지혜를 배우곤 했다. 하지만 산업화가 빠르게 진행되면서부터 우리의 교육은 무한 경쟁 속으로 휩쓸려 가버렸다. 최대한 빨리, 최대한 많은 정보를 암기하는 것이 먼저였고, 아이들은 획일적인 잣대로 평가받고 서열이 매겨졌다. 그러다 보니 스토리는 우리 삶의 한 켠으로 물러서버렸고, 이제는 영화나 TV를 통해서나 즐기는 수동적인 감상의 존재가 되어버렸다.

　그렇지만 최근 산업의 패러다임이 바뀌면서 스토리텔링이 다시 새로운 관심을 끌고 있다. 최근 열린 세계지식포럼에서 21세기 경제를 이끌어갈 새로운 방정식을 제시해달라는 요구에 글로벌 리더들은 사람의 중요성을 이야기했다. 그리고 감성, 상상력, 소통 등을 주요한 키워드로 꼽으면서, 이런 능력들을 키워줄 수 있는 교육이 핵심이라는 점을 강조했다. 글로벌 리더들은 기업 활동에서도 직원들의 창의성이 중심이 될 것이고, 고객, 직원, 사회 간의 소통이 갈수록 중요해질 것이라는 방향을 제시해주었다.

이런 새로운 사회의 키워드를 아우를 수 있는 것이 바로 스토리텔링인 것이다.

스토리텔링은 뿐만 아니라 최근 학문과 산업의 가장 큰 화두로 꼽히고 있는 인문사회와 과학기술 간의 연결과 조화, 즉 융합이라는 주제에서도 큰 주목을 받고 있다. 기술의 혁신과 사회의 복잡한 문제들을 해결하기 위해서는 서로 다른 학문과 분야의 결합이 요구되고 있는데, 스토리텔링은 인간을 그 중심에 두고 영역 간의 융합을 이루어낼 수 있는 모든 요소들을 갖추고 있다.

이제 스토리텔링을 한다는 것은 시나리오를 쓰는 작가가 되는 것이 아니다. 스토리텔링은 문화 콘텐츠의 영역을 넘어서 사회와 산업의 다양한 영역에서 활용할 수 있는 중요한 방법이 되어가고 있는 것이다. 때문에 우리나라뿐만 아니라 세계의 많은 선진국들이 교육에서 스토리텔링의 중요성을 강조하고 있다.

스토리텔링은 교육에 있어서 아이의 올바른 가치관과 태도를 형성하는 데 도움을 줄 뿐만 아니라 언어, 작문, 컴퓨터, 과학, 수학, 역사 등의 다양한 영역의 수업에서 매우 긍정적인 효과를 거둘 수 있는 것으로 알려져 있다. 또한 스토리텔링이 아이들의 창의성과 사고 능력을 키우고, 공감과 소통 능력을 키워준다는 연구결과들이 최근 쏟아져 나오고 있다. 현대의 스토리텔링은 우리의 교육 방식을 바꾸어놓을 수 있는 커다란 잠재력을 가지고 있다.

하지만 아직 우리들은 이런 스토리텔링의 힘을 제대로 활용하지 못하고 있다. 안타깝게도 우리들은 교육에 스토리텔링을 활용해본 경험이 아직 부족하다. 지금까지 교육에서 스토리텔링의 활용은 단지 스토리를 곁들여서 재미있게 학습을 하도록 도와주는 정도에만 머물러 있을 뿐으로, 겨우 스토리텔링 교육의 첫발을 내디딘 정도라고 할 수 있다. 그렇기에 지금부터 우리들은 새로운 사회 환경, 새로운 교육 시스템, 새로운 교육의 목적에 부합하도록 체계화된 스토리텔링의 방법을 차근차근 만들어 나갈 필요가 있다.

필자는 그동안 스토리텔링의 개념을 새롭게 정립하고, 산업과 사회의 다양한 영역에 스토리텔링을 효과적으로 활용할 수 있는 방법을 찾아내기 위해 노력해 왔다. 이 책은 그 중에서 특히 교육과 관련된 영역에서 스토리텔링에 어떻게 접근해야 할 것인지에 관한 필자의 고민을 담고 있다. 이 책의 주요 내용은 스토리텔링에 대한 기본적인 개념, 교육과 스토리텔링의 관계, 좋은 스토리를 만들고 표현할 수 있는 여러 가지 방법, 스토리텔링을 학교와 가정에서 활용할 수 있는 다양한 기법에 대한 것이다.

그리고 스토리텔링에 관한 이론적인 내용뿐만 아니라, 현실 속에서 스토리텔링을 어떻게 활용할 수 있는지에 관한 다양한 현장의 고민도 소개하고 있다. 또한 우리보다 조금 더 많은 스토리텔링 교육 경험을 가지고 있고, 최근 우리 교육의 대안으로 떠오르고 있는 북유럽의 스토리텔링 교육 방법을 소개하고 있다.

이 책은 초·중·고등학교 교사와 스토리텔링에 관심이 있는 학부모를 대상으로 하고 있지만, 책의 내용을 응용함으로써 대학과 산업의 여러 분야에서 교육 및 강의와 관련된 일을 하시는 분, 스토리텔링 전문가의 길을 걷고자 하시는 분들에게도 도움이 될 내용들을 담고 있다.

역사상 최고의 천재 중 한 명으로 꼽히는 철학자 화이트 헤드(Alfred North Whitehead)는 〈교육의 목적〉이라는 에세이에서 다음과 같이 이야기를 하고 있다.

"단순히 많이 알고 있기만 한 사람은 세상에 아무 소용이 없다. 교육의 목적은 특정 분야에 전문가임과 동시에 문화적 감수성을 가지고 있는 사람을 만들어내는 것이다. 전문적 지식은 삶의 굳건한 디딤돌이 될 것이고, 문화적 감수성은 깊이 있는 철학적 사유와 예술적 비상을 할 수 있도록 이끌어줄 것이다."

이런 화이트 헤드의 교육관은 우리들의 교육이 지향해야 하는 바를 잘 보여주고 있다. 이 지향점을 달성하는 데 스토리텔링은 매우 효과적인 방법이 될 수 있다. 자신을 위해, 아이들을 위해 교육에 스토리텔링을 어떻게 활용할 수 있을지 함께 고민해보도록 하자.

2장

스토리텔링 교육의 시작

The · beginning · of · storytelling · education

산업화 사회, 디지털 사회가 되면서 우리 사회의 많은 것들이 조각조각 갈라지고 떨어져 왔다. 사람들은 서로 멀어지고 배척되었고, 학문의 분야는 각기 나뉘어져 벽을 쌓았고, 지식은 분석되고 분해되었다. 이렇게 나누어짐으로써 서로 힘을 합하기보다는 자신의 밥그릇 챙기기에 바빠 나의 것이 너의 것보다 뛰어나다는 식의 싸움을 벌이게 되고, 사람들을 단지 경쟁의 도구로만 활용하려는 경향이 생겼다.

이런 사회적 흐름 속에서 아이들의 교육 역시 이해와 공감보다는 정보의 암기만을 강요했고, 세상을 풍요롭게 만드는 창의성은 점점 사라져가고 있다. 이제 이런 현대사회의 문제들을 넘어서기 위해서는 과거 르네상스 시대처럼 사람과 지식 모두를 함께 아우를 수 있는 새로운 접근이 필요하다. 애플(Apple. Inc)의 설립자인 스티브 잡스(Steve Jobs)는 "기술만으로는 부족하다. 기술이 인문 예술과 합해지고, 기술이 인류의 삶과 결합할 때만이 우리의 마음을 두근거리게 할 수 있다"라고 이야기하면서 새로운 시대의 흐름에서 아날로그적인 통합의 중요성을 강조했다.

이렇게 아날로그의 방식으로 사람과 사람을, 사람과 지식을, 지식과 지식을 하나로 묶어줄 수 있는 도구가 스토리텔링이다. 스토리텔링은 사람들이 마음을 열고 서로 대화할 수 있도록 하며, 여러 가지 지식과 기술을 사람을 중심으로 함께 아우를 수 있도록 한다. 이런 스토리텔링의 장점은 교육 영역으로도 그대로 이어진다. 스토리텔링을 통해서 아이들은 이해와 공감, 통합과 창작의 즐거움을 누릴 수 있다. 학교에서나 가정에서나 스토리텔링은 아이들의 교육에 적극 활용할 필요가 있는 중요한 도구인 것이다.

다음에 이어지는 내용을 통해서 스토리텔링이란 무엇인지, 그리고 스토리텔링이 교육에서 어떤 역할을 할 수 있는지에 관해서 자세히 살펴보도록 하자.

"잔디에 들어오지 마시오"가 아닌 "잔디 위에 앉는 것을 환영합니다"라는 표지. 스토리텔링은 이 표지처럼 배척과 경계가 아닌 포용과 통합을 바라본다.

1) 스토리텔링이란?

스토리텔링이란 무엇일까? 스토리텔링이라고 하면 그저 이야기하는 것이다라는 정도로만 알고 있는 것이 보통이다. 하지만 스토리텔링은 그 단어 자체에 여러 의미를 담고 있다. 때문에 스토리텔링에 대해서 제대로 알기 위해서는 스토리텔링의 정확한 개념을 이해하는 것부터 시작해야만 한다.

이제 스토리텔링이란 무엇인지 살펴보도록 하자.

스토리텔링은 '스토리(Story)'와 '텔링(Telling)'을 합쳐놓은 말이다. 스토리텔링은 이 두 단어의 의미가 합쳐진 것이다. 때문에 이 두 가지 모두가 무엇을 뜻하는지 알아봐야 한다. '스토리'는 무엇이고, '텔링'은 무엇일까?

스토리의 의미

먼저 스토리의 의미부터 살펴보도록 하자.

스토리의 문학적 의미는 '시간적 연속성 속에서 인과적으로 연결된 일련의 사건들을 통해 이루어진 구조'이다. 조금 난해한 것 같지만, 쉽게 생각하면 스토리란 우리들이 살아가면서 겪게 되는 여러 가지 사건에 맥락, 즉 콘텍스트(Context)를 부여한 것이다.

예를 들어, 한 남자가 밤늦게 친구와 함께 맥주를 마시게 되었다고 상상해보자. 그저 "친구와 술을 마셨다"라고 이야기하는 것에 그친다면 그것을 스토리라고 부를 수는 없다. 그런데 만일 그 남자가 집으로 돌아가는 길에 음주운전을 하게 되고, 술에 취한 채로 운전을 하다가 어두운 도로로 뛰어드는 무엇인가와 부딪히는 사건이 발생했다고 하자. 술에 취한 남자는 당황한 나머지 그대로 도망을 갔고, 날이 밝은 다음 자신의 자동차의 앞쪽이 온통 피로 범벅된 것을 보게 된다. 그 사람은 자신이 사람을 치고 뺑소니를 쳤다는 생각을 하게 되고, 하루 종일 죄책감에 시달리다 결국 경찰에 자수하러 간다. 경찰은 즉시 사고 현장으로 출동하고, 얼마 뒤 돌아온 경찰이 남자가 치고 지나간 것은 사람이 아니라 야생노루라는 것을 알려준다. 물론 그 남자는 음주운전에 대한 처벌을 면할 수는 없겠지만 기쁨과 안도의 한숨을 내쉴 것이다.

이렇게 여러 가지 일이 서로 얽혀서 하나의 콘텍스트를 형성하고, 시작과 끝을 가지고 있을 경우 이를 스토리라고 부를 수 있다. 우리들이 스토리를 스토리로 생각할 수 있는 것은 이런 콘텍스트가 있기 때문이다.

그렇다면 인과적으로 형성되는 콘텍스트만 갖춘다면 스토리가 되기에 충분한 것일까? 음식을 만드는 과정을 쭉 기술하거나, 제품의 제조 과정을 차례대로 설명하는 경우는 어떨까? 과연 이런 것도 스토리라고 할 수 있을까?

실제로 이런 부분을 혼동하는 경우를 주위에서 종종 찾아 볼 수 있다. 블로그에 요리를 만드는 과정만을 적어놓고서 '요리 스토리'라고 이름 붙이거나, 제품의 카탈로그에 제품의 제조 과정을 적어놓고서 상품의 스토리라고 이야기하는 경우를 심심치 않게 찾아볼 수 있다. 그렇지만 이런 것은 스토리가 될 수 없다. 그것은 스토리가 되기 위한 또 한 가지 중요한 요건을 빠뜨리고 있기 때문이다. 스토리가 되기 위한 조건은 바로 인간적인 경험, 우리 삶의 경험을 담고 있어야 한다는 것이다. 김치찌개에 얽힌 추억은 스토리가 될 수 있지만, 찌개를 만드는 과정 자체는 스토리가 아니다.

인터뷰 대상자로부터 흥미로운 스토리를 끌어내는 것으로 유명했던 미국 CNN의 대담 프로그램 '래리 킹 라이브(Larry King Live)'의 진행자인 래리 킹(Larry King)은 한 기자로부터 "어떻게 그렇게 다른 사람의 마음을 흥미롭게 잘 끌어냅니까?"라는 질문을 받은 적이 있다. 그러자 래리 킹은 거꾸로 그 기자에게 만일 화재사고가 발생했다면 소방관에게 제일 먼저 어떤 질문을 할 것이냐고 되물었다. 기자는 당연하다는 듯이 화재 발생 시기, 발생 원인 등을 물어볼 것이라고 답했다. 그러자 래리 킹은 전혀 다른 답을 내놓았다. 자신이라면 소방관의 어깨를 쳐주면서 지금 이 힘든 상황에서 얼마나 고생하고 있는지를 먼저 물어볼 것이다라고 이야기했다. 진짜 스토리는 소방관이라는 직업이 아닌 그 이면에 있는 사람으로부터 시작하기 때문이다. 이렇게 사람의 삶에 먼저 관심을 가지기 때문에 래리 킹은 멋진 스토리로 가득한 대담 프로그램을 만들어낼 수 있었던 것이다.

물론 우리는 토끼, 쥐, 곰, 새, 로봇, 나무 등 온갖 사물이 주인공으로 등장하는 스토리를 흔히 접할 수 있다. 사람이 스토리의 주체가 아니지만 이런 스토리의 경우에도 여전히 스토리가 가져다주는 재미와 감동을 느낄 수 있다. 때문에 '스토리가 인간의 삶에 관한 것이라면, 스토리는 반드시 사람이 주인공이어야만 하는가?'라는 질문을 던질 수 있다.

여기에 대한 답은 사람이 등장하지 않는 스토리라도 그 내용은 결국 사람의 삶을 다루고 있어야 한다는 것이다. 주인공이 무엇이 되었든 그것들이 경험하는 사건은 보편적인 인간의 삶의 모습을 은유적으로 담아낼 필요가 있다. 만일 과학 수업 시간에 대기 순환에 관한 지식을 전달해주고자 물방울을 주인공으로 하는 스토리를 만든다고 해보자. 그 내용이 단순히 물방울에 대한 과학적 설명만을 담고 있어서는 스토리의 힘이 떨어진다. 과학적 지식을 토대로 하지만 동시에 주인공인 물방울의 여정 속에 인간이 살아가면서 겪게 되는 어려움과 고민, 감정과 모험을 담아내야만 흥미로운 스토리를 만들 수 있다.

이 책의 2장에서 스토리를 스토리답게 만드는 방법에 대해서 좀 더 구체적으로 살펴볼 것이다.

텔링의 의미

이제 '스토리＋텔링'에서 '텔링'이 담고 있는 의미를 생각해보자.

'텔링'은 우리가 왜 스토리텔링을 하려고 하는지, 그 근본적인 이유에 관한 것이다. 우리는 왜 스토리를 교육에 활용하려고 할까? 아이들을 재미있게 해주려고? 그렇지 않다. 우리는 개그맨이 아니기 때문이다.

우리가 교육에 스토리텔링을 활용하고자 하는 진짜 이유는 아이들에게 올바른 가치관을 형성시켜주거나, 창의력을 키워주거나, 수업 내용을 쉽게 이해할 수 있도록 해주거나, 학생들이 자신의 생각을 잘 표현할 수 있도록 도와주려 하거나 등의 어떤 특정한 목적이 있기 때문이다. 이처럼 무엇 때문에 스토리를 활용하려 하는지 그 목적을 명확하게 하는 것이 바로 '텔링'의 출발점이다. 내용에 따라서 어떤 스토리는 동기 부여에 적절하고, 어떤 스토리는 사고력 개발에 적절하다. 먼저 목적을 설정하고, 그 목적에 가장 알맞은 스토리를 찾아내고, 목적에 맞도록 스토리의 내용을 수정하는 과정이 바로 '텔링'이다.

그리고 '텔링'은 다른 의미를 한 가지 더 가지고 있다. 〈지킬과 하이드(Jekyll and Hyde)〉라는 유명한 뮤지컬을 예로 들어보자. 이 〈지킬과 하이드〉는 원래는 《보물섬(Treasure Island)》의 작가로 유명한 로버트 루이스 스티븐슨(Robert Louis Stevenson)의 소설이었다. 이 소설이

뮤지컬 〈지킬과 하이드〉의 한 장면. 원작소설의 내용을 바탕으로 하되 아름다운 음악과 가사, 율동과 뛰어난 무대장치 등으로 새로운 매력을 가져다줌으로써 우리나라를 포함해서 전 세계적으로 큰 인기를 끌었다.

뮤지컬로 새롭게 해석되어 노래와 춤으로 표현된 것이다. 이 소설 〈지킬과 하이드〉는 또한 연극으로 상영되기도 했고, 영화로 만들어지기도 했고, 게임으로도 나왔고, 전자책으로 출시되기도 했다. 이렇게 스토리는 하나지만 표현의 방법, 전달의 방식은 달라질 수 있다. 이런 부분을 고려하는 것이 '텔링'의 영역에 속한다.

예전에는 스토리텔링이라고 하면 글이나 말로 전달해주는 것이 대부분이었다. 하지만 기술의 발달과 전달 매체가 다양해져감에 따라서 이제 스토리텔링의 방법이 무척이나 다채롭다. 부모나 선생님이 아이들에게 스토리를 전달해줄 때도 마찬가지이다. 가장 기본적인 방식은 언어로 스토리를 전달해주는 것이다. 하지만 경우에 따라서는 글로 써서 보여줄 수도 있고, 영상을 만들 수도 있고, 특별한 활동이나 게임을 통해서 스토리를 전달할 수도 있고, 그림을 그리거나 사진을 찍을 수도 있고, 노래를 부를 수도 있다.

스토리텔링을 할 때는 어떤 전달의 방법이 가장 잘 교육의 목적을

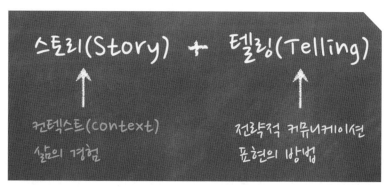

스토리텔링은 스토리와 텔링의 합성어로 삶을 담고 있는 스토리의 콘텍스트를 통해 원하는 메시지를 가장 적절한 방법으로 청중에게 전달해준다는 의미를 가지고 있다.

달성할 수 있는지를 고민할 필요가 있다. 이런 고민이 '텔링'의 역할 이다.

2) 학습과 스토리텔링

스토리텔링은 지식을 전달해줄 때 매우 효과적인 도구로 활용할 수 있다. 그 이유는 인간이 세상을 이해하고, 기억하는 방식과 관련 이 있다. 여기에는 다소간의 심리학적인 설명이 필요하다. 스토리텔 링과 학습의 관계를 설명하기 위해서 먼저 인간 사고의 중요한 작동 방식인 스키마(Schema)라는 개념을 살펴보도록 하자.

스토리는 기억과 사고의 기본 도구

'빠순이', '빠돌이'라는 말이 있다. 자기가 좋아하는 연예인이나 운 동선수를 열렬하게 추종하는 사람을 일컫는 말이다. 이들이 좋아하 는 대상에 대해 생각하는 방식은 일반적인 사람의 시선과는 상당히 다르다. 예를 들어, 어떤 연예인이 음주운전을 하거나, 병역을 기피하 거나 하는 등의 부정적인 일을 저질러도, 그 연예인의 열성적인 팬들 은 그 정보를 무시하고 받아들이지 않거나, 아니면 그 정보를 좋아하 는 연예인에게 유리한 방향으로 바꾸어서 해석을 하는 경우가 많다.

팬들이 그런 반응을 보이는 것에는 이유가 있다. 이들의 머릿속에 그 연예인에 대한 긍정적인 지식의 구조가 이미 형성되어 있고, 그 구조에 맞추어서 연예인에 관한 새로운 정보를 판단하기 때문이다. 그래서 술을 마시고 운전하는 것도 남자답다고 생각하거나, 병역을 기피해도 직업상 그러는 것이 당연하다는 식의 일반적인 상식과는 어긋나는 생각을 하게 되는 것이다. 한참 사랑에 빠져 있는 사람이 상대방이 하는 행동을 좋게만 해석하다가 "눈에 콩깍지가 씌었다"라고 핀잔을 듣는 것도 마찬가지 이유에서다.

이런 편향된 생각이 여러 가지 문제를 일으키기도 하지만, 따지고 보면 모든 사람이 이런 현상으로부터 자유로울 수는 없다. 자동차를 예로 들어보자. 어떤 사람은 자동차라고 하면 편안한 이동수단이라는 생각을 먼저 떠올리겠지만, 심각한 교통사고를 당한 경험이 있는 사람은 자동차를 불안과 공포의 대상으로 여길 것이다. 사람마다 살아가면서 보고, 듣고, 겪은 경험이 다르기 때문에 가지고 있는 기억, 지식의 구조 역시 다른 것이다.

이렇게 사람이 각자의 머릿속에 만들어 놓은 기억의 구조, 세상을 이해하는 지식의 구조를 일컬어 스키마(Schema)라고 부른다. 스키마는 형태, 모양을 뜻하는 고대 그리스어 '$\sigma\chi\eta\mu\alpha$'에서 기원한 것으로 우리가 기억하는 방식, 지식을 형성하는 방식이다. 세상에 대한 여러 가지 주제에 대해서 다양한 정보를 기억하고, 지식의 형태를 만들어가는 과정을 학습으로 본다면, 결국 학습이란 우리에게 필요한 스키마를 인위적으로 형성하는 과정이다.

여기에서 학습에서 스토리텔링의 역할을 주목할 수 있다. 스키마를 형성하는 가장 효과적인 방법 중 하나가 바로 스토리텔링이기 때문이다. 카네기 멜론 대학교의 교육대학장이었던 로저 섕크(Roger

누군가는 바다를 좋아하고, 누군가는 바다를 무서워하고, 누군가는 바다를 동경한다. 이런 바다에 대한 기억의 대부분은 스토리의 형식으로 이루어져 있다.

Schank)는 스키마를 형성하는 가장 자연스러운 방식이 스토리의 방식이라고 설명하고 있다. 예를 들어, 우리는 '바다'에 대한 스키마를 형성할 때 사전적 정의보다는 개인적인 스토리로 머릿속을 채우고 있다. 그렇기 때문에 바다라는 이야기를 듣게 되면 '지표의 사분의 삼을 차지하고 있는 염수'라는 정의보다는 어린 시절 가족과 함께 바다를 찾았던 일, 연인과 함께 해안가를 걸었던 낭만적인 경험을 먼저 떠올리게 되는 것이다. 또 그에 따라서 바다에 대한 긍정적 혹은 부정적 반응이 따라오게 된다.

신경생리학자인 수잔 바인셍크(Susan Weinschenk)는 신경과학의 연구결과를 통해서 우리 두뇌가 스토리의 방식으로 활성화된다는 것을 밝혔다. 그리고 기억을 형성하고 다른 사람과 감정적으로 연결하는 고리 역시 스토리의 방식임을 확인했다. 인류학자들 역시 우리가 학습하는 것의 70%가 스토리를 통해서 이루어진다고 주장하고 있다. 이렇게 스토리가 인간이 스키마를 형성하는 자연스러운 방식, 익숙한 방식이기 때문에 사람은 스토리를 통해서 무언가를 접하게 되면 더 쉽게 이해하고 더 잘 기억하는 것이다.

어릴 적 수업시간에 선생님이 들려준 군대 시절 이야기, 연애 이야기는 오랜 시간이 지나도 기억이 나지만, 그 수업시간에 배웠던 지식들은 기억하기 어려운 것도 이런 이유에서이다. 외우고 또 외웠던 교과서의 내용은 조금만 시간이 흘러도 기억 나지 않지만, 오래전에 소파에 누워서 봤던 영화나 소설의 내용은 오랫동안 생생하게 기억나는 것도 마찬가지 이유에서이다. 섕크 교수는 다음과 같이 스토리텔링의 역할을 표현하고 있다.

"사람은 스토리를 쉽게 기억할 수 있다. 스토리는 과거의 경험에 생명을 부여할 수 있다. 스토리는 기억 속에 존재하는 어떤 사건을 다른 사람이 쉽게 기억할 수 있는 방식으로 전달해준다. 이것이 사람이 스토리를 중요하게 생각하는 이유이다."

공부는 왜 재미가 없을까?

"아이들은 왜 공부를 재미없어할까?"라는 흔한 질문을 생각해보자. 이 흔한 질문에 대한 한 가지 답은 재미이론이라는 색다른 연구에서 찾아 볼 수 있다.

재미이론은 컴퓨터 게임을 재미있게 만드는 방법을 연구하면서 만들어진 이론이다. 여러 단계로 이루어진 컴퓨터 게임을 예로 생각

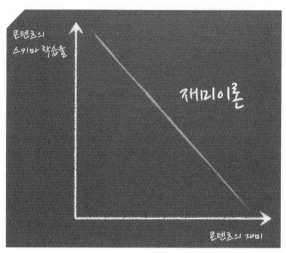

재미이론에서 콘텐츠의 재미는 스키마의 학습률에 반비례한다. 이미 알고 있는 것을 반복하는 것은 어떤 재미도 가져다주지 못한다.

해보자. 한 단계씩 올라가면서 새로운 장애물을 격파해 나가는 과정에서 게임을 하는 사람은 재미를 느끼게 된다. 그런데 게임의 여러 단계를 모두 거치고, 마침내 최후의 장애물과 일전을 앞두고 있을 때 내용이 저장되지 않은 채로 갑자기 컴퓨터가 꺼져버린다면 어떻게 될까? 게임을 다시 처음부터 반복하면서 마지막 단계까지 가는 과정이 처음처럼 재미있을까? 아마 재미는커녕 마지못해 거쳐가야 하는 일종의 노동이 되어버릴 것이다. 무엇이 이런 변화를 가져왔을까?

믿기 어렵겠지만 재미란 것은 학습의 또 다른 이름이다. 우리는 머릿속에 이미 가지고 있는 내용과 완전히 동일한 것에 대해서는 흥미와 재미를 느끼지 못한다. 우리가 알지 못했던 새로운 지식, 기억을 습득해 가는 과정이 바로 재미인 것이다. 제롬 케이건(Jerome Kagan)과 같은 인지 심리학자들은 학습 과정에서 가지게 되는 흥미로움이 인간의 생존에 중요한 역할을 해왔다고 한다. 아기는 처음 보는 사물이나 사람을 보면 오랫동안 뚫어지게 쳐다보곤 한다. 이것은 이제껏 보지 못했던 새로운 자극에 대해서 흥미를 느끼기 때문이다. 이렇게 본능적으로 발생하는 흥미를 통해 유아의 스키마가 형성되어 가고, 인지적 발달이 이루어지는 것이다.

이렇게 원래는 재미있어야 할 학습이라는 과정을 아이들이 전혀 그렇게 느끼지 못한다면 그 이유는 두 가지 정도로 생각해볼 수 있다.

첫째는 공부를 하는 방식이 단순한 정보의 암기 방식이기 때문이다. 정보 전달의 효율성을 중시하다 보니 교육의 중심이 아이들에게 최대한 많은 정보를 최대한 빨리 집어넣는 것에 치우치는 경우가 많다. 그러다 보니 아이들은 머릿속에 어떤 스토리의 콘텍스트를 형성하기 힘든, 아무런 의미를 가질 수 없는 정보를 머릿속에 억지로 잡아두도록 강요받는 것이다. 이렇게 공부하는 과정은 고역이 될 수밖에 없다. 자연스럽게 스키마를 형성하는 스토리와는 달리, 단순한 정보의 집합은 사고체계를 형성하는 부자연스런 방식이기 때문에 흥미를 느낄 수 없고 쉽게 기억할 수 없는 것이다.

이렇게 강제로 머릿속에 쑤셔넣은 지식은 시험을 치고 나면 이내 사라져버리기 일쑤이고, 실제 삶에서 활용하기도 힘들다. 단편적인 정보는 우리가 살아가고 이해하는 방식이 아니기 때문이다. 안타깝게도 초등학교부터 시작해서 학년이 올라갈수록 학교 수업의 내용은 현실과는 동떨어진 추상적인 정보의 영역으로 가게 된다. 초등학교 3·4·5학년이 될 때쯤이면 수학 시간에 X라는 추상적인 기호가 등장한다. X가 도대체 누구일까? X는 우리가 잡아야만 하는 숲 속에

추상적이고 복잡한 기호로 가득한 정보는 우리의 삶 속에서 어떤 맥락도 만들지 못한다. 때문에 이런 정보를 암기하는 것은 아이들에게 재미가 아닌 고역일 뿐이다.

있는 괴물일까? 도대체 왜 X를 써야만 하는 것일까? 아이들은 이런 질문을 제대로 이해하지 못한 채로 무작정 X를 사용하도록 강요받는다. 그러면서 공부에 대한 흥미를 잃고 그 개념에 대한 올바른 이해를 하지 못하는 것이다. 그렇기 때문에 이제 우리는 학습의 영역에서 스토리텔링을 적극적으로 활용할 필요가 있다. 스토리를 통해서 학습을 하면 아이들이 지식을 쉽게 이해하고 기억할 수 있으며, 좀 더 흥미롭고 재미있게 공부를 해나갈 수 있으며, 더 나아가 자신의 지식을 생활 속에서 자연스럽게 활용할 수 있다.

공부가 재미없는 두 번째 이유는 그 공부를 통해 접하게 되는 새로운 지식이 아이들이 가지고 있는 기존의 스키마와 쉽게 결합하지 못하기 때문이다. 난해한 유럽 예술영화를 보거나 어려운 책을 읽어본 경험이 있을 것이다. 이럴 때 끝까지 흥미를 잃지 않고 집중하면서 버틸 수 있는 사람이 많지 않을 것이다. 이는 새로운 세계관이나 지식을 즉시 이해할 수 있는 하나의 체계로 만들기가 힘들기 때문이다. 이런 경우에도 새로운 것을 배우는 재미보다 스트레스와 혼란스러움이 더욱 커진다.

아이들의 경우도 마찬가지이다. 고구려의 행정제도나 미적분에 관한 공식이 아이들이 기존에 가지고 있던 세상에 대한 지식과 어떻게 쉽게 관련을 맺을 수가 있겠는가? 아이들은 이런 새로운 정보들을 이해하지 못한 채로 그저 외워서 받아들여야만 하기 때문에 새로운 지식이 당황스럽고 어렵기만 한 것이다. 어른이나 아이나 이전에 존재하지 않던 새로운 스키마를 만들어내는 것은 몹시 힘든 일이다.

필자는 이와 유사한 주제를 가지고 연구를 진행해보았다. 남녀의 만남과 헤어짐에 관한 내용을 통해서 기존 지식과의 일치도에 따른 재미의 상관관계를 테스트해본 것이다. 먼저 만남과 헤어짐에 관해서 대부분의 사람이 유사하게 생각하고 있는 전형적인 스키마를 도출했다. 다음으로 그 스키마와 똑같은 내용과 구조를 가진 내용의 연애 스토리를 만들었다. 그리고 이렇게 만들어진 스토리를 바탕으로 3가지, 6가지, 9가지, 12가지 스토리의 주요 내용을 변화시켜 또 다른 4가지 스토리를 더 만들었다. 그런 다음 이 5가지 스토리에 대해서 사람들이 얼마만큼 재미를 느끼는지 살펴보았다. 연구결과 사람들은 6가지를 변형시킨 스토리에서 가장 큰 재미를 느꼈고, 내용을 전혀 바꾸지 않은 전형적 스키마와 동일한 스토리와 12가지 주요 요소들을 바꾼 스토리에 대해서는 별다른 재미를 느끼지 못했다. 심

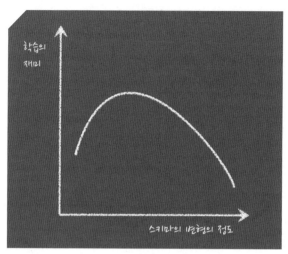

학습의 재미는 우리 머릿속의 스키마와의 일치 정도에 달려 있다. 우리들이 알고 있는 것과 동일한 내용을 학습하거나, 우리 생각과는 완전히 다른 내용을 학습하기보다는 우리 생각에서 조금 벗어난 학습이 가장 흥미롭다.

지어 12가지를 바꾼 스토리에 대해서는 불쾌감을 표하는 사람도 많았다.

이런 연구결과가 제시하고 있는 것은 학습을 흥미롭게 만들기 위해서는 기존에 아이들이 가지고 있는 스키마, 즉 스토리가 어떤 것인지를 먼저 고려하고서, 그 기존의 스토리와 연결해서 조금씩 확장하거나, 수정해 나갈 필요가 있다는 것이다.

학습에 스토리텔링을 활용한다는 것은 이런 측면에서 유용한 접근 방법이 될 수 있다. 아이들에게 친숙한 내용의 스토리를 활용하되 그 속에 아이들이 기존에 접하지 못했던 새로운 지식과 정보를 일정 정도 담아내면 아이들은 그 내용에 대해서 쉽게 이해할 수 있을뿐더러 학습에 흥미를 느낄 수 있게 된다.

그리고 스토리는 인간이 세상을 이해하는 기본적인 방식이기에 스토리텔링을 통해서 이루어진 학습은 아이들이 자신의 삶과 생활의 경험과 자연스럽게 연결시켜서 생각할 수 있다. 이렇게 아이들의 스키마를 파악해서 거기에 알맞는 학습이 진행되고 학습의 도구로 스토리텔링을 활용한다면 학습의 효과를 극대화할 수 있다.

3) 감정과 행동을 바꾸는 스토리텔링

스토리텔링을 흔히 감성적 커뮤니케이션이라고 한다. 이 말은 스토리텔링이 사람의 감정을 움직일 수 있다는 말이다. 그렇다면 감정이란 무엇이고, 스토리텔링은 어떻게 감정을 움직일 수 있으며, 왜 감정을 움직이는 것이 교육에서 중요한 부분인지 순서대로 살펴보도록 하자.

감정이란 무엇인가?

감정의 정체는 생각보다 단순하다. 인지심리학에서는 감정을 목표의 달성 여부, 달성 가능성에 대한 평가 결과로 해석하고 있다. 튀어나가는 공을 잡으려고 애쓰고 있는 아기의 모습을 떠올려보면 쉽게 이해할 수 있다. 아기는 움직이는 공을 잡고 싶다는 목표를 가지고 있다. 그런데 이 공이 자기 생각처럼 움직이지 않고 저 멀리 튀어나가 버리면 아기는 이내 울음을 터트리게 된다. 그러다가 엄마가 그

공을 가져다주면 곧 그 아기는 방글거리며 웃음을 짓는다. 이것이 감정인 것이다.

　나이가 들어가면서 우리는 아기 때보다 더욱 복잡한 생각과 감정을 표현하게 되지만, 잘 살펴보면 그 근본은 동일하다는 것을 알 수 있다. 우리는 기대하는 목표를 얼마나 충족시켰는지에 따라서 긍정과 부정의 감정을 가진다. 시험에 붙거나 떨어지고, 결혼에 성공하거나 실패하거나, 취업을 하거나 못하거나 같은 목표의 달성 여부에 따라서 감정이 발생하는 것이다. 목표를 달성할 경우 긍정적 감정을, 목표 달성에 실패할 경우 부정적 감정을 가지게 된다. 물론 우리는 살아가면서 환희, 우울, 슬픔, 기쁨 등의 다양한 형태의 감정을 느끼지만, 심리학자들과 문학가들이 동의하는 것은 이 세상의 모든 감정은 결국 긍정적 감정과 부정적 감정의 두 가지로 귀결된다는 것이다.

　그리고 그 감정의 격렬함은 목표에 대한 열망, 달성하고자 하는 바람의 정도에 달려 있다. 오랫동안 정말로 사랑해왔던 사람과 집안의 반대로 결혼을 못하게 되는 경우와, 몇 번 만난 다음에 궁합이 맞지 않는다는 이유로 헤어지게 되는 경우를 비교해보면 전자의 경우에 더욱 큰 슬픔, 더욱 강한 부정적 감정을 가지게 되는 것이다. 필요에 대한 간절함이 눈물의 양, 감정의 정도를 좌우하는 것이다.

　그렇다면 이제 왜 스토리텔링이 감정을 불러일으킬 수 있는지를 생각해보자.

　감정의 본질이 스토리텔링과 감정의 관계를 설명해주고 있다. 예를 들어, 영화를 보러 가면 우리는 어둠 속에서 화면에 집중하게 되고 곧 이어 스크린 위에 펼쳐지는 가상 세계를 머릿속에 서서히 받

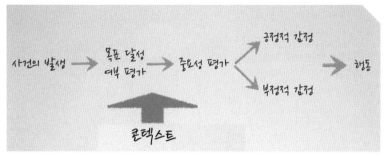

인지심리학에서는 감정의 발생 기제를 목표의 달성으로 설명한다. 우리 머릿속의 콘텍스트는 이 목표를 만들어낸다. 감정은 궁극적으로 행동을 움직이는 힘을 가지고 있다.

아들이게 된다. 얼마 지나지 않아 관객들은 영화 속 주인공이 원하는 게 무엇인지 이해하게 되고, 주인공의 삶에 동화되면서 주인공의 생각과 바람을 따라가게 된다. 과연 주인공은 사랑에 성공할 수 있을 것인가, 이 끔찍한 상황을 극복할 수 있을 것인가, 이런 영화 속 스토리가 만들어내는 콘텍스트를 통해 사람은 가상의 목표를 가지게 되고 그에 따라 영화 속 주인공과 함께 울고, 웃고 하는 감정을 가지게 되는 것이다. 이런 이유로 스토리텔링은 감정을 불러일으키는 강력한 도구가 될 수 있는 것이다. 스토리가 만들어내는 콘텍스트가 사람에게 어떤 목표를 만들어주게 되고, 그 목표의 달성 여부에 따라 사람에게 긍정적, 혹은 부정적 감정을 만들어내는 것이다.

스토리를 통해 가지게 되는 감정의 정도는 얼마만큼 스토리가 정교하게 잘 만들어져 있는지에 달려 있다. 정말 그럴듯하게 만들어져서 사람들의 몰입도를 높여주면, 스토리 속 주인공의 목표 달성에 대한 간절함의 정도가 더 커지게 되고, 그에 따라 감정의 정도도 그만큼 더 커지게 된다. 또한 스토리의 내용이 관객이 삶 속에서 겪고 있는 문제와 닮아 있을 경우에도 느끼는 감정의 정도가 커지게 된다. 만일 부모로부터 원치 않는 진로를 택하도록 강요당하는 아이가 〈죽은 시인의 사회(Dead Poet's Society)〉라는 영화를 보면서 느끼는 공감의 정도는 다른 사람보다 훨씬 더 클 것이다. 동일한 스토리를 접하게 되더라도 어떤 사람은 무덤덤한 반면, 어떤 사람은 엉엉 울게 되는 것은 스토리를 접하는 사람 각자가 이미 가지고 있는 삶의 콘텍스트에 영향을 받기 때문이다.

다음으로 감정의 힘이 교육에서 왜 중요할까라는 문제를 살펴보자.

감정이 교육에서 중요한 가장 큰 이유는 행동의 변화를 만들어내기 때문이다. 단순히 이성적으로만 이해하는 것은 사람의 행동에 변화를 가져오지 못한다. 하버드 대학 심리학 교수 하워드 가드너(Howard Gardner)는 사람들이 생각을 할 때에는 논리적 이성이 지배하지만, 행동을 하기 위한 최종 의사 결정을 내릴 때에는 감정이 작동한다는 연구결과를 얻었다. 우리가 어떤 선택을 내리고 행동을 할 때 감정은 반드시 필요한 요소이다. 사고로 뇌에 손상을 입거나, 질병으로 뇌에 문제가 생겨서 감정을 갖지 못하는 환자들이 있다. 이 환자들은 아주 사소한 것을 결정할 때도 힘들어하는 모습을 보인다. 감정이 결여되어 있기 때문에 행동을 하는 데 어려움을 가지는 것이다.

부모나 선생님이 원하는 것과 다른 행동을 하는 아이들이 많다. 하지만 그 아이들도 무작위로 그렇게 행동하는 것이 아니다. 아이들 각자가 자신이 처해 있는 상황 속에서 자신만의 목표를 가지고 있고, 그 목표로 인해 발생하는 감정에 따라서 움직이는 것이다. 심리학자 다마지오(Antonio Damasio)에 따르면 인간은 항상 더 좋은 느낌을 따라 행동하게 된다고 한다. 예를 들어 뛰어난 게임 실력으로 온라인 속 세상에서 다른 사람으로부터 존경받고, 그로 인해 강한 긍정적인 감정을 느끼고 있는 아이는 부모와 선생님이 아무리 게임을 그만두고 공부를 하라고 말해봐야 소용이 없다. 이 아이는 이성적으로는 공부를 하는 것이 미래를 위한 올바른 선택이라는 것을 알고 있다. 하지만 게임을 하면서는 긍정적인 감정을 느끼고, 공부를 하면서는 스트레스와 압박이란 부정적 감정을 느낀다면 이 아이는 억지로 공부하는 척하지만, 기회만 생기면 다시 게임 속의 세계로 돌아가게 되는 것이다. 탈선을 하는 아이들은 어떤 이유에서건 탈선을 함으로써 더욱 긍정적인 감정을 가지게 되는 잘못된 삶의 맥락을 형성하고 있는 것이다.

그렇기 때문에 아이들의 행동을 실제로 변화시키기 위해서는 그들이 적절한 감정을 가질 수 있는 콘텍스트를 만들어주어야 한다. 아이들이 예의 바르게 행동하도록 하려면, 그 행동에 대해서 긍정적인 감정을 가질 수 있도록 적절한 삶의 맥락을 만들어주어야 한다. 이것은 공부를 하거나, 미래를 위한 준비를 하는 경우에도 마찬가지이다.

이런 측면에서 맥락을 형성하고 감정을 만들어내는 스토리텔링은 사람의 행동을 바꾸어줄 수 있는 강력한 도구이다. 세계 최고의 축구 감독 중 한 명인 조제 무리뉴(Jose Mourinho)는 전반전 경기가 진행되는 45분 중에서 35분 동안은 경기를 분석하고 관찰하지만, 나머지 10분 동안은 휴식 시간에 선수들에게 무슨 말을 할지, 어떤 스토리를 들려줄지 고민한다고 한다. 무리뉴는 그것이 경기 도중에 경기력에 관련된 선수들의 행동에 가장 큰 영향을 줄 수 있는 방법이고, 동시에 선수들의 능력을 최대한으로 끌어낼 수 있는 가장 좋은 방법이라고 생각하고 있는 것이다. 부모나 선생님의 경우에도 마찬가지이다. 인생이라는 그라운드에서 뛰고 있는 아이들의 행동이 적절하지 못하다면 그들의 행동을 바꾸어줄 수 있는 최고의 코치가 되어야만 한다. 그러기 위해서는 아이들에게 어떤 삶의 스토리를 만들어줄 것인지를 고민해보아야 한다.

긍정의 감정을 끌어내는 스토리텔링

미국에서 〈아메리칸 아이돌〉이라는 프로그램이 크게 성공을 거둔 이후, 유사한 프로그램이 전 세계적으로 폭발적으로 퍼져 나갔다. 우리나라도 마찬가지로 최근에 아이돌 발굴 프로그램이 큰 인기를 끌고 있다. 자라나는 아이들에게 세상과 삶은 온통 불안하기만 하다. 그럴 때 세상의 하이라이트를 받는 스타의 모습에 선망의 눈길을 보내는 것은 당연한 일이다. 방송에서 들려주는 그들에 대한 스토리는 온통 멋지고, 부유하고, 아름다운 것들로 가득하다. 그런 스토리가 연예인이나 운동선수들을 아이들의 영웅으로 만들어놓고 있는 것이다.

아이들은 자신의 삶에서 올바른 목적을 인식하지 못하고 있는 상태에서 방송이 만들어내는 허구의 스토리를 통해 세상에 대한 맥락을 형성하게 되고, 스타들의 삶에 대해 긍정적인 감정을 형성하는 것이다. 때문에 수많은 어린아이들이 장래의 꿈으로 운동선수나 가수가 되려고 하는 것이다. 하지만 실제로 성공한 연예인이 되는 아이들의 숫자는 매우 적고, 대부분의 아이들은 좌절감과 더불어 헛된 시간과 노력의 낭비를 하게 되고, 때로는 청소년기에 잘못된 가치관을 형성할 수도 있다. 또한 자신만의 진정한 재능을 발견하고, 사회에서 여러 가지 중요한 일을 하는 데 필요한 지식과 태도를 갖출 수 있는 시기를 놓쳐버리는 안타까운 경우가 발생하기도 한다. 이것은 현실의 삶 속에서 자신만의 스토리, 자신의 진정한 가치를 알지 못하기에 벌어지는 일이다.

최근 심리학계에서는 '일의 의미'에 대한 연구가 활발하게 진행되고 있다. 심리학적 연구결과에 따르면 일의 의미는 사람의 태도, 동기 부여, 수행 능력에 큰 영향을 미치며, 심지어 신체적 건강에까지 큰 영향을 끼치는 것으로 나타났다. 이런 연구결과는 공부를 하는 아이들에게도 그대로 적용된다. 목적과 비전을 가지고 의미를 부여해가며 공부를 하는 학생과 그저 억지로 공부를 하는 학생 사이에는 엄청난 차이가 있다. 부모와 선생님이 아이들에게 해주어야 할 중요한 역할 중 하나는 삶의 목적에 대한 올바른 인식을 심어주는 것이다. 아이들이 앞으로 무엇을 하고 싶은지, 무엇을 할 것인지, 왜 그렇게 생각하는지를 뚜렷하게 인식할 수 있도록 신경을 써주어야 한다. 그러기 위해서 부모나 선생님은 아이들과 계속 대화를 할 필요가 있다. 그 대화의 훌륭한 도구가 스토리텔링이다.

스토리텔링을 활용해서 기술자, 과학자, 예술가, 문학가, 법관, 교사, 경영자 등 세상에 존재하는 다양한 진로에 대한 이야기를 주고받을 필요가 있다. 그리고 아이들 개개인의 삶과 연결시킨 스토리텔링을 통해 일종의 자신만의 스토리와 맥락을 만들어줌으로써, 아이들이 꿈을 가질 수 있도록, 올바른 행동을 할 수 있도록 도와주어야 한다. 일단 목적이 뚜렷해지면 그것을 달성하고 싶은 긍정적 동기가 강해진다. 그러면 아이들이 목적을 향해서 힘차게 나가기 시작한다.

다음 한 학생의 스토리를 살펴보자.

"수정이는 행복하고 건강한 가정의 맏딸로 부족함 없이 자랐다. 퇴근하는 아버지의 손에는 언제나 아이스크림과 과자가 한 가득 들려 있었고, 아버지는 항상 대화를 중요시했기 때문에 저녁을 먹는 시간엔 동그랗게 모여앉아 이야기를 나누며 즐거운 식사를 하곤 했다.

그러던 어느 날 IMF라는 괴물이 한국을 덮쳤고, 수정이의 집이라고 해서 예외는 아니었다. 아버지는 명예퇴직을 하게 되었고, 사업을 시작했지만 몇 년 뒤 사업이 실패해버렸다. 집안 사정은 급속도로 어려워졌다. 부모님은 애써 밝은 척했지만, 한층 어두워진 집안 분위기는 어쩔 수 없었다.

어린 나이였지만 많은 것을 본 이후로 수정이의 인생 목표는 돈을 많이 버는 것이 되었다. 돈 때문에 불행해졌다는 생각이 들었기 때문이다. 한국 사회에서 돈을 많이 벌 수 있는 방법은 공부밖에 없다는 생각에 공부에 매진했지만, 시간이 흘러가면서 공부의 무게가 그녀를 짓누르기 시작했다. 그렇게 수정이는 힘든 학창 시절을 보내고 있었다.

그러던 어느 날 수정이는 우연히 〈병원 24시〉라는 TV 프로그램을 보게 되었다. 그날은 '리씨 증후군'에 걸린 어린아이가 주인공이었는데, 병에 걸린 사람은 10년 내에 사망한다는 것이었다. 아직 치료법과 치료약이 발명되지 않았기 때문에, 그 아기는 시한부 인생을 살고 있었다. 그 사실을 아는지 모르는지 화면 속에서 행복하게 웃고 있는 예쁜 아기를 보면서 수정이의 가슴속 깊은 곳에서 무엇인가가 우러나왔다. 그리고 저 아기와 같은 상황에 있는 사람들에게 더 오랫동안 웃음을 주고 싶다는 생각이 강하게 들었다. 하지만 수정이는 딱히 할 수 있는 것이 없었다.

그때 만난 중학교 담임 선생님은 그녀 인생에 한 줄기 빛과도 같은 분이었다. 선생님은 그녀의 목표에 있어 완벽한 조력자가 되어주었다. 수정이는 담임 선생님에게 이것저것 물어보고, 인터넷도 열심히 찾아보았다. 선생님은 희귀병에 대해 연구하거나, 치료약을 만들기 위해서는 생물 쪽으로 진로를 택하거나 의과대학에 진학하는 방법이 있다고 했다. 수정이는 그때 후대에 길이 남을 희귀병에 대한 치료약을 개발하여 꼭 자신의 이름을 따서 약 이름으로 사용하겠다는 구체적인 목표를 잡았다. 갑자기 수정이의 공부에 힘이 붙었다. 그리고 마침내 수정이는 명문대학의 생물학과에 진학했다. 그렇게 꿈을 위해 한 발자국 더 다가섰다.

하지만 꿈을 실현하는 길은 순탄치 않았다. 그동안 적성이라고 알고 있었고, 의과대학을 포기하면서 온 생물학과였지만 더 깊게 공부하다 보니 적성에 맞지 않음을 알게 되었다. 적성에 맞지 않으니 안 그래도 어려운 공부가 더 어렵고, 힘들게 느껴지고, 열심히 한 만큼 결과물이 좋지도 않았다. 수정이는 결국 교수님과 면담을 했고, 고민에 고민을 거듭한 끝에 생화학과로의 전과를 결심했다.

결심을 했을 때 즈음 정말 청천벽력 같은 소식을 듣게 되었는데, 바로 수정이의 든든한 조력자였던 중학교 담임 선생님께서 암으로 돌아가셨다는 소식이었다. 수정이는 한동안 밥도 제대로 못먹을 만큼 충격을 받았고, 선생님께 너무 죄송스러운 마음에 한동안 우울증에 걸리기도 했다. 하지만 이것이 선생님께서 진정으로 원하는 것이 아니라는 생각에 다시 기운을 차리고, 목표를 확고히 했다. 이 사건을 계기로 수정이의 목표는 더욱 뚜렷해졌다.

전과 이후 수정이는 대학원 석사 과정까지 마친 후에 외국의 유명 제약회사 연구직에 취직했다. 약을 만든다는 것이 1, 2년 만에 되는 것이 아니므로 수정이는 멀리 내다보고 몇 년 동안 배운 것을 활용하여 내공을 쌓고, 연구를 계속해 나갔다. 몇 년 후 수정이는 마침내 희귀병에 대한 치료제를 개발하는 프로젝트를 맡았고, 그 기회를 놓치지 않기 위해 혼신의 힘을 다했다. 개발 취지와 연구 방향은 좋았지만 결코 수월하지 않았다. 지원비는 턱없이 모자랐고, 희귀병에 대한 자료도 부족한 열악한 상황이었다. 어려운 과정이므로 실패도 많이 했고, 끊임없이 반복되는 연구에 포기할까도 생각했지만 수정이는 자신에게 이런 꿈을 심어준 아가의 얼굴과 고통스럽게 돌아가셨을 선생님의 얼굴을 떠올리며 그런 잡생각은 버렸다. 힘든 과정이었지만 교수님과 선배, 여러 전문가의 조언도 받고, 새로운 자료를 수집하는 데도 노력하는 등 프로젝트는 천천히 진행되고 있었다. 하지만 얼마 되지 않아 수정이는 뚜렷한 성과를 내지 못하는 것에 대한 회사의 압박과, 확연하게 줄어든 연구비에 더 이상의 연구개발은 무리인가 하는 근심에 빠졌다.

그렇게 하루하루 걱정과 함께 살아가고 있었는데 몇 달 후에 비슷한 업종에 있는 사업자가 그녀에게 은밀한 제안을 해왔다. 그 사업자는 연구를 꽤 오랫동안 지켜봐왔던 사람으로, 지금 거의 중단 상태에 있는 연구의 연구비를 대주겠다고 제안했다. 그 대신에 그 연구의 성과에 대해서는 자신이 80% 이상을 소유하고, 사례는 충분히 해준다는 조건이었다. 순간 수정이는 그가 이 연구의 상업성, 즉 돈을 보고 접근한 것임을 알았다. 수정이는 고민에 빠졌다. 연구 개발비가 많이 부족한 상태이고, 지원을 받게 된다면 빨리 약을 개발할 수 있게 되어 환자들에게 더 빨리 도움을 줄 수 있을 것이라는 생각이 들었다. 그리고 돈을 목적으로 시작한 일은 아니지만 성공을 한다면 괜찮은 금전적 보상도 따를 것이다. 그 사업가는 수정이에게 2주 동안 고민해보고 결정하라고 했다. 고민에 고민을 거듭할수록 수정이는 자신의 무능함에 속이 상했고, 연구 성과를 넘겨준다면 연구에 성공한다고 해도 처음 목표로 했던 자신의 이름을 건 약을 시판할 수 없다는 아쉬움도 있었다. 그녀는 지인에게 부탁해보기도 하고, 은행에 가서 상담을 받아보기도 하고, 심지어 사채 상담까지도 받아보았지만, 한두 푼 하는 돈이 아니라서 도저히 구할 방법이 없었다.

하지만 수정이는 생각에 생각을 거듭한 결과 몇 십 년 동안 몸 담았던 회사에 대한 신의를 저버리는, 연구 성과를 넘겨주는 행동을 하기에는 자신의 양심이 허락하지 않았다. 그리고 그 사업자가 환자들이 실질적으로 도움을 받을 수 없을 정도로 약을 너무 비싸게 판다든지 하는 식으로 이득을 취할지 모른다는 생각이 들었다.

약속한 2주가 다 되었고, 수정이는 결국 그의 제안을 거절하기로 했다. 수정이는 자신을 위해서라도, 병으로 고통받고 있는 환자들을 위해서라도 그것이 최선의 선택이라고 생각했다. 물론 그녀가 받아야 할 스트레스와 압력은 감수해야겠지만, 다시 한 번 마음을 다잡고 목표를 향해 달려가기로 했다. 그 마음을 알아서였을까? 어느 시민 단체에서 크진 않지만 연구에 보태 쓰라고 기부금을 보내왔고, 그 이후로 연구는 탄력을 받아 차곡차곡 잘 진행되었다.

몇 년이 흐른 후 드디어 그녀는 연구를 성공적으로 마쳤고, 희귀병 치료제를 개발하는 데 성공했다. 그리고 자신의 이름과, 처음 이런 목표를 가지게 한 아기의 이름을 합쳐 약의 이름을 붙였다. 이 약이 처음 시판되어 환자들에게 전해지는 순간 수정이는 기쁨의 눈물이 흘렀다. 그녀의 인생과 노력과 희생이 담긴 그 약을 손에 쥐고 환하게 웃고 있는 환자들과 그 가족들의 모습을 보면서 그동안 겪은 수많은 고비의 순간들이 머릿속에 파노라마처럼 펼쳐졌다. 후세에 남을 무언가를 남길 수 있다는 것은 정말 명예로운 일이다. 그순간 평생 추구했던 꿈을 현실로 이룬 그녀가 느끼는 감동을 말로 이루 다 표현할 수가 있을까?"

이 스토리는 대학 2학년에 재학 중인 한 학생이 작성한 것이다. 대학 2학년 때까지의 내용은 실제로 벌어졌던 일에 관한 스토리

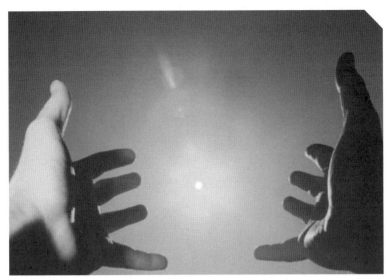

아이들의 머릿속에 구체적인 목표를 만들어낼 수 있는 콘텍스트를 만들어줄 필요가 있다. 분명하게 바라볼 곳이 있으면 아이들은 그곳을 향해 힘차게 나갈 수 있다.

이고, 그 이후의 일은 가상으로 만들어낸 스토리이다. 비록 가상으로 지어냈지만, 스토리 속에는 수정이가 소중하게 생각하는 가치와 꿈이 구체적으로 표현되어 있다. 이 스토리를 통해서 수정이는 자신이 왜 지금의 자리에 와 있는지, 앞으로 어디로 어떻게 나아가야 하는지를 분명하게 인식할 수 있다. 이런 삶의 스토리를 작성해 봄으로써 수정이는 자신이 해야 할 일에 대해 분명한 동기부여를 받을 수 있는 것이다.

이렇게 스토리텔링은 사람들에게 구체적인 목표와 비전을 생생하게 그려볼 수 있는 유용한 도구이다. 인생의 비전을 담고 있는 스토리텔링에는 과거와 현재를 바탕으로 자신이 미래에 하고 싶은 일이 담겨 있어야 하고, 그 일이 구체적이고 현실적으로 묘사되어야 하고,

어떻게 하겠다는 계획이 포함되어야 한다. 아이들이 스토리텔링을 통해서 생생한 맥락을 형성하고 자신이 하고 있는 공부에 의미를 부여하기 시작한다면 스스로를 움직일 수 있는 감정, 즉 행동의 동력이 생기게 된다.

또한 스토리 속에 등장하는 구체적이고 생생한 내용은 아이들에 게서 피그말리온 효과를 끌어낼 수 있다. 피그말리온 효과라는 것은 '믿는 대로, 기대한 대로 이루어진다'는 것이다. 예를 들어, 교사가 어떤 특정 학생에게 매일 "참 공부도 잘하는구나… 착하구나…" 하고 칭찬해주면 그 학생은 원래 어떤 학생이었든 간에 그 기대에 부응하여 착하고 공부 잘하는 학생이 될 확률이 커진다는 것이다.

그렇지만 아이들이 혼자서 비전과 목적을 담고 있는 스토리를 만들기 힘들다. 선생님, 멘토, 혹은 누구보다도 아이들을 잘 알고 있는 부모가 옆에서 자신만의 스토리를 만들 수 있도록 이끌어줄 필요가 있다. 시간과 노력이 필요한 작업이지만 충분히 그럴만한 가치가 있다. 때로는 하나의 스토리가 한 사람의 인생을 바꾸어놓을 수 있기 때문이다.

4) 대화를 만들어가는 스토리텔링

갈수록 어른과 아이, 부모와 자식 간에 거리가 멀어져가고 있다. 그리고 시골을 떠나서 도시로 사람들이 모이게 되면서 옛날이야기를 들려주던 할아버지와 할머니 대신 그 자리를 텔레비전과 컴퓨터가 차지해버렸다. 아이들은 화면 속의 인터넷과 게임에 빠져 있고, 어른들은 바빠서 아이들과 충분히 이야기할 시간을 가지지 못하면서 가족 간의 유대감이 줄어들었다. 어른과 아이 사이의 대화가 점점 사라져가고 있는 것이다. 어른들이 아이들과 주고받는 대화는 기껏 '일찍 일어나라, 아침 먹어라, 학교 가라, 학원 가라, 간식 먹어라, 숙제해라, 일찍 자라' 등등 반복된 내용에 그칠 뿐 진정한 대화를 나눌 수 있는 기회가 많지 않다. 아이들을 즐겁게 해줄 수 있는 오락거리는 많지만, 역설적으로 동시에 아이들은 점점 더 고립되어 가고 있는 것이다.

아이들은 이렇게 고립된 채로 경쟁 속에 내몰리고 있다. 물론 경쟁은 사회의 활력을 위해서 필요하다. 하지만 올바른 버팀목이 없는 채로 경쟁이 너무 격화되면 아이들의 인간성이 상실되고, 독창력과 사고력이 저하되는 문제가 발생하게 된다. 주입식 교육의 폐해도 지나친 경쟁 때문에 발생하는 것이고, 갈수록 늘어나고 있는 아이들의 도덕성의 결여와 끔찍한 범죄율의 상승도 이런 상황과 관련되어 있다.

스토리텔링은 이런 문제의 해답이 될 수 있다. 주입식 교육이나 경쟁은 뭔가를 배척하는 것, 떼어놓는다는 특성을 가지고 있는 반면 스토리는 아이들을 감싸안고 끌어들이는 정반대의 힘을 가지고 있다. 스토리텔링은 어른과 아이 사이에서 사라져버린 대화를 되찾아올 수 있다. 자신의 삶과 경험, 지혜를 열어놓고 스토리텔링을 통해 다른 세대의 아이들을 초대하면 스토리가 나머지 문제를 해결해줄 것이다. 스토리텔링은 아이들의 주목을 끌어내고 호기심을 자극한 다음에 '왜?'라고 스스로 생각하도록 함으로써 질문과 대화를 할 수 있도록 만들어주기 때문이다.

스토리텔링으로 속마음 털어놓기

우리는 대화 부족으로 인해서 아이들의 마음에 상처를 주곤 한다. 부모와 선생님은 아이들과 서로에 대해 전혀 다른 생각을 가지고 있는 경우가 많다. 그렇기 때문에 아이들의 마음속에 정말로 어떤 일이 벌어지고 있는지, 어떤 상처를 받고 있는지를 알지 못한 채로 어른들의 입장만을 강요하기 때문이다.

하지만 아이에게 이야기할 때 "시끄럽게 소리지르지 마"라고 하는 것은 아이에게 '지금 소리를 질러서는 안 된다'라는 강압적인 지시로만 끝나버리게 된다. 아이는 그 순간 소리를 멈출 수는 있겠지만 왜 소리를 멈추어야 하는지, 자신이 지금 무엇을 하고 있는지 그 의미에 관해서 생각하지는 못한다. 어른들이 자신의 생각과 사고에 머물러 있는 동안, 아이들은 그 생각을 전혀 이해하지 못한 채로 행동만을 억제하는 것이다. 엄마가 아이에게 "왜 소리를 질렀는지 얘기해봐." 라고 묻는다고 해도 아이의 속마음을 들어보기는 힘들다. 자신의 생각을 꺼내서 표현할 감정적 동기와 판단이 서지 않기 때문이다. 아이들은 단지 부모가 자신을 혼내고 있다고만 느낄 것이고, 단지 순간의 벌을 피하기 위한 반응만을 보이는 것이다.

하지만 스토리텔링은 다르다. 아이들은 설명이나 지시에 대해서는 훈계하는 것, 가르치는 것으로 받아들이지만 스토리는 함께 하는 것으로 느낀다. 아이들은 스토리를 자신의 경험이나 생각과 연결시켜서 생각할 수 있기 때문이다. 그러면 아이들과 제대로 된 대화를 시작할 수 있다. 예를 들어, 얼룩말에 관한 어떤 스토리를 들려주다가 중간에 "이 얼룩말은 집으로 돌아갔을까? 아니면 끝까지 언덕을 올라가기 위해 낑낑 댔을까?"하고 앞으로 전개될 스토리의 내용에 대해 아이들이 선택을 내릴 수 있도록 하면, 아이들은 자신만의 생각을 들려줄 것이다. 그러면 부모는 아이가 내린 선택에 대해서 그 이유를 물어볼 수 있고, 만일 아이의 선택이 무언가 문제를 발생시킬 수 있다면 아이와 함께 왜 그런 문제가 발생했는지 의논해볼 수 있다. 이런 과정을 통해서 아이가 잘못된 선택을 했다면, 그 실수로부터 어떤 교훈을 얻을 수 있도록 해주는 것이다.

마음속의 어두운 비밀 꺼내기

"옛날에 아버지와 어머니, 아들과 딸 이렇게 한 가족이 살고 있었습니다. 아버지의 직업은 사냥꾼으로 숲 속에서 사슴과 새를 잡아서 가족을 부양하고 있었습니다.

그러던 어느 해 심한 가뭄이 계속되었습니다. 숲 속의 샘은 모두 말라버렸고, 동물도 하나 둘 사라지면서 더 이상 사냥감이 남아 있지 않았습니다. 가족 모두가 허기진 나날을 이어가던 어느 날, 아버지는 아들과 함께 숲 속으로 사냥을 떠났습니다.

저녁이 되어 집으로 돌아온 아버지는 마침내 사냥에 성공했다면서 커다란 고기 덩어리를 어머니에게 내놓았습니다. 어머니는 굶주린 배를 채울 수 있다고 기뻐하며 고기를 요리하기 시작했습니다. 하지만 아들이 보이지 않았습니다. 아버지는 아들이 좀 더 사냥거리를 찾아본다고 숲에 남았다고 이야기했습니다. 그날 저녁은 가족에게 모처럼 성대한 만찬이었습니다. 그렇게 아버지와 어머니는 포식을 하고서 잠자리에 들었습니다. 그런데 그날따라 딸은 복통이 있어서 고기를 한 입도 먹지 못했고, 아직 숲에서 돌아오지 않은 동생 걱정에 잠을 제대로 이루지 못했습니다.

다음날 아침 딸은 일어나자마자 동생을 찾아보았지만 동생은 여전히 보이지 않았습니다. 낮이 되어도, 저녁이 되어도 동생은 보이지 않았습니다. 동생이 걱정된 딸은 직접 숲 속으로 동생을 찾으러 갔습니다. 여기 저기 숲 속을 헤매던 딸은 나뭇가지에 찢긴 채로 걸려 있는 동생의 옷을 보았습니다. 공포에 질린 딸이 비명을 지르자 숲 속에서 바람을 따라 그녀에게 속삭이는 동생의 목소리가 들려왔습니다. 아버지가 동생을 죽였다는 것이었습니다. 딸은 놀라서 정신없이 숲을 뛰쳐나와 집으로 뛰어갔습니다. 그러고는 자신의 방으로 뛰어들어가서 문을 걸어 잠그고는 겁에 질린 채로 이불을 뒤집어썼습니다."

이 무서운 이야기는 아시아의 한 지역에서 전해 내려오는 스토리다. 이 스토리는 별다른 내용도, 아무런 결말도 없는 단순히 잔인하기만 한 이야기일까? 이런 스토리도 어떻게 활용하는가에 따라 커다란 역할을 할 수 있다. 예를 들어, 아이들에게 이 스토리를 들려준 다음에 "네가 이 이야기 속의 딸이라고 상상해보렴. 네가 딸이라면 앞으로 어떻게 해야 할까?"라고 아이들한테 물어보면 아이들은 어떤

스토리는 아이들이 마음을 열고 대화를 할 수 있는 어떤 계기, 환경을 만들어준다. 그 스토리텔링의 품 안에서 아이들은 혼자서만 비밀스럽게 간직하고 있던 자신의 고민과 생각을 자연스럽게 표현할 수 있다.

반응을 보일까?

　어떤 아이들은 부모나 다른 어른에게 학대를 당하면서도 아무런 말도 하지 못하고 그저 가만히 있는 경우가 있다. 그럴 때 아이들은 아무도 모르게 육체적, 정신적으로 큰 상처를 가지고 자라게 된다. 그런데 앞서의 스토리와 같은 내용을 들려주고서 서로 대화를 시작하면 그들의 속마음을 밖으로 끌어낼 수 있다. 아이들한테 "네가 이야기 속의 딸이라면 아버지가 저지른 끔찍한 악행을 다른 사람에게 얘기하겠니? 아니면 직접 동생의 복수를 하겠니? 아니면 아버지니까 모른 척하고 그냥 가만히 있을 거니?" 이렇게 물어보면 아이들은 어떤 반응을 보이게 된다. 그러면 그런 아이들의 반응을 통해서 아이들과 더 많은 대화를 나눌 수 있는 계기를 마련할 수 있다. 스스로 생각해볼 수 있는 화두를 아이들한테 던져줌으로써 말문을 열어주는 것이다.

어떤 스토리텔러는 유사한 방법의 스토리텔링을 통해서 자신의 아버지로부터 성추행을 당하고 있는 아이의 고백을 들을 수 있었다고 한다. 그 아이는 이전까지는 아무에게도 감히 그 이야기를 꺼내지 못했던 것이다. 그런데 스토리가 그 아이의 숨겨진 생각을 끌어낸 것이다. 그 이후 스토리텔러는 바로 아동보호센터에 연락을 해서 그 아이에게 필요한 조치를 취할 수 있었다.

부모나 선생님은 때로 다양한 주제의 스토리를 아이들에게 들려주고서, 그 스토리를 바탕으로 아이들과 깊은 대화를 나누는 시간을 가질 필요가 있다. 스토리에 대한 이런 저런 의견과 생각을 나누는 과정을 통해서 아이들의 심각한 고민을 들어볼 수 있는 기회를 가질 수 있을 뿐만 아니라, 아이들의 가치와 태도에 대해서도 같이 털어놓고 의논할 수 있는 대화의 장을 마련할 수 있는 것이다.

이제 스토리텔링을 통해 아이들의 솔직한 생각을 들어보고, 그들이 가지고 있는 내면의 불안을 표현할 수 있도록 만들어주는 또 다른 접근 방법을 살펴보자.

스토리텔링으로 마음의 상처를 어루만지자

많은 아이들, 특히 사춘기 무렵의 아이들은 학교 제도가 아무리 잘 만들어져 있어도, 선생님이 아무리 좋더라도 학교 생활에 염증을 느끼는 경우가 많다. 그런 불만을 가지고 있는 아이들에게는 스스로 스토리텔링을 하도록 기회를 줄 필요가 있다. 사춘기 아이들에게 마음대로 스토리텔링을 하라고 하면 난폭하거나 불량한 이야기를 쏟아내는 경우가 많다. 그리고 어떤 사람을 놀림거리로 만들기도 한다. 다음은 학교에 불만이 많은 한 사춘기 아이가 만들어낸 스토리이다.

"우리가 매우 싫어하는 난폭하고 뚱뚱한 여선생이 있었습니다. 우리는 그 선생을 납치해서 학교에 몸값을 요구하기로 결정했습니다. 그래서 어느 날 그녀의 집 앞에서 기다리고 있다가 뒤에서 덮쳤습니다. 그리고는 꽁꽁 묶어서 창고에 가두는 데 성공했습니다.

우리는 학교에 협박 전화를 걸었습니다. 그런데 학교에서도 그 선생이 필요 없다고 돈을 못 주겠다고 마음대로 하라고 했습니다. 그래서 우리는 의논을 했고, 이 여선생을 죽여버리자고 결정했습니다. 우리는 그녀를 죽이기 위해 공원으로 데려갔습니다. 그런데 막상 죽이려니 어떻게 해야 할지 모르겠는 것입니다. 그래서 그냥 거기 있는 풀장에 그 여선생을 빠뜨려서 익사시켜버렸습니다.

그리고 다음날 새로운 선생님이 왔습니다. 아주 친절하고 예쁘고 상냥한 선생님이었습니다. 우리는 기쁜 마음으로 자리에 앉아 있었는데, 갑자기 우리가 죽인 그 난폭한 뚱보 선생이 다시 교실 안으로 들어오는 것입니다. 그리고는 그 친절한 선생님을 창 밖으로 던져버렸습니다. 알고 보니 우리가 납치한 것은 그 뚱보 선생이 아니라, 똑같이 생긴 그 선생의 동생이었던 것입니다. 하필 그 날 뚱보 선생이 목감기가 걸려서 방안에서 꼼짝도 않고 쉬고 있었던 것이었습니다."

내용이 폭력적이기는 하지만 웃음을 터뜨릴 수 있는, 어린아이 특유의 재치도 엿보이는 스토리이다. 이런 스토리를 만들어낸다고 해서 그 아이가 반드시 큰 문제가 있는 것은 아니다. 돌이켜보면 누구나 어린 시절 이런 비슷한 상상을 해보았던 기억이 있을 것이다. 사실 이런 내용의 스토리는 사춘기의 아이뿐만 아니라 어른들도 가끔 생각해보는 것이다. 스트레스를 받고 있는 상황 속에서는 누구든 자신에게 어떤 권력을 행사하는 대상을 신랄하게 비판하는 스토리를 떠올리게 마련이다.

한 기업이 직원들을 모아놓고 워크숍을 진행한 적이 있다. 그 워크숍에서 직원들에게 '최고로 통쾌한 직장생활'을 주제로 스토리를 만들도록 주문했다. 한 가지 조건은 직장 생활을 사실 그대로 표현하는 것이 아니라, 실제 사람 대신 동물을 등장시켜서 일종의 동화를 만들도록 했다. 그때 직원들이 만들어낸 많은 스토리는 앞서의 뚱보 선생에 관한 사춘기 아이의 스토리처럼 그들의 상사에 대한 불만을 토로하는 것이었다.

"난폭한 곰이 몸도 제대로 가누지 못하면서 헉헉거리면서 들어오자…" 이렇게 직원들이 스스로 만든 동화를 이야기하면 워크숍에 참석한 모든 사람이 웃음을 터트리며 통쾌해했다. 스토리 속에 등장하는 곰이 실제로 누구인지 다 알기 때문이다. 물론 곰으로 표현된 그 직장 상사도 자신을 묘사한다는 것을 눈치 채더라도 불평할 수 없었다. 왜냐하면 스토리텔링을 하는 시간이었고, 그 스토리 속에 등장하는 것은 자신이 아니라 곰이었기 때문이다.

이런 식의 분위기를 만들어놓으면 스토리텔링을 통해서 직원들은 스스럼 없이 직장 내에서 어떤 문제가 있고, 어떤 일이 벌어지는지를 표현할 수 있다. 그리고 이런 과정을 통해서 누구도 다치는 사람 없이 서로를 이해할 수 있는 기회를 가질 수 있다. 사실 많은 유명한 동화들의 경우도 그 유래를 따라가 보면 여러 가지 억압과 고통을 은유적, 상징적으로 표현하는 하나의 방식이라고 할 수 있다.

때문에 아이들이 도덕적으로 옳지 못한 스토리를 쏟아내더라도 무작정 그렇게 하지 못하도록 막거나 강압적인 태도로 접근하는 것에 대해서는 매우 조심해야 한다. 현명한 부모나 선생님은 아이들이 이런 스토리를 만들어낼 때 그 내용이 어떻든 일단 그냥 내버려둔다. 왜냐하면 그 다음에 무엇이 올지 모르기 때문이다. 부모와 선생님은 아이들이 가지고 있는 혼란스러운 마음을 받아들여야만 한다. 아이들은 불안과 혼돈 속에 놓여 있는 존재이다. 아이들은 그 자신도 알지 못하는 바다 위를 항해하고 있는 중이다.

스토리텔링 시간을 통해서 선생님과 부모는 아이들이 어떤 어려움을 겪고 있고, 어떤 불만이 있는지 그 마음을 알 수 있고, 아이들에게 마음속에 억눌린 부분이 무엇인지 스스로 표현할 수 있도록 기회를 줄 수 있다. 그러고 난 다음 스토리를 매개로 아이들의 생각과 마음이 어디로 어떻게 가야 할지를 가르쳐주는 역할을 해주어야 한다.

만일 아이들이 너무 터무니없는 이야기를 하거나, 스토리에 대해서 너무 폭력적으로 묘사하거나, 등장 인물을 이상하게 만들어버리면 무턱대고 안 된다고 윽박지르기보다는 그것에 대해서 아이가 왜 그렇게 생각하는지 물어볼 필요가 있다. 많은 아이들은 "TV에서 봤다, 다른 아이들이 그런 얘기를 했다" 이렇게 답할 것이다. 그러면 부모나 선생님은 그것들의 문제점에 대해서 아이들과 차근차근 이야기하면서 주고받으면 된다. 그런데 만일 아이가 외부의 영향이 아닌 어떤 내적인 분노로 좋지 않은 스토리를 만들어낸다면 아이에게 무슨 일이 일어나고 있는지 좀 더 진지하고 깊은 관심을 가질 필요가 있다.

생각해볼 것은 아이들이 가지고 있는 불안과 불만이 반드시 나쁜 것만은 아니라는 점이다. 마음속의 혼란과 불만을 통해서 아이들의 창의력이 길러지기도 하기 때문이다. 혼돈과 문제 속에서 새로운 길을 찾아가는 것은 창의력에서 매우 중요한 부분이다. 학습을 한다는 것은 이런 혼돈에 어떤 질서를 부여하는 것이다. 아이들을 억압하기보다는 아이들이 스스로 자신의 의식 속에 감추어진 혼돈의 영역을 마음껏 탐험하도록 만들어줄 필요가 있다. 그런 감추어진 영역을 건드리지 않고는 실제로 아이들의 생각을 바꾸어놓을 수 없다.

이렇게 아이들이 마음속 이야기를 스토리텔링으로 표현하도록 하는 것은 또 다른 가치를 가지고 있다. 바로 치료의 효과이다.

행동생물학 연구가인 디디에 드조르(Didier Desor)는 쥐들을 대상으로 흥미로운 실험을 수행한 적이 있다. 그는 쥐 여섯 마리를 한 우리 안에 넣었다. 우리 속에 갇힌 쥐들은 수영장을 건너야만 먹이를 나누어주는 사료통에 도달할 수 있었다. 실험 결과 쥐들 사이에 역할 분담이 이루어졌다. 헤엄을 치고 먹이를 구해오지만 빼앗겨버리는 쥐가 두 마리, 헤엄을 치지 않고 가만히 있다가 다른 쥐의 먹이를 빼앗는 쥐가 두 마리, 헤엄을 쳐서 먹이를 구해오고서 먹이를 빼앗기지 않는 쥐가 한 마리, 헤엄도 못 치고 먹이도 빼앗지 못하는 쥐가 한 마리였다.

드조르는 이 쥐들의 뇌를 연구해봄으로써 흥미로운 결과를 얻었다. 가장 스트레스를 많이 받은 쥐들이 다른 쥐의 먹이를 빼앗은 쥐들이란 것이다. 폭력을 행사하는 사람이 실제로는 당하는 대상보다도 더 큰 불안과 스트레스에 시달리고 있는 것이다.

그리고 폭력을 행사한 사람은 이런 스트레스로부터 벗어나고 싶은 욕구를 가지고 있지만 그 방법을 찾지 못하고 내면에 숨겨두는 경우가 대부분이다. 심리학적으로 불안을 억압하는 것은 상당히 고통스러운 것이다. 죄책감, 수치심, 과거에 대한 공포, 미래에 대한 두려움이 동반되기 때문이다.

최근에는 스토리텔링을 활용해서 어떤 사고나 사건으로 커다란 충격을 받은 사람들의 마음을 치료하는 심리학적인 접근들이 활발하게 시도되고 있는데, 아이들의 불안을 해소하는 것도 마찬가지 맥락이라고 할 수 있다.

6·25 전쟁에 참전했던 많은 군인들이 노인이 되어서도 그때의 끔찍했던 기억 때문에 괴로워하는 모습을 종종 볼 수 있다. 전쟁을 겪으면서 동료가 죽는 장면을 보거나, 누군가를 죽여야만 했던 끔찍한 경험을 한 사람은 그 내용을 아무에게도 말하지 못한다. 가족이나 친구들을 포함한 주변 사람들에게는 더욱 말을 하지 못하는 경우가 많다. 하지만 속으로는 그 경험으로 인해 평생을 악몽에 시달리면서 괴로워하고 있는 것이다. 그리고 이런 고통을 잊기 위해 술이나 약물에 의존하게 되는 것이다.

감수성이 예민한 아이들의 경우에도 이런 불안의 억압 상황이 벌어지는 경우가 많다. 불안은 아이들에게 부정적인 자존감을 심어준다. 아이들은 불안에 대한 고통을 덜기 위해서 방어기제를 발동함으로써 필요 이상으로 더욱 폭력적이 되거나, 의기소침해지거나, 현실을 왜곡하거나, 심지어는 신체적으로 어떤 병이 나기도 한다.

스토리텔링은 내면에 억눌린 불만을 품고 있는 아이들에게 자신의 감정을 해소하고 대화를 만들어갈 수 있는 상황을 만들어낼 수 있다. 스토리를 통해서 마음속 상처를 밖으로 꺼내놓을 수 있는 것이다. 그렇게 말을 꺼내기 시작하면서 치료가 시작되는 것이다. 아이들은 후련한 느낌을 가지게 되고, 비밀을 공유했다는 느낌을 통해서 부모나 선생님과 유대감을 가질 수 있으며, 자신의 경험을 좀 더 객관적으로 보면서 새롭게 상황을 해석하기도 한다. 스토리텔링을 하다 보면 기억을 좋은 방향으로 왜곡하게 되는 경우도 발생하는데, 그렇게 좋은 방향으로 해석된 스토리를 반복하다가 실제로 아예 그 사람의 기억 자체가 긍정적으로 바뀌는 경우도 있다.

스토리가 삶을 바꾸어준다는 말처럼 실제로 이런 과정들을 통해서 아이들의 생각을 바꾸어놓을 수 있는 기회를 마련할 수 있다. 그렇기 때문에 부모나 선생님은 책임감과 인내심을 가지고 스토리텔링에 임할 필요가 있다.

잊지 말아야 할 것은 지식을 전달해주든, 교훈을 주려고 하든 스토리텔링의 마지막에는 아이들과 '대화'의 시간을 가질 필요가 있다는 것이다. 대화야말로 정말로 뭔가를 제대로 배울 수 있는 시간이기 때문이다. 스스로 생각하지 않으면 대화는 이루어지지 않는다. 대화는 서로 간에 이해하지 못했던 것을 해소하고, 지식을 자신만의 것으로 만들 수 있는 시간이다. 부모는 스토리텔링을 통해 시작된 내용으로 아이와 깊은 대화를 나눌 수 있고, 학교에서도 선생님과 학생 사이에서, 학생들과 학생들끼리 함께 스토리를 만들고, 주고받음으로써 서로를 더욱 잘 이해하고 공감할 수 있다. 스토리텔링은 아이들의 마음을 열어준다.

3장

스토리 만들기

Create · a · Story

우리들은 상상력을 발휘해서 스토리를 만들 수도 있고, 들었던 이야기나 직접 경험했던 일을 가지고 스토리를 만들 수도 있다. 그렇지만 떠오르는 생각, 경험했던 일을 무작정 그대로 이야기한다고 해서 그대로 좋은 스토리가 되는 경우는 많지 않다. 평상시 카페에서 수다 떨면서 주고받는 이야기와 책이나 영화를 통해 접하게 되는 스토리 사이에는 분명한 차이가 있다는 것을 느낄 것이다. 스토리텔링에서 기본이 되는 것은 스토리를 만들어내는 능력이다. 누구라도 스토리를 만들 수 있다. 하지만 누구나 좋은 스토리를 만들어낼 수 있는 것은 아니다. 좋은 스토리를 만들기 위해서는 지식과 연습이 필요하다. 이번 장에서는 어떻게 하면 좋은 스토리를 만들어낼 수 있는지에 관한 몇 가지 가이드라인을 살펴보고자 한다.

스토리텔링의 목적에 따라서 다소의 차이가 있을 수 있지만, 많은 스토리들이 다음에 제시할 몇 가지 원칙을 따르고 있다. 이 스토리 작성의 기본기를 충분히 다지면 누구라도 교육 현장에서 활용하기에 충분한 스토리를 만들어낼 수 있다. 좋은 스토리를 활용하면 그만큼 좋은 교육 효과를 끌어낼 수 있다. 스토리가 스토리 다울 때 아이들의 몰입과 적극적인 참여를 이끌어낼 수 있기 때문이다.

1) 스토리의 구조

스토리 구조라는 것은 비유를 하자면 그림을 그릴 때 구도나 관점을 잡는 방법, 스케치를 하는 방법과 같은 것이다. 처음으로 그림을 그리는 아이는 이런 방법을 모르기 때문에 아주 서툰 그림을 그리게 된다. 원근법도 틀리고, 사물의 형태도 제대로 표현하지 못한다. 어떤 아이는 그림을 그릴 때 중요한 사람은 크게 그리고 그렇지 않은 사람은 작게 그리기도 한다. 하지만 미술 시간에 드로잉 방법을 배우고, 구도를 잡는 방법을 알게 되면서 점점 제대로 된 그림을 그릴 수 있게 된다.

스토리도 마찬가지이다. 스토리의 구조를 만들어가는 몇 가지 기본적인 방법을 터득하면 좀 더 괜찮은 스토리를 만들어낼 수 있다. 물론 스토리를 만들 때 꼭 정해진 방식을 따라야만 하는 것은 아니다. 하지만 규칙을 깨뜨리려면 먼저 규칙을 알아야만 한다. 피카소도 처음부터 입체파의 그림을 그린 것은 아니다. 새로운 형태의 그림도 일반적인 그림을 제대로 그릴 수 있는 능력을 갖춘 이후에나 시도할 수 있는 것이다.

이제부터 설명하고자 하는 스토리의 구조는 사실 누군가에 의해서 발명되었다기보다는 발견되었다고 보는 것이 옳다. 왜냐하면 스

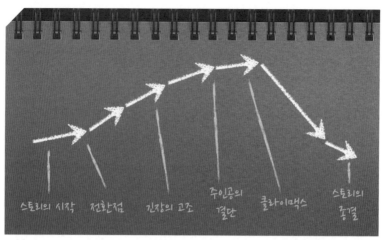

스토리의 전형적인 구조. 유명한 소설부터 할리우드 영화까지 이런 스토리의 흐름을 따라가는 경우가 많다. 이 스토리의 구조는 처음 스토리를 만드는 사람이라면 따라갈 필요가 있는 기본적인 가이드라인이다.

토리 구조는 우리 삶의 모습을 반영하고 있기 때문이다.

이제 필립이라는 먼 나라에 살고 있는 한 청년의 스토리를 통해서 스토리의 구조를 어떻게 형성하고, 어떤 요소를 포함해야 하는지 자세히 살펴보도록 하자.

스토리답지 않은 스토리

"예전에 필립이라는 젊은 청년이 덴마크의 코펜하겐에 살고 있었다. 필립은 여자친구가 있었다. 사실 필립은 그녀가 그렇게 마음에 들지는 않지만 오랫동안 여자친구 없이 쓸쓸히 지냈기 때문에 이 여자친구와는 쉽게 헤어지고 싶지 않았다.

하지만 필립은 코펜하겐의 작은 아파트에 살고 있었고 그의 여자친구는 코펜하겐 외곽의 작은 도시에서 살고 있었기 때문에 주말이 되어야 서로 만날 수 있었다. 그래서 주말에 만날 때마다 필립은 그녀에게 음식도 만들어주고, 좋아할 만한 로맨틱 영화도 보여주면서 나름 노력을 기울였다.

그럼에도 불구하고 필립이 신경을 써줄수록 그녀와의 사이에는 자꾸 거리가 생기기 시작했다. 위기감을 느낀 필립은 다가오는 주말 저녁에 그녀를 감동시킬 수 있는 정말 낭만적인 시간을 만들어서 이 사태를 해결해야겠다고 생각했다. 그는 여자들에게 인기가 좋은 친구 토마스한테 어떻게 하면 좋을지 조언을 구했다.

남자답고 터프한 토마스는 "그냥 한 방에 보내버려. 확 휘어잡아야지. 여자는 그렇게 다뤄야 해."라고 말했다. 그래서 필립은 옳거니 하고 그녀를 한 방에 보내버릴 비책을 궁리했다. 필립에게 순간 떠오른 생각은 머핀을 만들자는 것이었다. 필립은 동네에서도 알아주는 엄마의 머핀 솜씨를 배워서 머핀 맛으로 그녀를 한 방에 보내버려야겠다고 생각했다.

마침내 주말이 되었고 필립은 계획대로 그녀의 아파트를 방문했고, 저녁에 회심의 머핀을 만들어서 홍차와 함께 내놓았다. 그런데 왠걸, 여자친구는 필립의 그런 모습을 보고서 오히려 신경질을 냈다. 그녀는 "너는 여자냐 남자냐, 나는 남자가 필요하다"라고 필립에게 소리 질러댔다. 필립은 당황해서 그녀에게 어떻게 하면 좋겠냐고 물어보았다. 그러자 그녀는 필립에게 자기는 이미 다른 남자를 만났으니 신경 쓰지 말라고 대답했다. 그녀가 만나는 남자는 바로 필립의 친구 토마스였다.

이래저래 낙담할 대로 낙담한 필립은 조용히 여자친구의 아파트를 빠져 나왔다. 그런데 엎친 데 덮친 격으로 타고 온 오토바이도 시동이 걸리지 않았다. 여자친구가 살고 있는 작은 도시는 버스도 제대로 다니지 않는 곳이었다. 필립은 그냥 고속도로로 천천히 걸어갔다. 거기에서 손을 들어 지나가는 차를 세워 태워달라고 부탁할 생각이었다. 고속도로에 다다를 즈음 하늘이 어둑해지더니 비까지 쏟아지기 시작했다. 그때 트럭 한 대가 필립을 보고 멈춰 섰다."

자, 이 필립의 스토리는 제대로 만들어진 스토리일까? 독자 여러분은 어떻게 생각하는가? 아마 제대로 된 스토리라고 부르기에는 조금 어설프게 느껴질 것이다. 불필요한 내용도 많고, 반대로 뭔가 부족하다는 생각도 들 것이다.

사실 앞서 필립의 스토리에는 별다른 내용이 없다. 스토리라고 부르기에는 미심쩍은 내용이다. 우리가 가족과 밥을 먹으면서 하는 이야기들, 친구와 카페에서 주고받는 스토리 중에는 이런 것들이 대부분이다. 스토리를 들은 사람의 머릿속에서는 이런 질문이 떠오르게 된다. '필립이 여자친구에게 쫓겨났구나', '답답한 남자 같으니라고, 그런데 그렇게 쫓겨난 다음에 뭐 어쩌라구?' 필립의 스토리는 이 질문에 아무런 답을 주지 못한다. 일상 생활 속에서 우리가 주고받는 스토리의 경우에도 그저 나는 이렇게 살고 있다, 어떤 사람이 어떻게 살고 있다 같은 사실의 전달과 자기 만족적 차원에서 이야기를 주고받는 경우가 많다. 이런 스토리들은 스토리의 구조를 제대로 갖추고 있지 못하다.

스토리의 전환점

필자의 관점에서 방금 전 필립의 스토리는 전체 스토리라기보다는 스토리의 배경, 즉 시작 부분 정도라고 할 수 있다. 필립이 누구이고, 어디에 살고 있으며, 지금 어떤 상황인지를 전달해주는 정도에 그치고 있기 때문이다. 대부분의 스토리에서 시작 부분에서는 이런 등장인물의 소개와 배경 설명이 이루어진다.

제대로 완성된 스토리가 되기 위해서는 필립이 여자친구에게서 쫓겨난 이후부터 본격적으로 뭔가 일이 벌어질 필요가 있다. 필립이 고속도로에서 히치하이킹을 하고 있었고, 비가 내리기 시작했고, 차가 멈춰 섰다. 이제 스토리가 본격적으로 시작될 준비가 된 것이다. 그렇다면 이 다음부터 스토리는 어떻게 진행되어야 할까?

스토리의 내용을 조금 더 들여다보도록 하자.

"필립 앞에 멈추어 선 트럭 안에는 한눈에도 갱들처럼 보이는 덩치 좋고 우락부락한 남자 세 명이 타고 있었다. 그들의 목과 팔은 온통 문신으로 뒤덮여 있었다.

"어이, 어디까지 가시오?" 필립은 잠시 어찌할 바를 모르고 당황했다. 하지만 비는 쏟아지기 시작했고, 여자친구한테 남자답지 못하다고 무시받고 쫓겨난 자격지심에 필립은 자기도 터프한 남자처럼 행동해야겠다는 오기가 생겼다.

"예, 저는 코펜하겐까지 갑니다. 태워주면 고맙죠!" 그렇게 필립은 트럭에 올라 탔다. 필립이 앉은 자리 옆에는 뭐에 쓸려는지 모르겠는데 야구방망이가 놓여 있었다. 순간 필립의 마음이 불안해지기 시작했다. 그때, 운전을 하고 있는 험악하게 생긴 사람이 말을 꺼냈다. "뒤에 있는 형님에게 인사드리도록 하시오." 필립이 뒷자리를 쳐다보자 얼굴에 칼자욱이 그어져 있고, 눈이 날카롭게 찢어진 독한 인상의 사내가 필립에게 고개를 끄덕거렸다."

이제 필립의 스토리는 점점 더 스토리 같아져 가고 있다. 그 이유는 이제 뭔가 필립의 삶을 흔들어놓을 만한 일이 벌어지기 시작했기 때문이다.

이렇게 주인공의 상황을 바꾸어놓는 어떤 일을 스토리의 구조에서 '전환점'이라고 부른다. 필립이 여자친구와 헤어진 것은 필립의 삶에 그다지 커다란 문제를 가져다주지는 않았다. 필립은 여자친구와 사랑에 빠진 것이 아니었기 때문에 여자친구와 헤어졌다고 해서 필립에게 달라지는 것은 당분간 심심하게 지내야 하는 불편함뿐인 것이다. 필립은 여전히 머핀 굽는 것을 좋아하는 사람 그대로이다. 스토리 속에서 필립이라는 사람의 삶은 달라진 것이 아무것도 없다.

시나리오 전문가인 로버트 맥기(Robert Mckee)는 "스토리 속 주인공의 삶이 스토리의 시작과 끝에서 그리 달라지는 것이 없다면 그 스토리는 굳이 들려줄 가치가 없다"라고 주장한 적이 있다. 대부분의 전통적인 스토리들, 즉 동화나 할리우드 영화들 속에도 스토리의 전반부에 주인공의 삶에 영향을 줄 수 있는, 하나의 전환점이 되는 계기가 으레 등장한다.

〈시애틀의 잠 못 이루는 밤(Sleepless in Seattle)〉이라는 유명한 영화의 예를 살펴보자. 이 영화의 초반부에는 크리스마스 즈음에 주인공애니가 집으로 돌아가는 차 안에서 혼자 운전하면서 라디오를 듣는장면이 나온다. 애니는 그때 우연히 한 인생 상담 방송을 듣게 된다.방송에서는 엄마를 먼저 떠나보내고 아빠의 새로운 짝을 찾아주려는 조니라는 아이의 이야기가 흘러나오고 있었다. 그리고 그 라디오방송을 듣게 됨으로써 약혼을 목전에 두었던 주인공 애니는 새로운운명적인 사랑에 마음을 빼앗긴다. 평범한 라디오 방송이 주인공의삶을 송두리째 바꾸어놓은 것이다. 처음에는 별것 아닌 것으로 여겨지던 일이 결국은 주인공의 삶 전체를 바꾸어놓는 커다란 사건의 발단이 된 것이다.

전환점이 등장함으로써 스토리 속에서 주인공의 삶은 좋은 쪽이든 나쁜 쪽이든 중요한 변화를 겪기 시작한다. 잠잠하던 주인공의 삶이라는 시계추를 흔들어놓는 최초의 동력을 만들어내는 것이 전환점의 역할이다.

그렇다면 이 전환점 이후로 스토리는 어떻게 전개되어 나가야 할지 다시 필립의 스토리로 돌아가보자.

스토리의 핵심은 문제상황이다

"필립은 덩치 큰 갱들로 가득한 차에 앉아서 잔뜩 긴장한 채로 머리를 굴리기 시작했다. '뭔가 조짐이 좋지 않은데, 이를 어쩌지?' 그러다 필립은 언제나 책에서 읽은 내용이 떠올랐다. 아무리 악한 사람이라도 대화를 주고받으면서 정이 들면 상대방을 해하기 어렵다는 내용이었다. '그래, 역시 이야기를 하면 분위기가 좋아질 거야…' 이렇게 생각한 필립은 갱단의 '형님'에게 이야기를 건네기 시작했다.

'어디서 오셨습니까?' 그러자 형님은 자신이 한동안 감옥에 있다가 얼마 전에 출소했고, 버릇을 고쳐놓을 놈이 있어서 손을 봐주고 오는 길이라고 대답했다. 형님은 그놈이 자기한테 거짓말을 했고, 자신은 거짓말을 하는 놈을 보면 참을 수가 없다고 걸걸하게 소리를 질러댔다. 필립은 형님의 기분을 맞춰주려고 맞장구를 쳤다. 그러면서 필립은 자기도 모르게 친구가 자신을 배신하고 여자친구를 채갔다고 이야기했다. 그러자 형님은 냅다 고함쳤다. '저런 쳐죽일 놈이 있나. 그놈은 누구한테 죽도록 맞아야 정신을 차릴 거야.' 필립은 신이 나서 맞장구를 쳤다. '그럼요, 그놈은 좀 당해봐야 해요. 그렇지 않아도 코펜하겐에 돌아가면 가만두지 않을 작정입니다.'

물론 필립은 전혀 그럴 생각이 없었지만 겉으로 허세를 떨었다. 필립은 코펜하겐에 도착하면 어쨌든 그 차에서 빨리 탈출하기 위해 맨 먼저 눈에 보이는 정류장 아무데서나 내릴 계획이었다. 필립은 얼른 집으로 돌아가서 머핀을 만들면서 쉬고 싶은 생각밖에는 없었다.

아무튼 그렇게 이야기를 주고받으면서 분위기가 좋아졌고, 필립은 차에 타고 있는 갱들과 맥주를 같이 마시면서 코펜하겐으로 향했다. 마침내 차는 코펜하겐에 도착했고 필립은 내릴 준비를 했다. 그런데, 신호에 차가 멈춰 서자 형님이 갑자기 방망이를 집어들더니 나지막한 목소리로 필립에게 물었다. '그 친구 놈 집이 어디야?'"

전형적으로 스토리에서는 주인공이 자신이 생각하지 못했던 힘든 문제를 마주하게 되고, 커다란 어려움 속으로 계속해서 빠져들게 된다. 스토리는 이런 긴장을 형성할 필요가 있다. 만일 필립이 코펜하겐에 도착해서 갱들에게 자신을 내려달라고 한 다음에 그냥 집으로 돌아간다면 스토리로서의 자격이 부족하다. 그리고 만일 형님이 친구 토마스가 어디에 살고 있는지 물어보았을 때 필립이 "네, 그놈을 혼내줍시다. 그런데 오늘 말고 다음에요. 오늘은 머핀이나 만들고요." 이렇게 이야기하고 차에서 내려서 도망가버리면 스토리에는 아무것도 남지 않는다. 문제가 아무 의미 없이 그냥 사라져버리는 것이다. 그것은 제대로 된 스토리가 아니다.

의사결정에 관한 이론 중에 선택의 패러독스라는 것이 있다. 음료수를 사러 가게에 들어갔을 때 음료수가 한두 개만 진열되어 있는 가게와 수십 개를 고를 수 있는 가게, 이 둘 중에서 어느 쪽 가게에서 소비자는 더 만족할 만한 선택을 할 수 있을까? 당연히 음료수가 많은 쪽에서 더 좋은 선택을 할 수 있을 것이라고 생각하지만 사실은 그렇지 않다. 오히려 선택한 음료수에 대한 만족감은 음료수가 적게 있는 가게 쪽이 더 높다. 음료수가 많은 가게에서 소비자는 더 좋은 음료수를 고르기 위해 많은 고민을 하게 되고, 마신 다음에도 다른

겉으로 보이는 것처럼 아이들의 삶이 천진난만하고 명랑하기만 하다면 하루에도 수십 명의 청소년이 스스로 목숨을 끊지는 않을 것이다. 아이들도 저마다 힘들게 세상의 풍랑을 헤쳐나가고 있다.

것을 마실걸 하고 후회할 확률이 커진다는 것이다. 이것이 선택의 패러독스이다.

이런 현상은 복권 당첨에서도 벌어진다. 거액의 복권에 당첨된 사람을 대상으로 한 조사에 의하면 이들은 처음에는 크게 기뻐하지만 얼마 지나지 않아서 당첨된 사람의 행복 수준은 곧 이전 수준으로 되돌아갔다고 한다. 오히려 익숙했던 삶의 터전을 떠나게 되고, 친밀했던 가족과 친구들의 질투에 시달리는 경우가 많아 괴롭다고 하소연하는 사람이 많았다. 이렇듯 풍족하면 풍족한 대로, 모자라면 모자란 대로 우리들은 누구나 할 것 없이 나름대로 문제로 가득한 삶을 살아가고 있는 것이다.

이런 인생의 문제들은 아이들이라고 해서 비켜가지 않는다. 장난감을 잃어버리거나, 친구와 다투거나, 이사를 가면서 친구와 헤어지게 되는, 이런 일들이 담고 있는 눈물의 무게는 어른의 고민보다 결코 가볍지 않다. 그리고 아이들은 성장의 불안정한 시기 동안 밤이건 낮이건 스스로와 세상을 향해 끊임없이 어떤 싸움을 벌여가고 있다. 이렇게 아이들의 삶 역시 갈등으로 가득하다. 삶은 누구에게도 만만한 것이 아니고, 인생에서 갈등이란 누구도 피해갈 수 없다. 그리고 이런 삶 속의 문제는 예상치 못하게 우리를 찾아오곤 한다.

스토리텔링의 정의에서 살펴본 것과 같이 스토리는 인간의 삶을 담고 있어야 한다. 그렇기에 삶의 경험에서 가장 큰 부분인 갈등 역시 스토리의 가장 중요한 부분으로 포함되어야 한다. 가끔 이런 갈등을 무시하거나 꺼려하고 마냥 밝고 아름다운 내용으로만 채워진 스토리가 있다. 특히 아이들을 대상으로 하는 스토리의 경우에 그런 경우가 많다. 아이들의 정서를 위해서 좋은 것만을 보여주려고 하는 것이다. 하지만 이런 스토리는 우리의 삶으로부터 동떨어져 있기에 아이들도 마찬가지로 그런 스토리에 흥미를 느끼지 못한다. 아이들은 마냥 행복하기만 한 스토리에 대해서는 따분하다고 생각하면서 형식적으로 스토리를 듣는 척하다가 악당과 맞서 싸우는 만화영화로 금새 돌아가버릴 것이다.

삶을 긍정적으로 살아가는 방법에 대해 연구하는 긍정심리학에서는 환상(Fantasy)과 꿈(Dream)을 구분하라고 한다. 환상은 현실과는 동떨어진, 이 세상에 존재하지 않는 어떤 것이다. 반면 꿈은 현실의 어려운 상황을 인정하고 이를 극복함으로써 이루고자 하는 무엇이라는 차이가 있다. 화려하고 멋진 장밋빛 내용만 가득한 스토리는 환상에 가깝다. 어른이건 아이이건 이런 장밋빛 스토리에는 흥미를 잃을 뿐 아니라, 위선적이라 생각하고 오히려 반감을 가지게 되는 경우도 있다. 오래전 동화부터 지금의 인기 있는 드라마에 이르기까지 스토리는 항상 어떤 충돌, 문제상황을 다루고 있다. 스토리는 주인공이 바라는 상황과 현재 상태 사이의 틈에서부터 시작한다. 스토리 속에서 악당의 역할은 그 틈을 자꾸만 벌려놓으려고 하는 것이다. 이 틈이 바로 갈등이다. 갈등은 모든 문제상황을 일컫는다. 매력적인 스토리는 갈등을 통해 사람의 공감을 끌어내야만 한다.

스토리의 갈등, 문제상황과 관련해서 한 가지 덧붙이고 싶은 것은 하나의 스토리는 하나의 커다란 문제를 중심으로 다루는 것이 좋다는 것이다. 예를 들어, 필립에게 갑자기 친구에게서 전화가 오고, 그 친구가 시련을 당했다고 울먹이는 내용이 나온다면 어떨까? 물론 현실에서 벌어질 수도 있는 일이지만 그런 내용이 스토리에 포함되는 순간 스토리는 초점과 힘을 잃어버리게 된다. 스토리가 한 방향으로 진행을 하는 것이 아니라 왔다갔다 휘청거리며 가게 되는 것이다.

우리들이 일상적으로 주고받는 이야기는 이런 경우가 많다. 직장 이야기를 하다가, 아이들 이야기가 나오고, 주말에 여행을 간 이야기로 이어지고, 쇼핑한 이야기로 바뀌는 이런 일상의 잡담은 스토리라고 할 수 없다. 하나의 문제에 집중하는 것이 중요하다. 물론 어떤 영화를 보면 옴니버스 형식으로 여러 가지 플롯이 함께 흘러가면서 멋지게 내용을 소화하는 경우도 있다. 하지만 이런 복잡하고 다양한 내용을 엮어서 멋진 스토리를 만들어내는 것은 나중의 일이다. 우선은 먼저 하나의 스토리라도 제대로 만드는 것에 익숙해질 필요가 있다.

이제 다시 필립의 스토리로 돌아가보자.

스토리 속의 긴장은 갈수록 고조된다

"필립은 그렇지 않아도 여자 친구한테 남자답지 못하다는 소리를 들어서 기분이 상해 있던 터라 형님이 친구 토마스의 집이 어디인지 물어보았을 때 꽁무니를 빼면서 자존심을 구기고 싶지 않았다. 순간 필립에게 한 가지 잔꾀가 떠올랐다. 그 갱들을 자신의 아파트로 데려가자는 것이었다. 자신의 아파트로 데려가면 당연히 집에는 아무도 없을 테고, 그럼 어쩔 수 없이 갱들이 그냥 돌아가게 될 거라는 꼼수가 떠오른 것이다. 필립은 그렇게 되면 갱들로부터 소심한 놈이라는 핀잔도 듣지 않을 거라 생각했다. 그래서 필립은 그들을 코펜하겐 시내에 있는 자신의 아파트로 데려갔다.

문제는 코펜하겐에 있는 아파트들에는 입주자의 이름이 적혀 있다는 것이다. 다행히 필립은 아직 자신의 이름을 갱들에게 알리지 않았기 때문에 또 다른 거짓말을 생각해냈다. '필립'이라는 이름이 배신한 친구의 이름인 것처럼 꾸미기 시작한 것이다. 필립은 자신의 아파트 문 앞에서 '필립, 이놈아, 문 열어. 얼른 기어나오지 못해!' 하고 소리를 지르면서 벨을 눌러댔다. 당연히 집 안에서는 아무런 반응이 없었다. 필립은 갱들을 돌아보면서 이놈이 운 좋게도 지금 집에 없는 것 같다고, 다음 기회를 보자고 이야기했다. 필립은 그들이 순순히 돌아갈 것으로 예상했지만, 갱단의 형님은 다른 생각을 가지고 있었다. 그는 옆에 서 있던 한 사내에게 눈짓을 했다. 그러자 그 갱은 주머니에서 조그마한 꼬챙이를 꺼내어 열쇠 구멍에 꽂은 다음 이리저리 돌려대기 시작했다. 그리고 잠시 뒤, 덜컥하고 문이 열렸다. 형님이 소리를 질렀다. '이놈의 아파트를 아주 끝장내버리자!'"

이렇게 전환점 다음에 이어지는 내용에서 필립의 상황은 처음보다 점점 더 악화되어 가기만 한다. 쉽게 문제가 해결될 것이라고 주인공은 믿지만, 우리의 삶이 늘상 그렇듯이 세상은 주인공에게 협조해주지 않는다. 주인공은 자신이 늘상 해오던 기존의 방식대로 문제를 풀려고 노력해보지만 상황은 뜻대로 흘러가지 않고 오히려 문제를 더욱 심각하게 만들어버리는 것이다.

필립의 경우와 같이 스토리에서는 문제가 쉽게 해결되지 않고 그 긴장이 계속 이어져 나갈 필요가 있다. 영화 〈반지의 제왕(The Lord of the Rings)〉에서 간달프가 프루도에게 반지를 건네면서 모르도스 화산의 불 속으로 반지를 던져넣으라는 임무를 준 상황을 떠올려보자. 만일 프루도가 간달프에게 모르도스 화산 꼭대기로 어떻게 가는지 질문을 했을 때 '아, 별로 멀지 않아. 집 앞에서 버스 타고 두 정거장만 가서 내리면 돼. 금방 올라가서 반지 던져버리고, 같은 버스 타고 돌아오면 돼.' 이렇게 간달프가 답을 한다면 스토리가 어떻게 되겠는가?

그렇다고 해서 단순히 문제가 반복적으로만 제시되는 것도 바람직하지 않다. 예를 들어, 〈백설공주〉에서 왕비는 백설공주를 리본으로 죽이려 하다가 실패하고, 다음으로 독이 묻은 빗으로 죽이려 하다가 또 실패하고, 다시 독이 든 사과로 암살을 시도한다. 백설공주는 유명한 동화이긴 하지만 스토리가 이런 식으로 구성되면 사람들은 스토리에서 지루함을 느끼게 된다. 할리우드 영화에서 흔히 등장하는 자동차 추격신이 한 번만 등장하는 것이 아니라 뒤쫓는 차를 따돌리고 나자 얼마 뒤 또 자동차 추격신, 또 자동차 추격신 이렇게 내용이 반복되면 관객들의 흥미가 떨어지는 것과 같은 이치이다. 때문에 최근의 잘 짜여진 스토리들은 비슷한 문제를 반복적으로 보여주는 것을 피한다. 좋은 스토리는 긴장과 위기를 같은 수준으로 반복하는 것이 아닌, 하나의 문제를 통해 점점 더 주인공을 커다란 위기로 몰아넣는, 긴장의 수준이 계속 올라가는 연속된 상황을 제시해줄 필요가 있다.

이제 자신의 아파트로 들어가게 된 필립이 또 어떤 위기에 몰리게 될지 다시 필립의 스토리로 돌아가보자.

스토리는 문제의 핵심을 다룬다

"문을 열자 갱들은 필립의 아파트로 서슴없이 들어갔다. 그들은 입구에서부터 야구방망이로 아파트를 때려부수기 시작했다. 먼저 현관의 액자가 날아갔고, 곧 이어 걷어찬 의자의 다리가 부서졌다. 얼마 전에 필립의 엄마가 만들어준 화사한 커튼도 찢어져버렸다. 필립이 멍하니 그 장면을 바라보고 있자 형님은 그에게 야구방망이를 건네주면서 마음껏 분풀이를 하라고 했다. 마지못해 방망이를 건네받은 필립은 머뭇거리면서 돈이 적게 나가는 게 뭘까

하고 고민하다가 거실 한쪽에 진열해놓은 자신의 상장과 트로피들을 때려부수기 시작했다.

성적 우등상, 축구 경기 트로피, 댄스 경연대회 트로피 등을 두들겨 부수기 시작하자 필립은 이상하게 기분이 좋아졌다. '댄스 경연 대회라니, 내가 이딴 짓이나 했단 말이야!' 필립은 트로피를 방망이로 마구 내려쳤다. 그리고 내친김에 엄마가 사준 여러 가지 아기자기한 장식품들도 마구 깨부수었다.

이렇게 필립이 신나게 방망이를 휘두르고 있는데, 형님이 땀을 닦으면서 갱들에게 주방에 가서 냉장고에 맥주라도 있는지 뒤져보라고 이야기했다. 필립은 순간 가슴이 덜컹 내려앉았다. 냉장고 문에 자신이 여자친구랑 찍은 사진을 붙여놓은 게 생각난 것이다. 필립은 얼른 형님의 팔을 잡아끌면서 큰 소리로 이렇게 이야기했다. '냉장고에 맥주가 있겠습니까? 머핀이나 굽는 계집애 같은 놈이라니까요. 그냥 앞에 맥주집에나 갑시다. 내가 시원하게 한잔 쏘겠습니다.' 그렇게 필립은 위기를 모면하고는 형님과 그 일당을 데리고 맥주집으로 내려갔다.

담배 연기 자욱한 오래된 맥주집에서 필립은 형님과 함께 바에 나란히 앉아서 맥주를 시켰다. 그리고 필립이 맥주 값을 계산하려고 카드를 꺼냈는데, 형님이 바로 옆에 앉아 있다가 그 카드에 적힌 필립이라는 이름을 보게 되었다. 필립은 순간적으로 당황했지만 태연하게 좀 전에 아파트에서 몰래 카드를 챙겨왔다고 둘러댔다. 그런 불법적인 것이라면 아주 좋아하는 갱들이었다. 형님은 필립의 어깨를 툭 치면서 교활하게 웃더니 기분 좋게 맥주를 들이켰다. 그러고는 자리에서 벌떡 일어나서 술집에 있는 모든 사람들에게 큰 소리로 이렇게 외쳤다. '어이, 손님들! 오늘 맥주는 다 공짜다. 내가 한턱 쏜다!' 그러자 술집에 있던 사람들이 모두 환호성을 지르면서 필립과 갱들 옆으로 몰려들었다. 필립은 속으로 억장이 무너지는 것 같았지만 그 상황에서 어찌할 도리가 없었다. 이왕 엎질러진 물, 그냥 맥주나 들이켤 수밖에 없었다.

그렇게 술집에 있던 모든 사람들은 아주 흥겨운 분위기에 빠져들었다. 형님과 그 일당, 필립, 그리고 맥주집에 있던 터프한 남자들이 기분 좋게 껄껄대며 이야기를 나누었다. 필립은 자신이 진짜 마초가 된 것처럼 느껴졌다. 필립은 신이 나서 그들에게 친구한테 배신을 당했고, 그놈 버릇을 고쳐주려고 방금 그놈의 아파트를 작살냈다고 떠벌렸다. 형님도 한 마디씩 거들고 다들 신이 났다.

그렇게 이야기를 주고받던 와중에 갑자기 한 사람이 이렇게 말을 꺼냈다. '그런데, 그 친구란 놈은 그냥 놔둘 거야?' 그러자 갑자기 주위가 조용해졌다. 잠시 뒤 형님이 나지막한 목소리로 이야기했다. '뭐, 조만간 그놈이 아파트로 돌아오겠지. 그때까지 기다렸다가 필립이란 놈을 손봐줄 거야." 그러고는 갱 중의 한 명에게 아파트로 올라가서 감시하고 있으라고 명령했다. 그리고 그놈이 돌아오면 바로 연락하라고 소리 질렀다. 이제 필립은 죽을 때까지 거기에서 갱들과 맥주를 마셔야 할 판이었다."

이렇게 스토리 속에서 필립의 상황은 더욱 더 엉망이 되어 가기만 한다. 이렇게 필립의 상황이 악화되어 가는 이유는 무엇일까?

스토리에서 발생하는 문제들은 주로 다음의 네 가지 요인에서 비롯한다.

첫 번째. 스토리에서 가장 중요한 갈등이 등장하는 곳은 바로 주인공 자신으로부터이다. 문제를 일으키는 가장 가까운 적이 바로 자기 자신인 것이다. 내면의 이중성, 스스로의 허약함이나 우유부단함, 참을성 부족, 독단적인 성격, 병이나 사고, 신체적인 결함 이런 것들이 스토리 속에서 끊임없이 주인공을 괴롭히는 문제를 만들어내는 것이다.

두 번째. 누군가와의 대립이 갈등이 될 수 있다. 형제 간의 다툼, 친구들과의 경쟁, 불량배들의 위협, 이성 간의 다툼 같은 것들이 갈등이 되는 것이다. 필립의 스토리처럼 진짜 갱들이 등장할 수도 있지만, 친구나 동생 같은 라이벌들은 실제로는 악당이 아니더라도 주인공의 관점에서 볼 때 악당의 역할을 할 수 있다. 이런 갈등이 위주가 되는 스토리들은 주인공과 비슷한 힘을 가진 상대방과 치열하게 다투는 내용이 될 수도 있고, 다윗과 골리앗처럼 주인공보다 월등한 힘을 가진 상대방과 맞서 싸우는 주인공의 모습이 그려질 수도 있다.

세 번째. 가족, 학교, 단체같이 주인공이 소속된 어떤 곳에서 겪는 어려움이 갈등이 될 수 있다. 가난한 집안 형편, 무언가를 강요하는 부모, 엄격하고 독재적인 학교 시스템, 주인공을 무시하는 사회 등 주인공이 활동하고 있는 어떤 단체나 집단의 방향, 가치, 정책, 명령 등이 주인공과 부딪히면서 문제를 발생하는 것이다. 스토리에서는 주인공이 속한 곳의 잘못된 점들을 고쳐 나가는 모습을 그릴 수도 있고, 반대로 주인공이 자신이 속한 곳의 진정한 의미와 가치를 깨달

갈등의 4가지 종류

1. 주인공 자신으로부터 발생하는 갈등

2. 다른 사람과의 갈등

3. 주인공이 속한 곳과의 갈등

4. 사회나 환경과의 갈등

스토리 속에서 갈등은 다양한 모습으로 나타난다. 때로는 스토리 속에서 갈등은 여러 가지 종류가 섞여서 같이 등장할 수도 있다. 하지만 핵심이 되는 갈등은 하나여야만 한다. 갈등의 4종류 중 어떤 것이 핵심 갈등인지 명확하게 설정하고서 스토리를 만들어가야만 한다.

고 그 속에 녹아드는 모습을 보여줄 수도 있다.

네 번째. 사회나 환경의 변화가 가져다주는 어려움이 갈등의 주요 원인이 될 수 있다. 폭풍이 들이닥친다든가, 지진이 난다든가, 가뭄이 찾아온다든지 하는 환경적 문제들, 전쟁이 발생하는 것과 같은 세계적 문제들, 새로운 기술의 등장 같은 주인공이 어쩔 수 없이 맞이해야 하는 커다란 변화들이 문제를 일으키는 것이다. 스토리는 주인공이 이런 위협이나 변화를 극복하기 위해 노력하는 모습, 해결책을 찾아가는 모습을 보여줄 수 있다.

그렇다면 필립의 스토리에서 핵심 갈등은 무엇일까? 필립의 경우에는 얼핏 보기에 갱들, 즉 다른 사람과의 갈등이 문제를 일으키는 주된 원인인 듯하지만 실제로 모든 문제는 필립 자신으로부터 시작한다. 상황을 악화시키는 것은 갱들의 잘못이 아니다. 이 스토리에서 필립은 가식적으로 터프한 남자처럼 보이고 싶다는 허세를 부리고 있고, 거짓말을 해서라도 갱들과 문제를 일으키지 않으려는 비겁함을 가지고 있다. 이런 필립 내면의 장애물이 스토리 속의 상황을 계속 악화시키고 있는 것이다. 필립은 어떤 노력이나 희생을 하지 않은 채로 자기합리화, 임기응변, 거짓말 등을 통해서 대충 문제를 모면하고만 있는 것이다. 하지만 스토리 속 문제상황을 해결하기 위해서 필요한 것은 필립이 자신의 나약함을 극복하는 것이다.

좋은 스토리는 이런 본질적인 문제를 다루는 스토리이다. 스토리를 끌어가는 힘은 주인공 스스로가 문제를 해결하는 것으로부터 만들어질 필요가 있다. 몇몇 동화나 전설들을 보면 우연히 문제가 해결되거나, 신이 도와주거나, 용감한 왕자가 갑자기 등장해서 문제를 해결하는 경우들이 종종 있다. 하지만 현대 스토리텔링에서는 이런 방식들보다는 주인공이 스스로 문제를 해결할 수 있는 방법을 찾아내는 것으로 내용이 전개될 필요가 있다. 필립의 스토리에서도 우연히 필립이 맥주집에서 경찰 친구를 만나게 되고, 그의 도움으로 갱들을 쫓아내 버리는 것으로 모든 문제를 해결해서는 안 되는 것이다. 스토리의 주된 문제는 주인공의 노력을 통해서 해결할 필요가 있다. 필립이 스스로 문제를 해결할 만큼 용기를 낼 필요가 있는 것이다.

스토리는 주인공의 삶을 바꾸어놓는다

"필립은 잠시 화장실로 가서 가만히 생각을 해보았다. 컴컴하고 적막한 화장실에 혼자 앉아 있던 그는 여기서 평생 이러고 있어야 하는지 난감하기만 했다.

'엄마한테 전화해서 좀 도와달라고 할까? 엄마가 와서 이놈들을 때려주고, 나를 구해줄 수 있겠지?'

필립은 휴대폰을 꺼내 들었다. 그러자 거기에 배신한 친구 토마스로부터 온 몇 개의 메시지가 나타났다. 첫 번째 메시지는 '야, 미안하다. 그래도 이해하도록 해. 우리 여전히 친구지? 여자친구가 너 아파트에 노트북을 놔두었다는데 그거 좀 가져다 줄래? 전화 좀 해줘.'라는 내용이었다. 이어지는 두 번째 메시지에는 '야, 그러지 말고 전화 좀 해라. 노트북만 주면 된다니까. 바로 전화 줘.'라고 적혀 있었다. 그리고 이어서 나타난 마지막 세번째 메시지. '그래. 네가 정 그러면 우리가 아파트로 직접 찾아갈게. 금방 갈 거야.' 필립은 순간 정신이 번쩍 들었다. 이 세 번째 메시지가 온 지 벌써 30분이나 지나 있었다. 필립은 화장실에서 벌떡 일어나 밖으로 뛰어 나갔다.

형님은 필립을 보자마자 소리를 질렀다. '지금 그놈이 아파트에 도착했다는군. 놈을 잡아놨어. 그놈이 여자친구도 데려왔대. 아주 기가 막히게 됐지. 얼른 가자.' 그러고서 형님은 필립을 이끌고 야구 방망이를 휘두르면서 신나게 아파트로 향했다.

필립이 자신의 아파트에 도착하자 열린 문 틈으로 토마스와 여자친구가 겁에 질린 채로 거실 한 가운데에서 무릎 꿇고 있는 모습이 보였다. 필립은 어찌해야 할지 당혹스러웠다. 이번에는 거짓말로 넘어갈 수 있을 것 같지 않았다. 고민하던 필립은 피가 날 정도로 입술을 꽉 깨물면서 마음을 굳게 먹고서 아파트 안으로 들어갔다.

필립과 눈이 마주친 토마스는 정말 다행이라는 안도의 눈빛으로 필립을 쳐다보았다. 하지만 다음으로 토마스가 본 것은 눈에 번쩍거리는 불밖에 없었다. 필립은 토마스의 눈에 정통으로 주먹을 한 방 먹이고는 쓰러진 토마스를 마구 두들겨 팼다. 그러고 나서 필립은 미친듯이 소리를 지르면서 아파트 여기저기를 마구 부수기 시작했다. 여자친구는 필립의 행동을 놀란 눈으로 쳐다보고 있었다.

그렇게 필립이 이성을 잃고서 미친듯이 계속 소리를 지르면서 뛰어다니자 형님은 슬그머니 걱정이 되었다. '이러다 살인사건이라도 벌어지면 골치 아파지는데….' 형님은 다른 갱들에게 슬그머니 눈짓을 했다. '야, 이제 우리는 그만 뜨자.' 곧 이어 형님과 그 일당은 아파트 밖으로 사라졌다. 얼마 뒤 자동차가 떠나는 소리가 들려왔다.

그제야 필립은 괴성을 멈추었다. 그러고는 마음을 가라앉히고 주위를 둘러보았다. 토마스는 손으로 눈을 감싼 채로 한쪽에 쓰러져 있었고, 여자친구는 멍하니 앉아 있었다. 필립은 토마스가 괜찮은지 살펴보았다. 다행히 토마스는 그리 크게 다치지는 않은 것 같았다. 필립은 여자친구에게 다가가서 사과를 했다. 자초지종을 이야기하고 정말 미안하다, 그렇지만 내가 사람을 때린 것은 평생 이번이 처음이다, 나는 폭력을 일삼는 그런 사람이 아니다, 이 상황에서는 이렇게 하는 것이 유일한 해결책이라고 생각해서 그렇게 했다라고 그녀를 달래주었다.

필립이 이야기를 마치자 여자친구는 눈물을 글썽이면서 필립을 껴안았다. 그러고는 이렇게 이야기했다. '네가 이렇게 용감하고 남자다운 줄 알았더라면 토마스와 어울리지도 않았을 거야. 나를 다시 받아줄 수 있니?'

필립은 이렇게 해서 토마스로부터 다시 여자친구를 되찾을 수 있었다."

갱들에게 잡혀 있는 토마스와 여자친구를 보면서 필립은 더 이상 핑계를 대면서 문제를 회피할 수 없는 순간에 처하게 된다. 이 부분이 흔히 이야기하는 스토리의 클라이맥스이다. 스토리에서 가장 긴장된 순간이다. 이 클라이맥스 이후로는 주인공에게 더 이상의 기회는 주어지지 않는다. 주인공은 스토리 내내 모험을 계속 이어가다가 이 부분에서 자신의 모든 것을 걸어야 할 정도로 커다란 압력을 받게 된다. 이런 압력 속에서 올바른 선택을 내리면 문제가 해결되고, 그렇지 못하면 주인공은 파국으로 치닫게 되는 것이다.

이런 위험한 상황은 동시에 주인공에게는 자신의 진정한 가치를 보여줄 수 있는, 자신의 한계를 넘어설 수 있는 기회가 되기도 한다. 이런 큰 위기를 거치면서 스토리 속 주인공의 삶은 이전과는 달라지게 되는 것이다. 필립 역시 비겁하고 소심했던 과거의 태도를 버리고 위기를 극복하기 위해 새로운 용기를 보여준다. 그렇게 함으로써 스토리에서 제기된 근본적인 문제를 해소하는 데 마침내 성공할 수 있었다. 그리고 그 행동의 결과로 다시 여자친구를 되찾는 행복한 결말을 맞이하게 되었다.

필립이 여자친구를 위로하고, 여자친구가 필립을 다시 보게 되는 부분이 스토리의 결말 부분이다. 이렇게 스토리의 결말에서는 위기를 거치면서 이전과는 달라진 주인공의 마음, 달라진 삶을 전달해주어야 한다. 어떤 문제가 발생하지만 결국 주인공이 힘을 내서 이를 극복해 나가서 성공한 이후의 모습을 보여주는 것이다. 물론 주인공의 이런 노력에도 불구하고 위기를 극복하지 못하고 비극적으로 끝을 맺는 스토리도 있다. 미학적인 측면, 문화적 측면에서는 행복한 결말과 비극적인 결말 가운데 어떤 것이 나은지 다양한 의견이 있을 수 있겠지만, 아이들을 대상으로 하는 스토리는 대체적으로 행복한 결말을 맺는 것이 일반적이다.

2) 스토리의 주인공 만들기

필립의 스토리에서 모든 내용이 발생하고 해결되어 가는 과정은 필립이라는 사람을 통해 이루어지게 된다. 이렇게 스토리 속에는 스토리를 끌고 가는 주체가 되는 어떤 존재를 등장시켜야 한다. 이 존재가 흔히 말하는 주인공이다.

스토리에서는 주인공이 누구인지, 무엇을 하는 사람인지보다 주인공의 특징, 특성을 어떻게 표현할 것인지가 중요하다. 성공적인 스토리텔링을 위해서는 청중이 주인공의 캐릭터에 공감할 수 있어야 하기 때문이다. 공감이 있어야만 청중은 주인공이 성공하거나 실패하기를 바라게 되고, 감정적으로 깊이 몰입할 수 있다.

만일 아이들과 함께, 혹은 아이들이 주인공이 되는 스토리를 만든 다면 주인공의 캐릭터가 더욱 중요하다. 아이들이 그 캐릭터를 통해 자신의 정체성을 투영하기 때문이다. 이제 아이들을 위한 스토리에 서 주인공의 캐릭터를 효과적이고 올바르게 설정하는 방법을 살펴 보도록 하자.

선택이 캐릭터를 결정한다

주인공의 특징을 표현하는 가장 쉬운 방법은 겉모양을 활용하는 것이다. 외모, 복장, 말투, 직업 등이 그런 것들이다. 하지만 이런 방 식으로 주인공을 표현하는 것은 사람들의 공감을 끌어내는 데 한계 가 있다. 우리들의 경험을 돌이켜보자. 어떤 사람의 겉모습만으로 그 가 어떤 사람인지 제대로 파악할 수 있을까? 얼핏 그 사람이 예쁘다, 세련되었다, 직업이 좋다 정도로만 판단할 수 있을 뿐 정말 그 사람 이 어떤 사람인지는 알지 못한다.

현실에서건 스토리에서건 외향적인 면만으로는 그 사람을 이해하 는 데는 한계가 있는 것이다. 겉으로 드러나는 이미지, 개성은 '퍼스 낼러티(Personality)'의 라틴어 어원인 '페르소나(Persona)'의 뜻과 같이 가면일 수도 있다. 이 가면은 어느 순간 벗겨지기 마련이다. 겉모양 을 활용하는 이런 일시적인 이미지는 오래가지 못하는 것이다.

다음의 한 학생의 라이프 스토리를 통해 사람들이 공감할 수 있도 록 주인공의 진정한 가치를 표현하는 방법에 대해 좀 더 생각해보도 록 하자.

겉으로 보이는 외향적 이미지만으로는 제대로 된 캐릭터를 표현할 수 없다. 주인공은 검은 안경을 쓴 정형적인 모습 뒤에 뒤에 감춰진 진짜 모습을 보여주어야 한다.

"고등학교 2학년. 어디에선가 외로움이 밀려오는 봄기운 나른한 4월의 어느 날이었다. '마리야! 널 처음 봤을 때부터 관심이 갔고, 이제 정말 많이 좋아해. 나랑 사귀지 않을래?' 학교 운동장 끝에 있는 벤치에서 한 남학생이 마리에게 이렇게 고백했다.

마리는 고민에 빠졌다. 그녀도 이전부터 그를 마음에 두고 있었기 때문이다. 그렇지만 내년이면 수능을 치게 되는 마리로서는 공부에 대한 압박이 있었다. 이러지도 저러지도 못하는 마리에게 남학생은 계속해서 연락을 시도했다.

갈수록 둘은 친해졌고, 이내 단순한 친구 사이를 넘어섰다. 야간학습을 빼먹고 놀러 가기가 일쑤였으며, 수업시간에도 쪽지로 대화를 하는 등 마리는 학업과는 점점 멀어져 갔다. 부모님께도 거짓말을 일삼았다.

이런 마리의 행동은 모의고사 성적으로 이어졌다. 총점이 50점이나 하락한 것이다. 성적이 발표된 날 그녀는 부모님에게 얼마나혼났는지 모른다. 그냥 공부를 때려치우라는 둥, 공장에 가서 미싱이나 돌리라는 둥, 어머니는 그녀에게 더욱 참담한 기분을 맛보게했다. 그녀는 일단 빌었다. 앞으로 공부 더 열심히 해서 꼭 성적 올리겠다고, 한번만 믿어달라고, 기대에 못 미쳐서 정말 죄송하다고그렇게 빌었다. 그러나 그렇게 빌 때조차, 그녀 머릿속 한가운데에는 남자친구가 자리 잡고 있었다. 당장 그에게 안겨 울고 싶었고,위로 받고 싶었다.

마리는 다음날 아침 울어서 심하게 부은 눈을 비비며 방을 나왔다. 그런데 마리 앞에 생일상 같은 아침상이 차려져 있었다. '많이먹고 힘내. 먹어야 공부도 하지. 사람이 한번 실수할 수는 있는 거야. 그것을 딛고 일어날 때 더 성숙해지는 거란다. 엄마는 우리 작은 딸을 믿어.' 그녀는 눈물이 왈칵 쏟아져 나왔다. 그리고 정말 이제 공부를 열심히 하겠다고 다짐하며 학교로 향했다.

그러나 학교로 향하는 길, 그녀의 손은 어느 새 또 남자친구에게 문자를 보내고 있었다. 공부에만 전념해야 한다는 것을 모르는바 아니었지만, 사랑의 감정이 마리의 이성을 마비시키는 듯했다.그녀는 그날도 역시 남자친구와 시간을 보냈다. 남자친구에게 위로를 받기 위해 어제 혼났던 일에 대해 하소연했다. 그리고 그날저녁, 마리는 남자친구를 포함한 같이 몰려다니는 친구들 여덟 명과 함께 기분전환을 한답시고 한강으로 나갔다. 한강에서 서로를 위로했다. 친구들이 그토록 든든할 수가 없었고, 대학은 부질없는 것으로만 느껴졌다. 그들과 함께라면, 세상의 어떠한 위험에 부딪혀도 다 헤쳐나갈 수 있을 것 같았다. 그렇게 마리는 전과 마찬가지로 나사 풀린 삶을 살았다. 학교에 가는 것도, 야자를 하는 것도, 결국 목적은 남자친구나 같이 몰려 다니는 친구들과 조금 더 시간을 보내고 싶었기 때문이었다.

9월 초 어느 날에도 마리는 남자친구와 놀이공원에서 즐거운 하루를 보냈다. 물론 이때도 부모님께는 자습을 하러 간다고 이야기했다. 그런데 다음날 수업 중에 주머니 속에서 휴대폰 진동벨이 울렸다. 그녀는 남자친구인가 싶어서 휴대폰을 슬쩍 꺼내 문자를 확인했다. '너 정말 어떻게 이럴 수 있니. 엄마는 지금 죽어버리고 싶구나.' 그녀의 어머니가 보낸 문자였다. '너 어제 야간학습 한다더니 놀이공원에 간 거니? 너 남자친구도 있니? 엄마가 너를 얼마나 믿었는데 내 가슴을 이렇게 찢어놓는구나.'

그녀는 너무 무서웠다. 얼굴에 두건이 씌워진 사형수마냥 온몸이 파르르 떨렸고, 입이 바싹바싹 타들어갔다. 머릿속이 하얘졌고, 눈앞이 캄캄했다. '드르르르르-' 또다시 공포의 진동벨이 울렸다. '당장 집에 와. 안 그러면 엄마가 학교로 간다. 지금 아빠도 집으로 올거야.' 아무것도 보이지 않았다. 아무 생각도 들지 않았다. 겁에 질린 그녀는 미친 사람처럼 수업 중에 그냥 주섬주섬 가방을 싸들고 교실 문을 열고 나갔다. 그리고 집에 갈 때까지 연신 손톱을 물어뜯었다.

마리가 들어선 집은 수백 년 동안 비어 있던 폐가처럼 황량하고 침울했다. 어머니는 손에 머리를 괴고 소파에 앉아 있었고, 아버지는 식탁 의자에 앉아 있었다. '설명해봐!' 어머니가 나에게 컴퓨터 모니터를 가리키며 말하셨다. 마리는 떨리는 가슴을 부여잡고 모니터를 들여다보았다. 마리의 미니홈피가 띄워져 있었다. 깜빡 잊고 로그아웃을 하지 않은 채로 컴퓨터를 켜놓고 방을 나왔던 것이다.

그 미니홈피에는 이제껏 친구들과 함께 놀러 가서 찍은 모든 사진들이 있었고, 어제 간 놀이공원 사진도 올라와 있었다. 사진 속에서 그녀는 정말 해맑은 표정으로 브이자를 그리고 있었다. 그 미니홈피에는 비공개로 올린 매일매일의 다이어리들도 있었다. 마리는 아무에게도 이야기하고 싶지 않은 생각들을 그 다이어리에 올려놨었다. 자신의 속마음이 낱낱이 파헤쳐졌단 생각에 발가벗고 서 있는 듯한 기분이 들었다. 정말 죽어버리고 싶었다. 마리는 부모님께 아무런 설명도 할 수 없었다. 그날 어머니는 드러누우셨고, 아버지는 몸도 가누지 못할 만큼 술을 마셨다. 그리고, 마리는 자신을 책망하며 몇 시간을 목놓아 울었다.

마리는 너무 창피했다. 또 부모님께 너무 죄송스러웠다. 하지만 무엇보다도 스스로에게 가장 부끄러웠다. '나는 이제껏 무엇을 하고 있었던 걸까…' 사진 속 웃고 있는 스스로가 너무 미웠고 싫었다. 마리는 한동안 그렇게 회의와 자괴감에 빠져 허우적거렸다.

그렇게 며칠이 지난 어느 날 아침 거울을 한참 동안 바라보던 마리는 드디어 새로운 선택을 했다. '그래, 다시 공부에 매진하자.' 친구들과 함께 하면서 '공부 vs 놀기'라는 선택의 기로에 한두 번

놓인 것이 아니었다. 그때마다 마리는 '놀기'를 선택해 왔다. 겉으로는 공부를 하자고 했지만 속으로는 항상 놀고 싶은 마음이 더 컸다. '추억이 남는 거다'라든가, '나만 잘나면 뭐해, 친구가 있어야지'라는 생각으로 합리화하면서. 그러나 이번 일을 계기로 마리는 자신이 얼마나 부끄러운 행동을 해왔는지를 깨닫게 되었다. 마리는 그 길로 공부에 들어섰다. 그녀는 친구들에게 문자를 보냈다. '얘들아, 나 이제 공부할게. 미안.'

왜 그러냐, 무슨 일이냐는 친구들의 문자와 전화가 폭풍처럼 쏟아졌지만, 그녀는 과감히 핸드폰을 끄고 공부에 집중했다. 친구들은 계속해서 마리에게 무슨 일이 있냐고 다그쳤다. 그러나 마리는 이것저것 말하지 않고 그저 미안하다 할 따름이었다. 그렇게 일주일 정도 지난 어느 날 친구들은 마리를 학교 뒤로 불러냈다. 거기에는 이전까지 친했던 친구들이 모두 와 있었고, 남자친구 역시 그곳에 있었다. '우리는 너를 친구로 생각했는데, 우리가 고작 너한테 이것밖에 안 되는 존재였니?', '너 혼자만 공부해서 대학 가겠다고? 너 이 아이 가지고 논 거야? 좋을 땐 없으면 못살 것처럼 굴더니 이제 싫다고 딱 연락 끊냐?', '정말 그러는 거 아니다. 어디 한 번 너 혼자 잘 먹고 잘 살아봐. 가서 너가 그렇게 좋아하는 공부나 실컷 해.'

마리는 너무도 힘들었다. 하지만 그녀는 한 가지를 확실히 알고 있었다. 친구들과 전과 같이 지내서는 부모님에게, 자신에게 떳떳한 행동을 할 수 없을 거라는 것을. 친구들이 마리에게 놀자고 할 때마다 마리는 확실히 거절하지 못했다. 그러한 선택들이 현재의 자신을 만들어낸 것이었다. 그래서 마리는 이번 만큼은 확실히 관계를 정리하고자 독하게 마음 먹었다.

그날 야간학습시간, 무슨 일인지 그녀 서랍 속에 있던 책들이 모조리 사라져버렸다. 마리는 당황스러워서 가방 속도 뒤져보고 사물함도 뒤져보았지만 어디에도 보이지 않았다. 다음날 아침에는 마리의 의자가 무너져 내렸다. 의자의 나사가 모두 풀려져 있었던 것이다. 마리의 우스꽝스러운 모습은 친구들에게 조롱의 대상이 되었다. 그렇게 마리는 이제 친구들의 괴롭힘을 받고 있었다. 그녀가 공부하고 있으면 뒤에서 들으라는 식의 수군거림이 계속 따라다녔다. '쟤 공부하나봐~ 아주 혼자 서울대 가겠네~'

마리는 정말 힘들었다. 대학에 대한 스트레스, 부모님의 걱정 가득한 얼굴, 떨어진 성적, 그리고 자신을 괴롭히는 친구들까지. 무엇 하나 믿고 의지할 수 있는 게 없었고, 목을 죄이며 다가오는 정체 모를 어둠을 피해서 벼랑을 등지고 뒷걸음질 치고 있는 기분이었다. 혼자서 힘들게 정신을 다잡아야 했다. 그렇지만 스스로를 어르고 달래도 가만히 있으면 흐르는 눈물을 어쩔 수가 없었다.

'점심시간에 교무실로 내려와.' 어느 날 탁한 눈으로 멍하니 칠판만 보고 있는 마리에게 담임 선생님께서 이렇게 말씀하셨다. 담임 선생님은 마리의 변화를 알아차렸고, 마리는 선생님께 자초지종을 말씀드렸다. '노력을 집중시키기 위한 첫 번째 법칙은 더 이상 생산적이지 않은 과거로부터 탈피하는 것이야. 친구관계도 마찬가지다. 새로 시작하는 일치고 쉬운 일은 없는 법이다. 새로운 일을 시작할 때는 늘 문제에 부딪치기 마련이야. 세상의 끝에 서 있는 것 같지? 어디서부터 손대야 할 지 모르겠지? 너에게 가장 급한 것, 딱 한 가지에만 너의 힘을 집중해라. 너에게 가장 간절한 목표 하나만을 위해 힘써라. 의지할 사람을 찾아 위로받고 싶어하지 마라. 너는 너 자체로 충분히 강하다는 걸 선생님은 안단다.'

담임 선생님과의 상담은 마리에게 큰 힘이 되었다. 그 후로 마리는 주위의 목소리로부터 귀를 닫았다. 그렇게 인내하면서 마리는 어느 덧 학업에만 전념할 수 있게 되었다. 다음 모의고사에서 마리는 원래의 점수를 회복했고, 그 다음 모의고사에서는 성적이 부쩍 올랐다. 그녀는 우수한 성적으로 3학년으로 올라갔고, 3학년 내내 정말 공부만 하면서 살았다.

그리고 11월, 차분한 마음으로 수능을 치렀고, 그로부터 몇 달 후 마리는 당당히 대학 합격증을 거머쥐었다. 졸업식 날, 마리는 여러 선생님들의 칭찬과 반 아이들의 부러움을 받으며 행복하게 졸업했다. 2학년 때 매일같이 붙어다니던 친구들은 거기에 없었다. 거기서 느낀 쓸쓸함은 컸다. 그래도 마리는 생각했다. 두 마리 토끼를 한 번에 쥘 수 없다면 하나는 포기하자고. 스스로에게 자랑스러운 삶을 살기 위해서는 다른 어떤 것을 희생할 필요가 있다고.″

여러분들은 이 스토리에 등장하는 마리가 어떤 학생이라는 생각이 드는가? 마리의 캐릭터는 무엇인가?

스토리의 초반에 마리는 철부지처럼 무책임하고, 주변에 휘둘리는 나약한 모습을 보여준다. 그렇지만 스토리를 끝까지 읽고 난 다음에도 주인공 마리가 그런 모습으로 보이는가? 스토리의 중간에서 마리는 자신의 잘못된 선택 때문에 부모님이 힘들어하고, 자신의 삶이 무너져 내리는 순간 부끄러운 자신의 모습을 마주하는 용기를 보여준다. 그리고 마음을 다잡고 강하고 단호한 자신의 진짜 모습을 보여준다. 자신에게, 부모님께 부끄럽지 않은 사람이 되려고 마음 먹은 마리의 모습은 냉정하지만 동시에 옳은 일을 해 나갈 수 있는 힘과 더불어 자신의 삶에 대한 책임감을 보여준다. 그리고 스토리를 접하는 사람은 이런 마리의 모습에 공감을 할 수 있다.

스토리 속에서 사람들이 공감할 수 있는 주인공의 특징을 보여주는 가장 중요한 방법은 주인공이 삶의 중요한 순간에 다다랐을 때 가면을 벗어던지고 어떤 선택을 내리는가를 보여주는 것이다. 언뜻 보기에 까탈스럽고 짜증스러운 성격의 선생님이라고 해도 아이가 물에 빠졌을 때 목숨을 걸고 물 속으로 뛰어드는 모습을 보여준다면 그 순간 그 사람의 진정한 캐릭터가 등장하는 것이다. 이런 주인공의 선택을 보면서 사람들은 그 주인공의 마음속에 중요하게 자리 잡고 있는 가치와 태도를 이해할 수 있는 것이다.

영화 〈인디아나 존스(Indiana Jones)〉의 주인공을 맡았던 해리슨 포드(Harrison Ford)는 한 인터뷰에서 인디아나 존스와 같이 단순한 캐릭터가 어떻게 사람들에게 매력적인 존재로 다가올 수 있는지 그 비결을 알려달라는 질문을 받았다. 그때 해리슨 포드는 다음과 같이 답을 했다. "이 캐릭터를 연기하는 즐거움은 그의 위트와 지성, 그리고 감독이 그를 어려움 속에 던져놓고 빠져나오도록 만드는 수많은 상황들이다. 사실 인디아나 존스의 유일한 성공 비결은 바로 그가 무엇에 맞서느냐에 달려 있다. 영화 속에는 악당들이 도처에 널려 있다. 그리고 그런 악당들을 마주했을 때 인디아나 존스가 보여주는 모습이 관객들을 끌어당기는 것이다."

스펙이 아닌 희생을 보여주자

최근 자기소개서와 같은 일종의 셀프 스토리를 써야 하는 경우가 많아지고 있는데, 그 내용들을 보면 스스로를 창의적이다, 성실하다, 긍정적이다라는 단어로 표현하는 경우가 많다. 또 어떤 자원봉사를 하고 어떤 경시대회에서 수상했다 같은 스펙들로 가득 차 있는 경우도 많다. 하지만 이런 식으로 만들어진 자기소개서는 캐릭터의 겉 모습만 드러날 뿐이다. 면접관의 입장에서는 너나 할 것 없이 똑같기만 한 정형적인 캐릭터에는 더 이상 신뢰를 보내지 않는다. 모든 학생들이 성실하고, 똑똑하고, 창의적이라는 비슷비슷한 캐릭터를 표현하고 있기에 누가 누군지 구분 하기조차 힘든 상황이다. 이렇게 표면적으로 만들어진 캐릭터는 사람들을 몰입시킬 수 없다.

면접관이 원하는 것은 뛰어난 성적보다도 인상 깊은 스토리와 몰입할 수 있는 캐릭터이다. 스토리에서는 주인공을 똑똑하다고 표현하려면 주인공이 성적이 좋다거나 상을 받았다고만 표현해서는 안된다. 스토리 속에서 똑똑하게 생각하고 행동하는 주인공의 모습을 주어야만 사람들이 그렇구나 하고 공감하게 되는 것이다. 그런 스토리가 바로 진정한 스펙인 것이다. 독자 여러분이 기업이나 학교의 채용 담당자라고 상상해보자. 누군가를 선발해야 할 때 단순히 성실하고 책임감 넘치는 사람이라고 자신을 소개하는 사람과 마리와 같이 자신의 스토리를 들려주는 사람 중에 누구에게 더 믿음과 공감이 가겠는가?

인간이 세상을 지각하는 가장 기본적인 방식 중 하나는 전경과 배경을 구분하는 것이다. 보고자 하는 대상의 뒷면에 그것과 반대되는 색상을 가진 것이 존재할 때 우리는 전면의 대상을 선명하게 지각할 수 있는 것이다. 똑같은 원리가 스토리텔링에도 적용된다. 우리가 자신의 강점을 잘 보여주려고 한다면 그 강점을 부각시키기보다는 자신의 강점과 반대되는, 그 강점을 테스트해볼 수 있는 문제상황을 제시해줄 필요가 있다.

물론 문제상황을 그대로 방치하지 않고 어떻게든 풀어내기 위해서 주인공이 내리는 선택과 행동에는 필연적으로 주인공의 희생이 뒤따르기 마련이다. 앞서의 스토리에서 마리가 공부를 하기로 마음먹고 난 뒤 친구들의 괴롭힘과 심리적 압박을 견뎌나가는 과정은 마리에게 엄청난 희생을 요구했다. 마리는 그런 희생을 감당할 준비가 되어 있었고, 담임 선생님은 그런 마리에게 힘이 되어주었다. 사람들은 그런 마리의 희생을 보면서 마리의 진정성과 가치, 특별함을 알게 된다. 이렇게 캐릭터를 그려내는 핵심은 중요한 순간에 어떤 선택을 내리고, 어떤 희생을 감수하는가이다. 스토리 속의 모든 매력적인 주인공들은 항상 어떤 희생을 감수한다는 점을 잊지 말자.

최근에 교육 컨설팅 업체들과 학원들에서 학생들의 자기소개서를 대필해주는 경우가 많다고 한다. 업체들은 학생과 간단한 인터뷰를 하거나 생활기록부를 보고서 거기에 맞는 스토리를 대신 만들어준다는 것이다. 하지만 이런 방식으로는 아이의 캐릭터와 열정, 가치를 표현할 수 있는 제대로 된 스토리를 만들기는 힘들다. 그리고 다른 사람에 의해서 만들어진, 진짜 자기의 모습이 아닌 부분들에 대해서는 면접에서 들통나는 경우들이 발생하게 된다.

진짜 스토리는 그 아이가 살아온 특유의 삶의 맥락 속에서만 제대로 표현될 수 있다.

이것은 브랜드(Brand)를 형성하는 과정과 유사하다. 브랜드라는 개념은 비즈니스의 영역에서 기업의 정체성을 표현하기 위해 등장했지만, 최근에는 퍼스널 브랜드(Personal Brand)가 주목을 받는 것과 같이 개인의 영역에도 활발하게 사용되고 있다. 퍼스널 브랜드는 개인이 가지고 있는 자신만의 독특한 강점과 지식, 가치, 열정 등을 표현함으로써 개인이 다른 사람들과 차별화되는 하나의 브랜드를 형성하는 것을 일컫는다.

좋은 기업의 브랜드가 단순히 예쁜 로고나 현란한 광고에 좌우되지 않듯이 퍼스널 브랜드 역시 남들에게 보여지는 겉 껍데기를 잘 포장하는 것이 아니다. 좋은 퍼스널 브랜드는 그 사람 내부, 그 사람의 독특한 삶과 가치를 반영해야만 강력하고 지속적인 브랜드를 만들어 나갈 수 있다. 퍼스널 브랜드는 자신의 내부에 일종의 나침반을 만들어놓는 것이고, 사람들에게 그 나침반에 따라 멋지게 삶을 항해하는 자신이라는 배를 보여주는 것이다.

면접이건 사회생활이건 자신을 프리젠테이션해야 할 때 퍼스널 브랜드가 잘 형성된 사람과 그렇지 않은 사람은 큰 차이가 있다. 기업 자산의 반 이상이 브랜드 가치라고 하는 것과 같이 개인도 마찬가지이다. 때문에 퍼스널 브랜드는 어릴 때부터 형성하고 지속적으로 발전되어갈 필요가 있는 것이다.

날림으로 만들어진 기업 브랜드가 사람들에게 쉽게 무시받듯이 아이들에게 껍데기뿐인 스펙을 만들어주기 위해 애쓰는 것은 옳지 않은 접근이다. 그보다는 아이들이 자신의 삶 속에서 스스로 만들어 가는 진정성을 가진 퍼스널 브랜드를 만들어 나갈 필요가 있다. 그런 퍼스널 브랜드는 아이들의 삶에 큰 도움이 됨과 동시에 외적으로 진정성 있게 그 아이만의 차별화된 모습을 전달해줄 것이다.

이 퍼스널 브랜드를 만들고 전달하는 것에 가장 적합한 방법 중 하나가 스토리텔링이다. 브랜드 스토리텔링은 억지로 그럴 듯한 스토리를 창작해내는 것이 아니다. 때문에 부모나 선생님은 아이가 어려서부터 살아오면서 내렸던 여러 가지 결정들, 어떤 상황에 부딪혔을 때 어떤 행동을 했는지를 잘 돌아보고 그 속에서 자신을 빛내줄

스토리 속 주인공의 캐릭터는 다른 사람과는 차별화된 특징을 보여줄 수 있어야 한다. 그런 차이점이 주인공을 매력적인 대상으로 만들어주는 것이다. 이것은 현실 속에서 자신을 드러내고자 하는 경우에도 똑같다.

수 있는 가치를 끌어낼 수 있도록 도와줄 필요가 있다. 그리고 아이들이 어릴때부터 자신의 삶 속에서 좋은 스토리를 만들어갈 수 있도록 선생님과 부모님이 옆에서 지속적으로 도와줄 필요가 있다.

사람들이 자신의 역량을 효과적으로 커뮤니케이션하지 못하는 이유는 자신의 차별성이 무엇인지 명확하게 인식하지 못하거나, 자신의 특별함을 전달할 수 있는 효과적인 스토리를 알지 못하거나, 자신의 스토리를 표현하는 방법을 알지 못하기 때문이다. 때문에 어려서부터 자신의 삶을 바탕으로 차근차근 만들어가는 스토리는 아이에게 미래의 커다란 자산이 될 수 있다.

주인공은 희망을 버리지 않는다

이제 주인공을 주인공답게 만들어주는 또 다른 중요한 요소를 언급하고자 한다. 바로 '희망'이다.

철학자 화이트 헤드는 《이성의 기능(The Function of Reason)》이라는 책에서 생명의 본질을 설명하면서 '존재하는 것(to live)', ' 나은 존재가 되는 것(to live well)', '더 나은 존재가 되고자 하는 것(to live better)'의 세 가지 명제를 제시했다. 이 중에서 가장 생명을 가치 있게 만드는 것은 주어진 환경 속에서 '더 나은 존재가 되고자 하는 것', 즉 현실을 넘어서 무언가 더 나은 것을 추구하고자 하는 성향이다. 이러한 추구의 본질을 다르게 표현한다면 아마 '희망'이라는 단어로 표현할 수 있을 것이다.

〈쇼생크 탈출(The Shawshank Redemption)〉이라는 영화에서 억울하게

베토벤의 음악은 가장 인간적인, 인류를 대표하는 음악으로 알려져 있다. 이 베토벤 음악의 핵심은 어떤 일이 있어도 포기하지 않는 희망을 보여주는 그런 아이 같은 순진한 마음이다. 베토벤의 음악을 위대하게 만들어준 핵심은 바로 끊임없는 추구, 희망에 놓여 있는 것이다.

감옥에 갇힌 주인공 앤디는 미래에 대한 희망을 결코 버리지 않는다. 그 희망이 앤디를 살아가게 했으며, 엄청난 시간과 노력을 들여 땅을 파게 했으며, 결국 감옥을 탈출하도록 이끌어주었다. 영화의 끝부분에 앤디의 친구 레드는 감옥에서 출소한 이후 사회에 적응하지 못해 죽음을 떠올리게 된다. 하지만 레드는 결국 마음을 바꾸어 다시 새로운 삶을 시도해보기로 마음먹는다. 그때 레드가 읊조렸던 말들은 모두 '나는 희망한다(I hope)'로 시작한다.

이렇게 희망은 인간 삶의 바탕을 이루고 있다. 현실을 딛고 한 단계 더 올라가고자 하는, 현실의 거센 물살을 거슬러 헤엄치는 자세야말로 살아 있는 참다운 삶의 본질인 것이다. 인간의 삶을 담고 있는 스토리도 마찬가지이다. 스토리 속의 주인공은 항상 어떤 희망을 가지고 있다. 그리고 그 희망이 적극적인 것이든 수동적인 것이든 그것을 추구해 나갈 수 있는 의지를 가지고 있다. 적극적 주인공은 자신의 삶을 위해, 가족을 위해, 세상을 위해 용감하게 악과 맞서고 좀 더 나은 상황을 만들려는 바람을 가지고 있다. 수동적 주인공은 스스로 먼저 나서지는 않더라도, 가족이 위험에 처한다든지, 지진이 일어난다든지, 악당이 침략한다든지 하는 상황이 벌어지면 살아남고 싶다는, 혹은 가족들을 지키고 싶다는 희망으로 싸워 나간다.

물론 거기에는 희생이 따른다. 안락하고 안정된 삶이 깨져버릴 수도 있고, 소중한 사람을 잃어버릴 수도 있고, 사회적 지위를 잃어버릴 수도 있고, 자신의 목숨이 위태로울 수도 있다. 이러한 희생을 감안하고서라도 스토리 속에서 주인공은 끝까지 희망의 줄을 놓지 않는다. 이것이 바로 스토리 속 주인공의 조건인 것이다.

주인공이 희망을 놓아버리면 거기에서 스토리는 마무리된다. 앞서 마리가 친구들의 괴롭힘을 못 견뎌서 자포자기해 버렸더라면 이후 마리의 스토리는 어떻게 되었을까? 영화 〈쇼생크 탈출〉에서 앤디가 교도관들에게 굴복하고 희망을 버렸더라면 스토리는 어떻게 되었을까? 늙어 죽을 때까지 감옥을 지키고 있는 앤디의 스토리를 보고 싶은 사람은 아무도 없을 것이다. 희망에 대한 의지가 없으면 스토리 속에서건, 실제 삶 속에서건 더 이상 주인공은 존재하지 않는다. 지금과는 다른 무언가 새로운 것을 희망하고 그 희망을 이루기 위해 노력해야만 한다. 그것이 인간 삶의 본질이고, 스토리텔링의 본질이다. 희망이 있기에 스토리 속 주인공은 생명력을 가질 수 있다.

3) 동화 모델

"진수는 융통성이 없기로 유명한 소년이었다. 한번 생각하기 시작하면 양보할 줄을 몰랐고, 자신의 생각이 틀릴 수 있다는 것, 남들은 자신의 생각과 다를 수 있다는 것을 알지 못했다. 한 번은 미술시간에 친구가 자신에게 물을 뿌렸다는 이유로 완성된 친구의 작품을 눈앞에서 조각조각 찢어버렸다. 진수의 잔인한 태도는 교실을 차갑게 얼려버렸다. 나중에 돌아오신 선생님은 서로 사과하라고 진수와 그 친구에게 말했다. 친구가 먼저 사과했지만 진수의 대답은 한결같았다. '얘한텐 사과 안 해요.'

이렇다 보니 진수는 늘 혼자였다. 가끔씩 어울리는 친구가 있기는 하였지만, 다른 아이들처럼 허물없이 지내지 못했고, 점점 혼자 지내는 상황을 자연스러운 것으로 받아들이기 시작했다. 혼자였기에 공부하는 시간은 늘었지만, 우수한 성적이 자기중심적 태도와 겹쳐지면서 진수는 더욱 폐쇄적이고 배타적이 되어갔다. 그럼에도 진수는 외로움이 무엇인지 알지 못했다.

그런 생활은 초등학교를 마치고 중학교에서도 계속되었다. 진수는 중학교 2학년 때 또다시 친구와 싸움을 벌이게 되었다. 초등학교 때보다 격해진 진수는 걸상을 휘둘렀고, 손의 뼈가 부러질 정도로 주먹을 휘둘렀다. 싸우던 친구는 그다지 다치지 않았지만, 진수가 광적으로 흥분하는 모습을 본 선생님과 학생들은 놀랄 수밖에 없었다. 방과 후 진수는 교무실로 불려갔다.

'저녁이나 먹으러 가자. 선생님이랑 밥 안 먹어봤지?' 어느 새

담임 선생님은 가방을 챙기면서 진수의 등을 밀었다.

식당에서 학생과 교사가 밥을 먹는 것은 진수에게 익숙한 상황이 아니었다. 숟가락을 들며, 담임 선생님이 물었다.

'너, 주변에 적을 만들고 있다는 건 아니? 넌 지금 굉장히 위태롭게 행동하고 다니고 있단 말이야.'

진수는 놀라서 숟가락을 멈추었다. '적을 만들었다구요? 일진애들처럼 하고 다닌 것도 아닌데….' 진수는 반문하며 생각했다. 싸움을 한 학생에게 별 꾸중도 없고, 갑자기 같이 밥을 먹고, 적을 만든다느니 알기 힘든 말까지. 진수에게는 지금의 상황이 생뚱맞게만 느껴졌다.

'꼭 남들에게 시비를 걸고 다녀야 적을 만드는 게 아니야. 알게 모르게 너한테 부정적인 감정을 가진 사람이 늘어날 수 있어. 선생님은 오랫동안 교사를 해오면서 너 같은 경우를 가끔 접했어. 나아갈 갈피를 못 잡아서, 혼란 속에서 주변과 자꾸 싸우게 되는 상황인데….'

갸우뚱거리던 진수에게 순간 머릿속에 희미한 무언가가 스쳐지나갔다. 담임 선생님은 씩 웃고는 몸을 당겨 테이블로 바짝 당겨앉았다.

'자, 상상해봐. 여기 용사가 한 명 있어. 그는 어쩌다가 마을의 도둑을 잡아서 용사가 되었지만, 자신의 능력을 어디에 쓰고 싶다든지 어떤 인생을 살고 싶다와 같은 목표가 없는 사람이었지. 능력은 있는데 목표가 없다 보니, 마음에 들지 않는 부분을 모두 자신한테 맞추려고 강제로 바꾸려고 하고 자기랑 맞지 않는 사람은 적대시했지. 그런데 이 용사는 어느 날 지나가던 공주를 보고 한눈에 반해 버린 거야. 용사는 공주를 다시 보려고 쫓아갔는데, 그때 옆 나라의 군사들이 공주를 납치해버렸지. 그때부터 이 용사에게는 목표가 생겼어. 공주를 구해서 나라와 나의 행복을 찾자라는 것이었지. 그 후 용사의 태도는 바뀌기 시작했어. 주변 상황과 사람이 자신의 생각과 맞지 않더라도 서로 타협안을 찾아 자신의 사람으로 만들기 시작한 거야. 공주를 구하기 위해서는 동료가 많이 필요했고, 많은 사람들의 지지가 필요했기 때문이야. 그 용사를 너라고 한번 생각해봐."

담임 선생님은 물을 한번 들이켜고는 다시 물었다.

'넌 미래에서 뭘 보고 있지? 과학자가 되겠다고 해도, 과학자가 되어 어떤 행복을 찾아가며 살고 싶은지 생각해봤니? 눈을 감았을 때, 그림처럼 떠올릴 수 있는 너의 미래를 그릴 수 있느냐는 거지. 그때 그때 순간적으로 하고 싶은 무언가가 아닌, 어떤 인생을 살고 싶다는 바람이 있어야 네 주변을 돌아볼 수 있을 거야."

그렇게 선생님과 저녁을 다 먹고 난 다음 진수는 바로 집으로 돌아가지 않았고, 밤이 늦도록 운동장 한 켠의 벤치에 앉아 고민해보았다. 그날 밤은 진수의 삶에서 하나의 전환점이 되었다. '어둠에 사로잡혀 행복을 손에서 놓아버리고, 아픔을 외면하며 주위에 적을 만들며 살아오지 않았을까?' 사실 진수는 상처받는 것은 두려움으로 미래를 굳게 잠가버렸고, 자신이 미래를 손에서 놓고 있다는 사실 자체를 망각하고 있었다. 그리고 지금까지 누구도 발견해주지 못했던 진수의 미래라는 상자를 함께 밥을 먹은 선생님이 발견해준 것이다.

　다음날부터 진수는 미래를 바라보며 자신의 존재를 생각하기 시작했고, 조금씩 마음의 문을 열고 자신의 태도를 바꾸어 나가기 시작했다. 그렇게 시간이 흘러 고등학생이 된 진수는 친구들로부터 '부드러운' 학생이라는 말을 들을 수 있었다. 진수의 친구 중 한 명은 중학교 때의 진수가 가지고 있던 차가운 매력이 사라졌다고 아쉬워하기도 한다. 하지만 그 이야기는 차가움과 함께 공존하던 어둠을 보지 못했기 때문에 나온 말이다. 이제 진수는 어둠보다는 빛을 보며 삶을 살아가려 하고 있다."

　이 스토리에서 진수라는 학생이 가지고 있는 문제는 무엇이었을까? 진수는 상처받는 것에 대한 두려움으로 미래의 목표, 희망이라는 것에 대해 문을 닫고 있었다. 그렇기 때문에 진수는 자신이 무엇을 해야 할지, 어떻게 행동해야 할지 제대로 알지 못했다. 때문에 쓸데없이 자신의 에너지를 부정적으로 낭비하고 있었던 것이다. 한 마디로 진수는 자신의 삶에서 희망을 가지고 있지 못했고, 그로 인해서 어떠한 희생도 하지 않고 있었던 것이다.

　이런 진수에게 담임 선생님은 동화적 비유를 통해서 진수의 상태를 보여주고, 진수의 삶의 스토리에서 무엇이 빠져 있는지를 명확하게 짚어주었다. 그것은 미래에 대한 목표, 바람이었다. 이 점을 인식하는 순간 진수는 보다 명확하게 앞으로 자신이 해야 할 일을 깨달을 수 있었다.

　부모나 선생님들이 아이들에게 들려주기 위해 만드는 스토리, 혹은 아이들이 자신에 관한 스토리를 만들 때에는 우선 분명한 목표를 설정해줄 필요가 있다. 앞서 우리들은 주인공, 주인공의 희망, 주인공의 희생, 그리고 갈등에 대해 살펴보았다. 이런 요소들은 사실 따로 떨어져 있는 것이 아니라 한데 엮어져 있는 것이다. 스토리를 만들 때 이들 간의 관계를 명확하게 설정해놓으면 스토리의 모습이 좀 더 명확해진다.

스토리의 틀이 명확하면 아이들은 스토리를 들을 때, 혹은 스토리를 통해 자신의 삶을 생각해볼 때 보다 분명하게 그 내용을 인식할 수 있다. 앞서 진수의 스토리에서 담임 선생님이 진수에게 들려준 간단한 동화도 요소들 간의 뚜렷한 틀을 갖추고 있었고, 그 틀을 통해 자신의 삶을 반추함으로써 진수는 자신의 삶에서 무엇이 잘못되었는지를 인식할 수 있었던 것이다. 이렇게 스토리에서는 내용의 틀을 갖추는 것이 중요한 역할을 한다.

이런 스토리의 얼개를 쉽게 확인해볼 수 있는 요령이 있다. 바로 동화 모델을 활용하는 것이다. 안데르센부터 한국 구전동화에 이르기까지 여러 동화들을 살펴보면 그 속에서 어떤 유사한 형태를 찾아 볼 수 있다. 대부분의 동화들은 주인공, 목표, 갈등, 도움, 소속, 혜택이라는 요소들의 관계로 이루어져 있다. 주인공이 어려움에 빠진 나라를 구하거나, 위기에 처한 사람을 구하려는 목적으로 여정을 떠나게 되고, 그 여정의 와중에 주인공을 괴롭히는 악당이 등장하고, 또 주인공을 도와주는 존재들이 등장하게 된다. 결국 주인공은 악당을 물리치고 평화로운 나라를 만들거나, 사랑하는 사람을 구하게 된다.

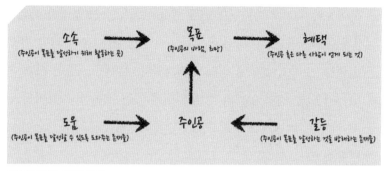

전형적인 동화 모델의 형태

앞서 진수의 경우 진수의 삶은 주인공과 갈등, 이 두 요소만이 존재하는 스토리였다. 주인공은 단순히 자신의 마음에 들지 않는다고 무작위로 적을 만들어 그들과 무의미한 싸움을 끝없이 벌여나가고 있었던 것이다. 진수는 올바른 삶의 스토리를 만들어 가기 위해 필요한 다른 여러 요소들을 볼 수 없었던 것이다. 진수의 담임 선생님은 이런 진수에게 스토리 전체의 모습을 볼 수 있도록 용사의 비유를 활용했다. 주인공은 용사, 용사의 목표는 공주를 구하는 것, 갈등은 주변 국가의 병사들, 도움은 용사와 함께 공주를 구출하는 데 동참하는 주변 사람들, 소속은 용사가 살고 있던 왕국, 혜택은 위기를 탈출하는 공주 및 공주의 사랑을 얻게 되는 용사인 것이다.

이 동화 모델에서 핵심은 주인공과 주인공의 목표이다. 이 두 가지가 일단 설정됨으로써 다른 스토리의 모든 요소들이 자리를 갖추게 되는 것이다. 진수에게는 이 목표가 없었던 것이다. 만일 진수가 최고의 소설가가 되어 많은 사람들에게 감동을 주겠다라는 목표를 세웠다고 해보자. 그렇게 되면 진수의 삶의 스토리는 전혀 달라질 것이다.

갈등은 더이상 자신의 마음에 들지 않는 주변 사람들이 아니라 소설가가 되는 것에 방해를 하는 존재들이 될 것이다. 그리고 소설가가 되기 위해 필요한 역량을 쌓기 위해 더 이상 폐쇄적으로 지내는 것이 아니라 주변의 도움도 찾아다니게 될 것이고, 진수의 목표를 알고 진수를 도와주려는 사람들도 등장하게 될 것이다. 또한 진수와 목표를 같이 달성하려는 동료들도 생겨나게 될 것이다.

세계권투협회(WBA) 여성부 라이트플라이급 초대 챔피언에 오른 김주희 선수의 삶을 예로 다시 한 번 동화 모델의 내용을 이해해보자.

먼저 스토리의 주인공은 김주희 선수이다.

다음으로 주인공이 바라는 것, 주인공의 목표가 무엇인지 생각해봐야 한다. 김주희 선수는 자신만의 뚜렷한 목표를 가지고 있었다. 바로 여성 복싱 세계 챔피언이 되는 것이다.

다음은 갈등이다. 김주희 선수는 세계 챔피언이 되기까지 수많은 갈등과 부딪혀 나가야만 했다.

첫 번째 갈등은 가난이다. 김주희 선수는 1998년 외환위기 때 아버지가 사업에 실패하면서 뇌경색으로 쓰러지고, 이어 부모님이 이혼하면서 가난이라는 수렁에 빠지게 된다. 조그만 단칸 셋방에 살면서 언니는 주유소에서 야간 아르바이트를 하게 되었고, 자신은 교내 매점에서 아르바이트를 하면서 학비를 벌어야만 했다. 처음 훈련을 시작했을 때 김주희 선수는 제대로 먹지 못해 3층에 있는 체육관에 올라가는 것조차 힘이 들어 쓰러지곤 했다. 이런 영양 부족과 경제적 압박은 운동을 하는 동안 내내 김주희 선수를 괴롭혔다.

두 번째 갈등은 세계 챔피언이 되기 위해서 필요한 견디기 힘든 훈련의 과정이었다. 20킬로를 뛰어야 하는 새벽 조깅과 하루 250차례 이어지는 스파링은 김주희 선수를 테스트하는 험난한 관문이었다.

세 번째 갈등은 김주희 선수의 신체적인 부분이었다. 남들보다 왜소한 체구는 김주희 선수에게 있어서는 챔피언이 되기 위해서는 반드시 극복해야만 하는 장애물이었다. 그리고 엄지발가락도 문제였다. 지독한 연습으로 인해 발가락에 염증이 생겼지만 훈련과 아버지의 병수발을 드느라 시간이 없었던 김주희 선수는 이 염증을 그대로 방치하고 말았다. 이 염증이 골수염으로 발전해버린 것이다. 밤만 되면 다리가 허벅지까지 까맣게 부어오르는 상황을 소염제, 진통제로 간신히 버티는 상황 속에서 결국 경기를 앞두고 발가락을 잘라내는 대수술을 받게 된 것이다.

네 번째 갈등은 권투 시합에서 마주해야 했던 상대방 선수들이다. 전 세계에서 추려져 올라온 누구 하나 만만하게 볼 수 없는 뛰어난 기술을 가진 권투 선수들이었다.

이렇게 김주희 선수가 챔피언이 되기 위해서는 극복해야 할 여러 갈등이 존재했지만 김주희 선수에게는 이를 극복해 나갈 수 있는 도움이 있었다.

첫 번째 도움은 김주희 선수가 가지고 있는 엄청난 성실성이다. 동화처럼 요정이 나타나서 문제를 해결해주지는 않았지만, 김주희 선수에게는 성실함이 있었다. 그녀는 8년 동안 이어지는 혹독한 훈련을 단 한 번도 빼먹지 않았고, 하루에 다섯 시간 이상 자본 적이 없을 만큼 열심히 샌드백을 두드렸다.

두 번째 도움은 세상의 시련을 겪으며 다져진 강한 정신력이었다. 상대를 쓰러뜨리지 못하면 내가 죽는다는 정신으로 훈련의 어려움을 극복했고, 링에서도 주눅 들지 않고 마주한 상대들을 제압해 나갔다. 발가락을 잘라내는 수술을 극복해낸 것도 정신력의 승리였다. 그녀는 링에서 발가락 없이 인대로 버티고 서면서 인대마저 못 쓰게 되면 한쪽 다리로라도 링에 서겠다는 강한 의지를 보였다.

세 번째 도움은 김주희 선수가 힘들 때 격려해주고 도움을 주었던 언니와 친구들, 김주희 선수에게 권투 기술을 알려주고 훈련시켜준 코치들이다.

결국 김주희 선수는 이런 도움들을 통해서 어려움을 넘어서 마침내 꿈에 그리던 챔피언 자리에 오를 수 있었다. 그녀가 권투에 대한 열정과 힘을 표현할 수 있는 기회를 만들어주는 곳, 챔피언 벨트를 만들어놓은 곳은 세계권투협회였다. 세계권투협회가 바로 김주희 선수의 삶의 스토리에서 소속의 역할을 하는 것이다.

동화 모델에서 주인공이 목표를 달성함으로써 얻을 수 있는 것이 바로 혜택이다. 혜택은 김주희 선수가 세계 챔피언이 됨으로 인해 얻을 수 있는 것이다. 이 스토리에서 혜택은 김주희 선수의 성취감과 가난의 극복이다. 물론 소외된 스포츠 종목인 여성복싱계에서 챔피언이 되었다고 해서 바로 부를 움켜쥘 수 있는 것은 아닐 것이다. 여전히 현실의 벽은 두텁겠지만 세계 챔피언은 김주희 선수의 삶을 바꿀 수 있는 일종의 계기, 탈출구가 될 수 있다.

이렇게 동화 모델을 구성하는 요소들로 나누어서 김주희 선수의 삶을 나누어보면, 김주희 선수에 관한 스토리의 윤곽이 잡히는 것을

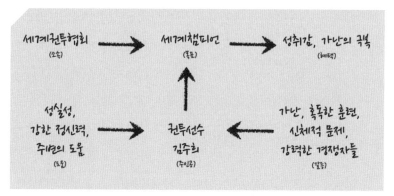

김주희 선수의 동화 모델. 동화 모델의 형태를 잘 갖추고 있는 스토리는 누구라도 쉽게 이해할 수 있다. 때문에 아이들에게 들려줄 스토리부터, 자기소개서 같은 스토리까지 이 동화 모델의 요소들을 가지고 틀을 잡아볼 필요가 있다.

볼 수 있을 것이다. 만일 누군가가 김주희 선수에 관한 스토리를 만들고자 한다면 어떤 식으로 스토리의 내용을 채우고 전개해야 할지 이 동화 모델을 통해 대략적이나마 한눈에 파악해볼 수 있다. 이렇게 동화 모델을 활용하면 쉽고 빠르게 올바른 스토리의 틀을 만들어 볼 수 있고, 복잡하고 불분명한 스토리를 제대로 된 방향으로 내용을 정리해 나갈 수 있다.

4) 스토리텔링의 소재

스토리를 만들기 위해서는 여러 가지 노력이 필요하다. 가장 먼저 필요한 것은 좋은 스토리가 될 만한 사건, 즉 소재를 찾는 과정이다. 스토리를 만드는 목적에 따라서 매우 다양한 스토리의 소재들을 선택할 수 있다. 앞서 '텔링'의 의미에서 살펴보았던 것과 같이 부모가 아이에게 무언가 가르치고 교훈을 주기 위해서 스토리를 만들 수도 있고, 선생님들이 어떤 지식이나 가치를 가르치기 위해 스토리를 만들 수도 있고, 아이들의 삶을 위해서, 혹은 다른 사람들에게 무언가를 알려주기 위해 스토리를 만들 수도 있다. 이런 다양한 목적에 따라서 스토리의 소재는 다양하겠지만 그럼에도 스토리의 소재들이 가져야 할 두 가지 공통적인 특징이 있다.

스토리텔링 소재의 첫 번째는 특징은 사건 중심이라는 것이다. 스토리텔링에서 흔히 저지르는 실수 중 하나가 연대기 식으로 언제 무엇을 했다는 것만을 나열하는 것이다. 이런 접근은 좋은 스토리텔링으로 이어지기 힘들다. 자신의 일생을 스토리로 표현하더라도 그 속에 담기는 내용은 일생 전체를 대변할 수 있는, 스토리텔링의 목적에 가장 적합한 몇 가지 사건만을 선택해서 스토리를 구성해야 한다. 물론, 가장 이상적인 것은 단 한 가지의 사건으로 표현하는 것이다. 스토리 속에 포함하는 사건의 수를 줄이고, 그 사건을 구체적이고 상세하게 표현하는 것이 좋은 스토리텔링의 지름길이다. 그렇기 때문에 스토리텔링의 소재는 사건을 선택하고, 그 사건의 내용을 구체적으로 파악하는 과정이라고 할 수 있다.

스토리텔링 소재의 두 번째 특징은 일상의 사소한 사건이라도 좋은 스토리텔링으로 이어질 수 있다는 것이다. 스토리텔링에서 쉽게 불만을 터뜨리는 것 중 하나는 이야깃거리가 없다라는 푸념이다. 살아가면서 특별한 경험을 한 적도 별로 없고, 매일 겪는 뻔한 일상 외에 별다른 것이 없다고 속단을 내리는 것이다. 하지만 생사의 기로에 놓였거나, 인류를 구하는 일을 하지 않은 사람이라도 충분히 스토리텔링을 할 만한 특별한 경험들을 가지고 있다. 단지 그 가치를 알아보지 못할 뿐이다. 친구와 차를 마시는 일, 가족과 함께 여행을 갔던 일, 학교에서 친구와 다툰 일 등 얼핏 보기에 사소해 보이는 일이라도 스토리텔링의 목적에 따라 의미 있고 효과적인 스토리텔링의 소재가 될 수 있다. 스토리가 전달해주는 의미가 가장 중요하다는 사실을 잊지 말자.

이제 스토리텔링의 소재를 찾아내는 방법에 대해 알아보도록 하자.

스토리텔링의 소재를 찾아내는 방법은 딱히 정해져 있는 것이 아니다. 친구와 대화를 하다가, 신문을 보다가, 길을 가다가 등등 예기치 못하게 좋은 스토리의 소재를 마주칠 수 있기 때문이다. 하지만 그렇게 우연에만 맡기다 보면 막상 필요할 때 스토리텔링의 소재를 찾지 못해 힘들어하는 경우가 발생하곤 한다. 그렇기 때문에 소재를 찾는 좋은 방법 중 하나는 평소에 꾸준히 소재가 될 만한 것들을 모아서 정리해두려는 노력이 필요하다. 일기, 아이들에 대한 관찰 노트, 수업 노트 등을 충실하게 작성하는 것으로부터도 좋은 스토리텔링의 소재들을 얻을 수 있다.

또 다른 스토리텔링 소재의 탐색 방법은 영역을 나누어놓고서 차근차근 스토리의 소재를 집중적으로 탐색하는 것이다. 대체적으로 교육의 스토리텔링에서 다루어지는 내용은 '나는 누구인가', '나는 왜 이것을 하는가', '나의 열정과 비전은 무엇인가', '교훈과 가르침', '중요한 가치', '세상과 사람들에 대한 이해' 등에 관한 것들이다. 이렇게 범주를 나누어놓고 다음에 제시된 항목들을 아이들에게 묻거나, 함께 생각해봄으로써 다양한 스토리텔링의 소재들을 찾아낼 수 있다.

1. 살아오면서 가장 재미있었던 경험에 대해서
2. 무언가를 개발하거나, 만들어내거나, 디자인하거나, 발명했던 경험에 대해서
3. 부족하거나 모자라는 자원으로 무언가 의미 있는 것을 성취해 냈던 경험에 대해서
4. 기대 이상으로 잘 수행해냈던 학습이나 과제에 대해서
5. 가장 용감하게 행동했던, 가장 큰 용기를 냈던 경험에 대해서
6. 특별히 주목을 받거나 어떤 상을 받았던 경험에 대해서
7. 가장 힘들고 괴로웠던 경험에 대해서
8. 학교, 가정, 혹은 누군가의 손해나 위험을 막아낸 경험에 대해서
9. 부모로부터 반복해서 듣는 이야기 중에서 가장 질리지 않는 스토리에 대해서
10. 다른 사람은 미처 알지 못했던 문제를 발견해낸 것에 대해서
11. 자신의 영웅이나 롤모델에 대해서
12. 자신이 가장 좋아하는 어린 시절 스토리에 대해서
13. 어떤 새로운 절차나 방법을 만들어내거나 도입한 것에 대해서

14. 학교에서나 가정에서 닥쳤던 커다란 위기에 적절하게 대처한 경험에 대해서

15. 자신이 만난 가장 인상적이고 영향력 있는 사람에 대해서

16. 불가능해 보이는 어떤 일을 해낸 경험에 대해서

17. 자신을 가장 크게 웃게 만들었던 경험이나 이야기에 관해서

18. 가장 크게 아팠거나 큰 병이 걸렸던 경험에 관해서

19. 살아오면서 가장 열심히 노력했던 어떤 일에 관해서

20. 문화적 차이를 실감했던 해외여행에 관해서

21. 교실에서 가장 기억에 남거나 인상적이었던 순간에 대해서

22. 살아오면서 가장 치열했던 경쟁에 관해서

23. 자신의 열정과 단호함을 잘 드러냈던 경험에 관해서

24. 많은 숙제나 시험들을 시간에 쫓겨가면서 잘 컨트롤했던 경험에 관해서

25. 자신의 삶에 커다란 영향을 주었던 어린 시절의 사건에 대해서

26. 부모님으로 받은 가장 중요한 교훈에 대해서

27. 자신에게 가장 큰 영향을 주었던 친구나 주변사람에 대해서

28. 내가 바라는, 내가 꿈꾸었던 미래에 관해서

다음에 살펴볼 내용은 선생님이 학교에서 스토리텔링을 활용하고자 할 때 적당한 소재를 탐색할 수 있는 세 가지 카테고리들이다.

첫 번째는 함께 하고 있는 사람들로부터 소재를 찾아보는 것이다. 학교에서 같이 일하고 있는 동료 선생님들, 학교의 직원들, 학교를

관리하고 있는 사람들, 학교와 관련된 단체의 사람들, 지역 교육 사회에 속해 있는 사람들을 떠올려보자. 그 사람들과 함께 학생들에 관련해서, 교육과 관련해서 어떤 일들을 하고, 어떤 이야기들을 주고받았는가? 특히 많이 주고받는 이야기들은 어떤 것들인가? 그들과 함께 하면서 특별히 기분 좋았던 경험, 힘들었던 경험을 떠올려보라. 특히 마당발처럼 활동을 많이 하거나 이야기하기를 즐겨 하는 동료 선생님들, 연륜이 많은 선생님들로부터 좋은 소재를 얻을 가능성이 크다. 물론 학부모들과 주고받는 이야기도 잘 생각해볼 필요가 있다.

본인 스스로의 경험이나 추억으로부터도 스토리의 소재를 찾아볼 수 있을 것이다. 자신이 학생시절 겪었던 일, 어렸을 적 선생님과의 기억, 오래 전 친구들과 부모님에 대한 기억을 돌아보자. 활용할 만한 스토리들이 많이 있을 것이다. 그리고 선생님이 되서 학생들을 가르치면서 겪었던 경험들, 수업을 하면서 힘들었을 때의 일들, 학생들이 힘들어했던 일들, 학생들과 함께 자랑스러워 할 수 있는 어떤 특별한 일을 해냈을 때를 돌이켜볼 필요가 있다. 특히 학생들이 자신을, 우리 학급을, 우리 학교를, 선생님을, 부모를 특별하게 생각하도록 만들어준 일이 있다면 꼭 돌이켜볼 필요가 있다.

스토리텔링의 소재를 찾을 수 있는 두 번째 소스는 물론 학교, 학생들에 대한 것이다.

오랜전 학교가 처음 설립될 당시의 일, 설립자에 대한 이야기들은 매력적인 소재가 될 수 있다. 그리고 그동안 학교를 거쳐간 유명한 사람들, 학교가 현재까지 이어져 오는 동안 겪었던 여러 가지 일들도 재미난 소재가 될 수 있다. 아이들이 지금 공부하고 생활하고 있는 장소에 대한 내용이기 때문이다. 그리고 학교 내에서 떠돌아다니는 오래된 이야기, 전설, 괴담 같은 것도 찾아볼 필요가 있다. 그저 아이들 사이에서 떠돌아다니는 이야기들일 수도 있지만, 그 내용이 적절하다면 오히려 더욱 매력적인 스토리로 바꾸어볼 수 있다.

가장 많은 스토리의 소재를 가지고 있는 사람들은 학생들이다. 학생들은 직간접적으로 공부, 학교, 선생님, 부모님에 대해 어떤 말을 하고 있는가? 과거의 학생들과 지금의 학생들이 어떤 차이가 있고, 어떤 다른 이야기를 하고 있는가? 모범적인 학생들은 어떤 이야기를 가지고 있으며, 문제가 있는 아이들은 어떤 일을 겪고 있는가? 학생들은 우리 학교와 다른 학교, 우리 학급과 다른 학급, 우리 선생님과 다른 선생님, 우리 부모님과 다른 아이의 부모님들을 어떻게 비교하고 있는가? 학생들로부터 들을 수 있는 여러 가지 이야기들은 그냥 흘려버리지 말고 바로바로 잘 기록해두면 커다란 가치를 가진 스토리로 다시 탄생할 수 있다.

이때 중요한 것은 학생들이 이야기하는 내용에 대해서 섣불리 판단해서는 안 된다는 것이다. 학생들이 겉으로 표현하는 이면에 어떤 생각을 하고 있는지 다양한 가능성에 대해 문을 열어놓고 편견 없이 스토리의 소재를 찾아봐야만 한다. 문제가 있는 학생들의 마음속에 오히려 중요한 가치, 교훈이 담겨 있을 수도 있기 때문이다.

마지막으로 학교 밖의 소리들도 잘 살펴볼 필요가 있다. 학교가 있는 지역사회의 이야기들, 즉 도시나 마을의 역사, 전설 등 여러 가지 것들이 스토리의 소재가 될 수 있다. 그리고 학교가 지역사회와 더불어 벌였던 여러 가지 활동이나 캠페인도 소재가 될 수 있다. 그 스토리의 소재는 어디에서 찾을 수 있을까?

1. 함께 일하는 사람들로부터

2. 본인의 경험으로부터

3. 학교로부터

4. 학생들로부터

5. 학교 주변의 사람들로부터

무작정 스토리의 소재를 찾아 헤매기보다는 몇 가지 영역으로 기준을 설정해놓고서 차근차근 탐색해 가는 것이 더욱 효과적이다. 탐정처럼 각 영역별로 사소한 스토리의 소재도 놓치지 않고 인내심 있게 살펴보다 보면 의외의 훌륭한 스토리 소재들을 잔뜩 얻을 수 있다.

리고 학교나 학급과 관련해서 방송과 신문에서 나왔던 이야기들, 유명인이나 연예인들이 이야기하는 내용들도 아이들의 흥미를 북돋을 수 있는 스토리의 좋은 소재가 될 수 있다.

주의해야 할 것은 유명인들을 위인들처럼 만들지 말라는 것이다. 유명인에 관한 이야기는 소재로 활용할 것이지, 유명인을 학생들의 롤 모델로 만들려고 하지 말라는 것이다. 학생들에게 소용이 될 만한 유명인들의 경험담을 찾는 데 주력할 필요가 있다.

그리고 온라인을 통해서도 수많은 스토리의 소재들을 접할 수 있다. 지금은 인터넷과 모바일이 활성화되면서 블로그, 페이스북, 카페, 트위터 등등 수많은 경로를 통해 실시간으로 다양한 스토리의 소재들을 탐색해볼 수 있다.

마지막으로 학교 주변의 가게들로부터도 흥미로운 이야기들을 들을 수 있다. 아이들이 본거지를 이루는 음식점이나 문방구 등에서는 학교에서 듣지 못한 여러 가지 새로운 이야기들이 돌아다니기 때문이다. 특히 오랫동안 가게를 운영해 온 분들에게서는 온갖 흥미로운 이야기들이 넘쳐날 것이다.

이렇게 영역을 나누어서 발품을 팔면서 사소한 것들도 잘 살펴보면 의외의 멋진 스토리 소재를 발견할 수 있다. 한 가지 언급할 것은 스토리의 소재가 처음부터 멋진 스토리로 등장하는 경우가 별로 없다는 것이다. 대부분의 경우 얼핏 보기에 과연 이것이 스토리가 될 수 있을까 할 정도로 부분적 내용이나 짧은 언급으로 나타나기 때문이다. 하지만 스토리의 소재가 곧 스토리는 아니다. 그 소재를 바탕으로 추가적인 내용의 수집, 조각 맞추기, 내용의 재배열, 축소와 확장 등의 많은 프로세스를 거쳐 멋진 스토리가 탄생할 수 있다.

스토리텔링의 소재 가다듬기

스토리텔링의 소재는 그 자체로 활용할 수 있는 스토리가 되기는 힘들다. 앞서 살펴본 것과 같이 스토리텔링의 구조에 맞추어 내용을 편집하고 배치하는 과정을 거쳐야 하기도 하고, 소재의 내용에서 불필요한 부분을 쳐내거나 적당한 내용을 덧붙이는 가공을 할 필요가 있다. 이어질 내용에서는 스토리텔링의 소재를 가다듬는 방법에 대해 살펴보도록 하자.

우선 영국 웨일즈에서 학생들을 가르치고 있는 한 선생님의 스토

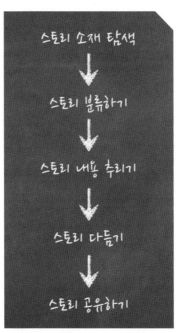

리얼 스토리를 만들어내는 프로세스. 스토리는 단순히 그 소재를 찾는 것만으로 끝나지 않는다. 찾아낸 소재들을 목적에 맞도록 분류하고, 분류된 소재들을 합치거나 불필요한 내용을 추리는 과정이 뒤따른다. 그 다음 이 스토리를 스토리답게 다듬는 편집의 과정이 이어진다. 그리고 가장 효과적으로 텔링하는 방법의 고민을 통해서 공유하게 된다.

리를 보자.

"나는 젊었을 적에는 지금 여러분이 보시는 것처럼 도덕적이고 현명한 선생님이 아니었어요. 스무 살 때 나는 해변가에 살고 있었습니다. 그때 나는 해변가를 헤매면서 놀거리를 찾아다니는 껄렁대기 좋아하는 청년이었습니다. 거기 사는 모든 젊은이들은 여름 시즌, 해변가에서 멋진 파라솔을 펼쳐놓고서 하루종일 편하게 누워서 선탠을 하면서 지내기를 바랐습니다. 그 해 여름 나는 그런 꿈을 실현하고 있었습니다. 나는 해변가에서 낮시간을 보내고, 저녁에는 보트 위에서 열리는 멋진 파티에 참석해서 맥주를 마시곤 했습니다. 그런 시절의 어떤 토요일에 벌어졌던 일이었습니다.

그날 저녁에는 특별히 멋진 파티가 계획되어 있었습니다. 그리고 그 파티에는 제가 한눈에 반했던 얼음처럼 파란 눈을 가진 한 여성이 참석할 예정이었습니다. 당연히 저도 그 파티에 가려고 했는데 문제가 있었습니다. 돈이 한푼도 없는 것이었습니다. 모아두었던 돈을 여름철 내내 해변가에서 지내면서 죄다 써버렸던 것입니다.

그 때 저는 심부름꾼 아이를 데리고 있었습니다. 심부름꾼 아이는 해변가에서 일종의 아르바이트를 하는 아이들이었습니다. 보통 열한두살쯤 되는 어린아이들이었는데, 센터에 요금을 지불하면 한 명씩 배정이 되는 시스템이었습니다. 심부름꾼 아이를 고용한 사람은 배정된 아이에게 음료수 사와라, 샌드위치 사와라 하는 등의 심부름을 시킬 수 있었습니다. 그때 나의 심부름꾼 아이는 바싹 마르고 다리가 크레인처럼 길쭉한 아이였습니다.

제가 어떻게 하면 파티에 참석할 돈을 마련할 수 있을까 하고 한참 고민하고 있을 때, 그 심부름꾼 아이가 친구들과 서핑에 대해서 이야기하고 있었습니다. 심부름꾼 아이는 친구에게 서핑을 하고 싶은데 서핑 보트가 얼마냐고 친구에게 물어보고 있었습니다. 친구는 굉장히 비싸다고 이야기해주었고, 그 심부름꾼 아이는 낙담했습니다. 나는 그 아이의 심정이 이해가 갔습니다. 나도 서핑을 좋아했는데, 서핑 보트가 비싸서 사지 못하고 가족들과 함께 서핑을 다니는 친구에게 돈을 조금 주고 빌려서 쓰고 있었기 때문입니다.

그때 불현듯 생각난 것이 친구에게서 빌린 서핑 보트를 아직 돌려주지 않았다는 것이었습니다. 그 친구도 당분간 쓸 일이 없을 것 같았구요. 그래서 나는 그 심부름꾼 아이한테 터무니없는 제안을 했습니다. 네가 지금 모아놓은 돈을 나한테 주면 서핑 보트를 넘기겠다고 이야기한 것입니다. 마침 그 토요일이 심부름꾼 아이들이 임금을 받는 날이었기 때문에 나는 그 아이가 어느 정도 돈을 가지고 있을 거라 짐작했습니다. 당연히 그 아이는 뛸 듯이 기뻐하면서 주머니를 탈탈 털어서 가지는 있는 돈을 모두 나에게 넘겨주었습니다. 파티에 참가하기에 충분한 돈이었습니다. 나는 내가 살고 있는 아파트 위치를 아이에게 알려주고 서핑 보트를 꺼내가라고 열쇠를 건네주었습니다. 그리고 나는 바로 파티가 열리는 보트로 향했죠.

멋진 파티였습니다. 아름다운 푸른 눈의 아가씨도 있었구요. 나는 밤새도록 그녀와 이야기하다가 춤을 추고, 또 이야기를 나누었습니다. 그렇게 로맨틱한 밤을 보내고 아침이 되자 나는 지쳐서 아파트로 돌아왔습니다. 조용한 일요일 아침이었습니다.

침대에 누워서 막 골아떨어지려는 찰나 생각지도 않게 나에게 서핑 보트를 빌려준 친구가 찾아왔습니다. 그 친구는 아파트를 둘러보더니 서핑 보트는 어디에 있냐고 나에게 다그쳤습니다. 그래서 나는 다른 사람에게 잠시 빌려줬다고 둘러댔습니다. 그러자 친구는 황당해하면서 빨리 보트를 찾아오라고, 아버지가 찾고 있다고 말했습니다. 그리고 친구는 그 서핑 보트가 어머니가 돌아가시기 전에 마지막으로 아버지에게 선물한 거라서 망가지거나 하면 큰일난다고 덧붙였습니다.

나는 깜짝 놀라서 침대에서 벌떡 일어나 그 심부름꾼 아이를 찾아다녔습니다. 나는 해변가에서 놀고 있는 아이를 보자마자 서핑 보트 어디 있냐고 물었습니다. 그러자 그 아이는 자기한테 없다는 겁니다. 아이는 어제 집에 가져갔는데 자기 아빠가 보트를 가져가 버렸다고 말했습니다. 나는 그 아이한테 서핑 보트를 찾아오라고 겁을 줘보았지만 그 애가 할 수 있는 건 아무것도 없었습니다.

나는 해변으로 돌아와서 천천히 거닐면서 어떻게 하면 좋을까 궁리해보았습니다. 선택은 한 가지밖에 없었습니다. 나는 위험한 도박을 하기로 했습니다. 나는 그 애 집으로 몰래 찾아갔습니다. 그리고는 심부름꾼 아이의 아빠가 어디에 보트를 두었을까 추측해보았습니다. 나는 집 뒤편 창고에 두었을 것이라고 생각했고, 아무도 없는 것을 확인한 다음에 창고의 삐걱거리는 문을 조심스레 열어 보았습니다. 생각대로 서핑 보트가 거기에 있었습니다. 나는 얼른 서핑 보트를 들고 바로 친구의 집으로 향했습니다.

나는 마침내 문제가 해결되었다는 안도감에 집으로 돌아와서 쏟아지는 잠을 청했습니다. 오후 늦게까지 잠을 자고 있을 때 파티에서 같이 이야기를 나누었던 그 얼음같이 푸른 눈의 아가씨가 나를 찾아왔습니다. 나는 반갑게 그녀를 맞이하고는 곧 저녁을 준비할 테니 같이 먹자고 제안했습니다. 돈이 없어서 밖에서 저녁을 사먹을 수는 없었으니까요. 그녀는 그러자고 했고 나는 신이 나서 저녁을 준비하기 시작했습니다. 저녁 준비를 마치고 식탁 위에 촛불을 켜면서 나는 그녀와의 로맨틱한 저녁 시간을 상상했습니다. 그런데 저녁을 먹으려는 찰나 갑자기 '꽝꽝꽝' 누군가 문을 마구 두드려댔습니다. 문을 열자 그 심부름꾼 아이의 아빠가 서 있었습니다. 그는 다짜고짜 나에게 서핑 보트 어디 있냐고 소리를 질러 댔습니다.

나는 속으로는 무척 당황했지만 도대체 무슨 소리냐고 천연덕스럽게 모른 척했습니다. 그러자 그 아빠는 니놈 짓인 걸 다 안다, 아들한테 다 이야기 들었다고 윽박질렀습니다. 나는 끝까지 시치미를 떼면서 모르는 일이다, 우리 집이니까 빨리 나가라고 오히려 고함을 쳤습니다. 그러자 갑자기 커다란 주먹이 눈으로 날아왔고, 나는 마루바닥으로 나가 떨어졌습니다. 푸른 눈의 아가씨는 놀라서 이게 무슨 짓이냐고, 경찰을 부르겠다고 소리쳤습니다.

그러자 그 아빠는 그녀에게 당신이 이놈과 어떤 사이인지는 모르겠는데 정신차리라고 고함을 쳤습니다. 이어서 그 심부름꾼 아이의 아빠는 바닥에 쓰러져 있는 나를 가리키면서 이놈은 열 살 난 아이한테 서핑 보트를 팔아서 한 달 동안 일한 것을 죄다 털어가고, 그 아이에게 서핑 보트를 다시 내놓으라고 위협하고, 우리 집에 와서 그 서핑 보트를 몰래 훔쳐간 치사한 놈이라고 이야기했습니다. 내가 정신을 잃기 전에 마지막으로 기억 나는 것은 나를 바라보는 푸른 눈의 아가씨의 경멸에 찬 시선이었습니다.

다음날 아침 나는 해변으로 나갔습니다. 시커멓게 멍든 팬더 눈을 하고서 말이죠. 해변에는 심부름꾼 아이도 앉아 있었습니다. 그 아이도 나처럼 팬더 눈을 하고 있었습니다. 나는 미안한 마음에 그 아이를 카페로 데려가서 아이스크림을 사주었습니다. 그리고 그 아이한테 벌어진 일에 대해서 정중히 사과했습니다."

이 웨일즈 선생님은 처음 이 스토리의 소재를 생각해냈을 때 몇 가지 혼돈스러운 점들이 있었다. 이 선생님의 추억 속에는 자신이 여름이 되기 전에 열심히 일했던 기억, 심부름꾼 아이에게 친절하게 대해주었던 기억, 심부름꾼 아이에게 수학을 가르쳐주었던 기억, 심부름꾼 아이의 아버지에게 사정했던 기억 등이 포함되어 있었다. 그리고 이 선생님의 젊은 시절 모습은 로맨틱하기도 하고, 순진하기도 하고, 책임감이 없기도 하고, 친절하기도 하고, 터프하기도 했던 여러 가지 태도들이 섞여 있었다.

아마 대부분의 사람들 역시 자신을 한 두가지 태도만으로 규정하기는 힘들 것이다. 하지만 스토리 속 주인공의 태도나 모습을 실제처럼 다양하고 복잡하게 묘사하면 스토리의 시작과 전환점에서 스토리가 갈피를 잡지 못하고 혼란스러워질 가능성이 커진다. 이런 점이 리얼 스토리를 만들 때 흔히 발생하는 문제이다.

웨일즈 선생님은 이런 우려를 극복하기 위해서 현명한 방법을 택했다. 스토리 작성 초기에 주변의 사람들에게 자신의 스토리를 들려주고서 그에 대한 의견을 물어본 것이다. 스토리를 접한 사람들의 대체적인 의견은 선생님의 여러 가지 모습 중에서 책임감이 부족한 부분에 집중해서 스토리를 만들어 가는 것이 어떻겠냐는 것이었다. 선생님은 이런 다른 사람의 의견을 받아들여서 자신의 실제 경험 중 필요 없는 내용은 모두 빼버렸다. 그리고 스토리에 더욱 몰입할 수 있고, 스토리를 통해 전달하고 싶은 주제를 잘 강조해줄 수 있는 내용만을 남겨서 새롭게 정리했다. 스토리는 자신의 경험을 토대로 했지만 스토리를 만드는 과정에서 많은 수정이 있었던 것이다.

스토리텔링을 활용할 때, 특히 자신의 경험과 관련된 스토리를 들려줄 때 항상 문제가 되는 것은 스토리텔러가 자신에게 긍정적인 부분을 빠뜨리지 않으려고 한다거나, 조금 꺼림칙한 내용을 피함으로써 자신을 보호하려 한다는 것이다. 이렇게 되면 자칫 스토리텔링의 목적과 상관없는 영웅담이 되어버리거나, 듣는 사람들이 미심쩍어하는 중구난방의 내용을 가진 스토리가 될 가능성이 커진다.

스토리텔링을 만드는 사람은 자신의 마음에 들지 않더라도 스토리텔링의 목적을 위해서는 기꺼이 자신을 희생하는 것을 주저하지 않아야 한다. 요즘 자신의 성공 스토리를 들려주는 강의들이 큰 인기를 끌고 있다. 성공 스토리들은 대개 자신이 어떻게 살아왔고, 그래서 성공했다는 내용이 대부분이다. 그런데 자기가 그렇게 성공했다고 해서 그대로 따라하면 전혀 다른 상황에 있는 사람들이 모두 똑같이 성공할 수 있을지는 의문이다. 청중은 그 이야기를 통해서 그 사람을 존경스럽게 바라보거나, 성공에 대한 통쾌함과 막연한 기대감을 가지게 되는 것 외에는 아무것도 얻지 못할 수도 있다.

그렇기 때문에 특히 부모나 선생님이 아이들에게 교육의 목적으로 스토리텔링을 활용하고자 할 때는 자신의 관점에서 가치 있다고 생각하는 경험이나, 자신을 돋보이게 하는 경험이 아니라 설사 자신의 감추고 싶은 부분이 부각되더라도 아이들에게 교육적으로 필요한 경험을 선택해서 활용할 필요가 있다.

혼자서 스토리를 만들 때는 이런 과정들이 생각처럼 쉽게 진행되지 않는다. 자신의 기억, 고정관념을 벗어나기는 쉽지 않기 때문이다. 그렇기 때문에 스토리텔링을 만들 때는 우선 앞서 살펴본 스토리의 구조에서 스토리의 시작과 전환점, 문제상황까지 스토리를 만들어본 다음 주변 사람들에게 그 내용에 대해서 피드백을 받아볼 필요가 있다.

전환점 이후로 스토리가 어떻게 진행될 것 같은지, 불필요한 내용은 없는지, 어떻게 하면 좀 더 주제를 강조할 수 있는 스토리가 될 수 있을 것인지 다른 사람의 의견을 들어보는 것이다. 그리고 그 의견을 토대로 다시 스토리를 만들어낸 다음, 또다시 전체 스토리를 주변 사람들에게 들려주고 새로운 피드백을 받아서 수정할 필요가 있다.

이렇게 여러 명이 함께 스토리텔링을 만들면 여러 가지 좋은 장점이 있기 때문에 부모님들이나 선생님들은 가정이나 학교에서 일종의 스토리텔링 클럽을 만드는 것도 좋은 방법이다. 함께 하는 동료들이 있다면 훨씬 좋은 스토리텔링을 훨씬 쉽게 만들어낼 수 있다.

스토리는 진실을 추구한다

스토리텔링의 소재에 대한 이런 접근에는 항상 한 가지 질문이 뒤따르게 된다. 실제로 일어난 일에서 내용을 수정했는데도 이것을 리얼 스토리, 즉 실제 삶에서 경험한 스토리라고 할 수 있을까라는 의문이다. 하지만 이것이 바로 사실을 빠짐없이 그대로 담고 있는 기록물과 스토리텔링의 차이점이다.

스토리텔링은 사실을 그대로 표현하는 것에 집착해서는 안 된다. 실제로 벌어진 사건은 수많은 사실들을 포함하고 있다. 스토리를 만드는 사람은 이 사실들을 적절하게 선택하고, 추리고, 배합하고, 구조화함으로써 좋은 스토리를 만들 수 있는 것이다.

'이런저런 할 말들이 많지만, 이 스토리에는 필요없는 것들이다. 이 스토리에서는 아쉽지만 이것 한 가지만 이야기하겠다.'라고 마음을 분명하게 정해야 하는 것이다. 스토리의 구조에서도 강조한 것처럼 하나의 스토리는 하나의 문제를 가지는 것이 좋다.

필자는 예전 대학생 시절에 우연히 시에서 주최하는 정책 간담회에 초청된 일이 있었다. 그때는 매우 어렸기 때문에 이런 초대에 놀라서 어찌해야 할 바를 몰랐다. 특히 복장이 신경 쓰였는데, 그런 자리에 가본 적이 없어서 정장을 입고 가야 하는지, 아니면 아직 학생이니까 평소에 입고 다니던 그대로 가면 되는지 감이 잡히지 않았다. 그래서 같은 과 학생들 중 비슷한 경험을 해본 적이 있는 친구에게 이것저것 물어보았다. 그 친구는 당연하다는 듯이 나에게 그냥 편하게 입던 대로 하고 가면 된다고 이야기해주었다.

나는 그 친구 말을 믿고 티셔츠에 청바지를 입고 간담회 장에 들어섰다. 그런데 웬걸 시장에, 국회의원에, 기자에, 교수에, 정부 고위 관료까지 나이 지긋한 분들이 모두 제대로 정장을 차려입고 자리에 앉아 있었던 것이다. 간담회가 끝난 다음에 알아보니 정장을 입고 예의를 지켜야 하는 자리였다는 것이다. 친구에게 제대로 당했던 것이다. 알고 보니 그 친구는 어떤 이유에서인지 나를 싫어하고, 시샘하고 있었다. 그 친구는 겉으로는 나에게 호의적인 척하면서 속으로는 나를 골탕먹일 기회만 찾고 있었던 것이다. 그 후로도 몇 차례 그런 일이 벌어져서 나는 결국 그 친구와 크게 싸우고는 다시 만나지 않는 사이가 되어버렸다.

만일 내가 이 친구에 대한 스토리를 만든다고 생각해보자. 그 친구에 관한 기억은 여러 가지가 있다. 그 친구와 영화를 보러 간 적도 있고, 같이 축구를 한 기억도 있고, 점심을 같이 먹은 적도 있다. 하지만 그 친구가 어떤 사람인지, 나에게 그 친구가 어떤 존재였는지를 보여주고자 하는 목적으로 스토리를 만든다면 나는 앞서 언급한 그 사건만을 스토리에 포함할 것이다. 그 친구와 사이 좋게 지낸 적도 있고, 즐거운 시간을 보낸 적도 있지만 돌이켜볼 때 나에게 그 친구의 존재를 가장 잘 대변해주는 것은 뒤통수를 친 사건이기 때문이다. 그 외의 나머지 기억은 모두 부차적인 것들이다.

그리고 앞서의 사건을 가지고 스토리를 표현할 때 그 친구의 외모, 행동, 말을 위선적이고 음흉하게 보이도록 약간의 수정을 가할 수 있다. 그것이 스토리를 더욱 그럴듯하게 만들어줄 수 있기 때문이다. 이런 점이 부당하게 생각될 수도 있지만, 이것이 신문기사와는 다른 스토리텔링이 가지고 있는 자유이자 특권이라고 할 수 있다. 스토리이기 때문에 용서가 되는 것이다.

그렇지만 스토리이기에 가져야 하는 엄격한 책임도 있다. 어느 학생이 교실에서 선생님에게 몹시 혼나고 있는 장면을 떠올려보자. 몇 번의 훈계 끝에 결국 선생님은 학생에게 체벌을 가했다. 이 장면의 진실은 무엇이고, 사실은 무엇인가? 사실은 한 가지뿐이다. 선생님이 학생을 폭행한 것이다. 하지만 진실은 두 가지가 될 수 있다. 한 가지는 선생님이 학생을 사랑하기 때문에 학생을 위하는 마음으로 체벌을 가한 것이다. 가능한 또 다른 진실은 선생님이 화를 참지 못하고 학생을 증오하면서 폭력을 가한 것이다.

이렇게 진실과 사실은 구분이 된다. 스토리텔링은 진실을 기반으로 하는 것이다. 이런 점에서 신문기사나 기록보다 중요한 스토리의 가치가 대두된다. 사실은 왜곡이 가능하지만, 스토리는 왜곡을 허용하지 않는다. 만일 학생을 증오하는 선생님을 학생을 사랑하는 선생님으로 둔갑시키면 그때부터 이 스토리는 위선적인, 그릇된 스토리가 되는 것이다. 이런 왜곡된 스토리는 얼마 가지 않아 들통나기 마련이고, 필연적으로 더 큰 문제를 야기하게 된다. 스토리는 사건의 경험이 담고 있는 진실을 반드시 그대로 유지해야만 한다.

하지만 이 진실이 바뀌지 않는 상태에서는 스토리의 여러 가지 세부적인 내용들은 어느 정도의 생략, 과장, 축소 등은 가능하다. 만일 체벌을 가한 선생님의 진실이 학생을 사랑하는 마음이었다면 스토리텔링은 그 진심을 표현하는 데 집중할 수 있다. 실제로 선생님이 눈물을 흘리지 않았더라도 선생님이 눈물을 글썽이는 장면을 포함시킬 수도 있고, 교실 분위기도 실제보다 더욱 경건하고 엄숙하게 표현할 수 있을 것이다. 선생님의 말도 불필요한 것은 빼고 진실을 강조하는 것만 포함시킬 수 있는 것이다.

스토리텔링은 세상을 있는 그대로 모방해놓은 것이 아니라 현실을 추리고 다듬어서 경험의 핵심을 사람들에게 전달해주는 것이다.

5) 스토리텔링의 매트릭스

스토리텔링이 어떤 특징을 갖추고 일관성 있게 표현되면 사람들은 스토리를 더욱 매력적으로 받아들이곤 한다. 이런 스토리텔링의 특징이 스토리텔링의 스타일이다.

이 스토리텔링 스타일을 쉽게 구축하는 방법 중의 하나로 '스토리의 패턴'과 '스토리의 장르' 두 가지 요소로 구성된 '스토리텔링 스타일 매트릭스'를 활용할 수 있다. 이 매트릭스는 스토리의 내용을 구조화할 때에도 참고할 수 있는 유용한 도구이다.

먼저 스토리텔링 스타일 매트릭스의 세로 항목을 구성하는 스토리의 패턴이 무엇인지 살펴보자.

소설이나 TV 혹은 영화와 같은 문화 콘텐츠들을 잘 살펴보면 소위 사람들에게 잘 먹히기 때문에 반복해서 활용하는 패턴들이 있다는 것을 알 수 있다. 아이들이 즐겨 보는 만화의 경우도 대개 이런 패턴들을 가지고 있다. 이런 검증되고 익숙한 패턴들을 잘 활용하면 스토리텔링을 아이들에게 친숙하게 다가갈 수 있는 스타일로 만들 수 있다.

물론 패턴을 먼저 염두에 두고서 스토리텔링을 만드는 것은 아니다. 이미 스토리의 내용, 소재와 목적을 갖추어놓고서 앞서 살펴본 스토리의 구조에 따라 내용을 편집하는 과정에서 그 스토리를 가장 잘 살려줄 수 있는 패턴이 무엇인지를 고민하는 것이 좋다. 스토리의 패턴은 이미 가지고 있는 스토리에 분명한 스타일을 주기 위해, 스토리텔링의 표현을 좀 더 효과적으로 다듬기 위해 활용하는 것이 바람

직하다. 다음은 교육을 목적으로 한 스토리텔링에서 활용하기 좋은
스토리의 패턴들이다.

교육 스토리텔링에 유용하게 활용할 수 있는 스토리 패턴들

추구	주인공이 소중하게 생각하는 가치나 의미를 지키고 발전시켜 나가기 위해 노력하는 스토리의 패턴 • 참고 영화: 오즈의 마법사(The Wizard of Oz), 빌리 엘리어트(Billy Elliot)
탐구	주인공이 새로운 것을 발명해내고, 아이디어를 현실화시키며, 문제를 풀어 나가는 스토리의 패턴 • 참고 영화: 옥토버 스카이(October Sky), 아폴로 13(Apollo 13)
시험	주인공이 보다 좋은 모습으로 변화하기 위해 불리한 환경이나 힘든 고난을 통과해야 하는 스토리의 패턴 • 참고 영화: 라따뚜이(Ratatouille), 반지의 제왕(The Lord of the Rings)
변화	미숙했던 주인공이 주위의 도움으로 성숙하게 바뀌어 가는 스토리의 패턴 • 참고 영화: 블랙(Black), 굿 윌 헌팅(Good Will Hunting)
약자	약한 주인공이 강한 상대에 맞서 굴하지 않고 이겨내는 스토리의 패턴 • 참고 영화: 아이언 윌(Iron Will), 에린 브로코비치(Erin Brockovich)
구출	주인공이 역경에 빠진 사람이나 동물, 사회를 도와주는 스토리의 패턴 • 참고 영화: 프리 윌리(Free Willy), 파워 오브 원(The Power of One)
탈출	주인공이 의도하지 않은 상황에 갇히게 되지만 포기하지 않고 벗어나기 위해 노력하는 스토리의 패턴 • 참고 영화: 쇼생크 탈출(The Shawshank Redemption), 얼라이브(Alive)
발견	주인공이 어떤 경험을 통해 사람이나 사물의 새로운 면을 보게 되는 스토리의 패턴 • 참고 영화: 코렐라인: 비밀의 문(Coraline), 라이프 오브 파이(Life of Pi)
추격	주인공이 자신보다 누군가를 따라가기 위해 노력하고 추월하는 스토리의 패턴 • 참고 영화: 골!(Goal!), 록키1(Rocky)
대립	용감한 주인공이 불의를 행하는 악당들에 맞서는 선과 악이 대립하는 스토리의 패턴 • 참고 영화: 슈퍼맨(Superman), 브레이브 하트(Braveheart)

회복	잘나가던 주인공이 어려운 상황 속에 빠져들지만 다시 힘을 내어 일어나는 스토리의 패턴
	• 참고 영화: 신데렐라 맨(Cinderella Man), 드림팀(Les seigneurs)
재탄생	주인공이 어떤 기회를 통해 전혀 새로운 인물로 도약하는 스토리의 패턴
	• 참고 영화: 크리스마스 캐롤(Christmas Carol), 배트맨 비긴즈(Batman Begins)

다음으로 스토리텔링 스타일 매트릭스에서 가로 항목인 스토리의 장르에 대해 알아보자.

스토리의 표현 방식이나 분위기, 느낌 등의 공통적인 요소에 의해 스토리를 분류한 것을 '장르'라고 한다. 스토리텔링의 타깃이 되는 아이들의 특성, 스토리의 소재, 스토리텔링을 하는 분위기, 장소, 목적 등에 따라 스토리는 다양한 장르로 표현할 수 있다.

다음은 교육 스토리텔링에서 효과적으로 사용하기 좋은 스토리의 대표적인 장르들이다.

• 드라마 : 다툼, 우정, 좌절 등 일반적인 삶의 모습들을 진지하고 감동적인 분위기로 표현함
• 다큐 : 뉴스와 같이 객관적이고 사실적인 분위기로 표현함
• 공포 : 초현실적 존재 혹은 유령과 귀신이 등장하는 으스스하고 무서운 분위기로 표현함
• 모험 : 등장인물들 간의 쫓고 쫓기는 모습, 주인공이 적극적으로 문제를 해결해 나가는 행동을 액티브한 분위기로 표현
• 추리 : 어떤 문제를 중심으로 단계적이고 논리적으로 풀어나가는 사고의 과정을 다루는 지적인 분위기로 표현

- 역사 : 과거에 벌어졌던 일에 대해 여행을 떠나듯이, 혹은 옛날 이야기를 하듯이 회상적인 분위기로 표현
- 전기 : 실존 인물의 삶을 중심으로 사실적이면서도 인간적인 추억을 담은 회고적 분위기로 표현

이 장르에 따라서 스토리텔링에서 태도, 표현 방법, 사용하는 언어들이 달라진다. 장르는 스토리에 일종의 특유한 분위기를 부여해준다. 병에 걸려 신음하고 있는 고객들의 비참한 모습을 우울한 분위기로 스토리텔링을 하다가 갑자기 우스꽝스럽게 좌충우돌하는 주인공에 대해 이야기하면 사람들은 어리둥절할 수밖에 없다. 장르가 불분명하면 사람들은 스토리에서 혼란을 겪게 된다.

이렇게 스토리텔링의 스타일을 구성하는 스토리의 패턴과 스토리의 장르라는 두 가지 요소를 가로세로로 놓고서 합치면 하나의 매트릭스를 만들 수 있다.

스토리텔링의 내용을 구조화하는 단계에서 이 매트릭스에서 가로와 세로가 교차하는 지점에 표시를 함으로써 자신의 스토리텔링에 가장 적합한 스타일이 무엇이고, 어떻게 스토리의 내용을 전개해 나갈 것인가를 분명하게 설정할 수 있다.

예를 들어, 영화 〈코렐라인: 비밀의 문(Coraline)〉은 '발견'의 스토리 패턴에 공포라는 장르가 결합된 스타일을 보여주고 있다. 영화 〈얼라이브(Alive)〉는 '탈출'의 스토리 패턴에 다큐의 장르가 결합된 것이고, 영화 〈블랙(Black)〉은 '변화'의 스토리 패턴에 전기의 장르가 결합

된 것이다. 영화 〈프리 윌리(Free Willy)〉는 '구출'의 스토리 패턴에 드라마의 장르가, 영화 〈브레이브 하트(Braveheart)〉는 '대립'의 스토리 패턴에 역사의 장르가 결합되어 있다.

나의 스토리에 적합한 스타일은 무엇일지 생각해보도록 하자.

교육 스토리텔링에 유용하게 활용할 수 있는 스토리 패턴들

	드라마	다큐	공포	모험	추리	역사	전기
추구							
탐구							
시험				✔			
변화							블랙
약자							
구출	프리 윌리						
탈출		얼라이브					
발견			코렐라인				
추격							
대립						브레이브 하트	
회복							
재탄생							

4장

스토리 표현하기

Represent · a · Story

가정에서건 학교에서건 아이들에게 무언가를 가르칠 때 가장 많이 사용하는 방법은 언어로 주고받는 소통이다. 스토리텔링 역시 마찬가지이다.

스토리를 아이들에게 전달하는 방법, 즉 텔링의 방법에는 글, 그림, 영상 등 여러 가지가 있다. 이런 텔링의 다양성에도 불구하고, 여전히 교육현장에서 가장 활발하고 자연스럽게 사용할 수 있는 텔링의 방법은 역시 말로 들려주는 스토리텔링이다. 때문에 부모나 선생님은 우선 스토리를 언어로 표현할 수 있는 기본적인 능력을 갖출필요가 있다. 아이들이 스토리를 머릿속에 생생하게 그려나갈 수 있도록 말로 적절하게 표현할 수 있어야 하는 것이다. 이렇게 스토리를 말로 표현해주는 사람을 스토리텔러라고 한다.

본 장에서는 가장 기본적인 텔링의 방식, 즉 말과 행동으로 청중에게 스토리를 전달해주는 스토리텔러의 표현 방법을 알아보고자 한다.

1) 이미지로 이야기하기

스토리를 언어로 전달하는 첫 걸음은 이미지로 이야기하는 연습을 하는 것이다. 아이들을 스토리의 세계 속으로 끌고 들어가기 위해서는 생생한 이미지와 장면들을 그려낼 수 있어야 한다.

우리들은 아이들에게 추상적인 단어로 커뮤니케이션하는 것에 너무 익숙해져 있다. 열심히 공부해라, 창의적인 사람이 되어라, 사려 깊게 행동해라 이런 말들은 언뜻 듣기에는 그럴듯해 보이지만 실제로는 모호한 것들이다. 사려 깊게 행동하라는 게 동생을 때리지 말라는 건지, 동생과 음식을 나누어 먹으라는 건지 아이들은 추상적인 단어의 뜻을 잘 이해하지 못한다.

스토리텔링도 마찬가지이다. 많은 동화들이 단순히 공주는 아름다웠다, 왕자는 용감했다라는 식으로 표현하곤 하지만 말로 전달해주는 스토리는 그림동화나 만화같이 직접 눈으로 볼 수 있는 것이 아니다. 그렇기 때문에 아이들이 공주와 왕자의 모습를 상상해낼 수 있도록 언어를 통해서 생생한 이미지를 전달해주어야 한다.

추상적인 언어들로 가득한 스토리를 전달해주면 아이들은 머릿속에서 구체적인 장면을 그려내는 데 어려움을 겪게 된다. 그렇게 되면 아이들은 스토리의 내용에 집중하기 힘들어하고, 마음으로 스토리를 받아들이는 대신 머리를 써가면서 스토리를 이해하려고 노력하게 된다. 스토리를 통해 전달해주고 싶은 내용이 아니라, 스토리 그 자체를 이해하려 애쓰게 되면 스토리텔링의 원래 목적은 실패하는 것이다.

다음에 제시할 몇 가지 요령들은 말로 이미지를 효과적으로 그려낼 수 있는 연습 방법들이다.

상상 속의 사진 활용하기

스토리를 전달해줄 때 그저 '그곳에는 커다란 나무가 있었어요.' 이렇게 이야기하는 것으로는 부족하다. 커다란 나무라고 하면 어떤 아이는 가로수를 떠올리고, 어떤 아이는 영화 속의 괴물 나무를 떠올리고, 어떤 아이는 창 밖으로 보이는 소나무를 떠올리게 된다. 이렇게 되면 나중에 스토리를 진행해 나가는 과정에서 아이들의 상상과는 다른 내용이 나오면 아이들이 혼란을 느끼게 되고, 저마다 스토리의 내용을 다르게 이해할 수도 있다. 스토리를 수동적으로 듣는 아이들은 숫제 나무에 대한 어떤 이미지도 떠올리지 않을 것이다. 그럼 교과서를 읽는 것마냥 무미건조하게 스토리를 받아들이게 되고, 그 내용에 흥미를 느끼지 못하게 된다.

때문에 스토리텔러가 되기 위해서는 스토리의 내용을 막연히 개념적으로 떠올려서 전달해주는 것이 아니라, 사진을 보고 이야기를 하듯이 구체적으로 묘사할 필요가 있다. 이런 이미지의 전달능력을 길러주기 위한 방법이 상상 속의 사진 활용하기이다.

이 방법은 스토리 속에서 전달해주고자 하는 내용 중에서 핵심이 되는 것들을 뚜렷한 사진으로 떠올려보는 것이다. 나무에 관한 것이라면 스토리에 가장 부합하는 나무의 모습을 눈을 감고 마치 카메라로 찍은 사진을 보는 것처럼 떠올리고, 이 가상의 사진을 마음의 눈

단순히 '커다란 나무'가 아니라. '그 나무는 둘레가 우리 학교 정문 앞에 서 있는 소나무보다 다섯 배나 더 굵고, 높이도 세 배나 더 높은 진갈색 나무였어요. 나무의 껍질은 두껍고 까칠까칠했고, 군데군데에 선생님 머리만한 혹들이 달려 있었어요.'라는 식으로 상세하게 표현하면 아이들이 훨씬 더 명확한 이미지를 그릴 수 있다.

으로 보면서 묘사하듯이 이야기하는 것이다. 그 나무의 모습은 과거 자신이 직접 보았던 것일 수도 있고, 영화나 책에서 보았던 것일 수도 있다. 때로는 여러 가지 나무의 모습이 섞인 것일 수도 있다. 무엇이 되었든 눈앞에 한 장의 사진을 떠올릴 필요가 있다.

추상적인 단어들은 머릿속에서 이미지로 떠올리기 힘들다. 자신이 머릿속에 떠올리기 힘든 것은 듣는 사람도 마찬가지로 힘들다. 그렇기에 스토리를 준비하는 단계에서 스토리 속 주요한 대상이나 내용에 대해서 머릿속에 여러 장의 사진들로 바꾸어 담아 스스로가 스토리의 내용에 대해 생생하게 이해하는 연습을 미리 할 필요가 있다.

아마도 처음부터 스토리를 이미지로 바꾸어서 떠올리는 것이 쉬운 일이 아닐 것이다. 이런 이미지 표현의 능력을 기르기 위한 세 가

'맛있게 먹는' 이라는 추상적인 단어는 카메라로 찍을 수 없다. 대신 '쩝쩝거리면서 접시를 싹싹 핥고 주위에 떨어진 부스러기까지 주워 먹는' 모습은 카메라로 찍을 수 있는 장면이다. 스토리텔러는 이런 사진들을 머릿속에 떠올리면서 장면을 더욱 생생한 이미지로 표현할 수 있다.

지 훈련을 제안하고자 한다.

첫째, 평소에 자신이 찍은 사진을 활용해서 연습해보는 것이다.

평상시처럼 사진을 그냥 흘깃 보고 지나가는 것이 아니라 사진 속에 담긴 사물들, 풍경들, 사람들을 하나하나 세심하게 살펴보고, 사진을 찍을 당시의 상황을 구체적으로 생각해보도록 한다. 그런 다음 눈을 감고 그 사진 속 장면을 머릿속에서 떠올린 다음 말로 묘사해보는 것이다. 언제 어떤 일이 있어서 그 사진 속 장소로 가게 되었고, 사진 속 장면은 어떠하며, 사진을 찍고 난 다음에는 어떤 일이 있었는지, 사진을 중심으로 간단한 스토리를 만들어보는 것이다. 이런 연습을 지속적으로 하면 스토리를 이미지로 표현하는 능력을 키울 수 있다.

둘째, 한 가지 이미지를 바탕으로 새로운 이미지를 연결시켜 가는 연습이다.

예를 들어, 처음에 테이블 위해 놓인 포크와 그 옆에 떨어져 있는 스푼의 이미지를 떠올렸다면, 그 다음에는 그 테이블 주변의 풍경이 어떨 것인지 상상력을 발휘해서 묘사해보는 것이다. 카메라로 장면을 쭉 훑는다고 상상하고서 테이블 맞은 편에 활짝 열려 있는 창문과 그 창문으로 강하게 몰아치는 돌풍, 부엌에 이리저리 굴러다니는 오래된 신문 같은 장면을 그려볼 수 있다. 만일 양복을 쫙 빼입고 광이 난 구두를 신은 채로 벤치에 누워서 신문을 펴들고 있는 할아버지의 이미지를 그려냈다면, 그 옆에 가만히 서서 그 할아버지를 바라보고 있는 어린 손녀의 모습을 떠올려보는 것이다.

아마 한 장면이라도 추상적인 개념으로 떠올린다면 다음 장면이 잘 생각나지 않을 것이다. 만일 한 장면을 구체적이고 생생하게 묘사한다면 이어서 다른 장면을 떠올리기 쉬울 것이다. 그렇기 때문에 끊임없이 이미지를 생생하게 떠올리려는 노력을 기울일 수 있는 연습이라고 할 수 있다.

이 연습의 또 다른 장점은 장면이나 대상을 연결시키면서 확장해 나가는 것에 익숙해짐으로써 정지된 장면으로 멈춰져 있는 것이 아닌, 스토리의 내용에 따라서 변화하는 이미지들을 계속해서 생생하게 표현해 나갈 수 있는 기본기를 갖출 수 있다는 것이다.

셋째, 장면의 확대와 축소를 활용하는 것이다.

동일한 사물이나 장면도 멀리서 볼 때와 가까이 다가갔을 때 전혀 다른 모습이 드러난다. 나이프와 포크가 놓인 테이블을 묘사할 때, 멀리서는 그저 나이프와 포크가 있다라고 묘사하겠지만 이 장면을 카메라로 줌 인 하듯이 크게 확대해보면 전혀 다른 모습이 나타난다. 나이프는 오래되어 녹이 슬고 이가 빠져 있을 수도 있고, 딸기잼이 묻어 있을 수도 있고, 흠집이 난 모습이 보이기도 할 것이다. 나이프 주위로 테이블 위에 흩어져 있는 식빵 부스러기도 볼 수 있을 것이다.

그리고 이 장면에서 다시 카메라의 줌을 아웃시키면 나이프와 포크의 모양만 보일 것이고, 거기에서 더욱 줌 아웃을 시키면 나이프와 포크가 놓인 전체 식탁의 모습이 나타나고, 곧 이어 나무들에 둘러싸인 집이 보일 것이고, 조금 더 줌 아웃하면 그 집이 위치한 울창한 숲이 등장할 것이다.

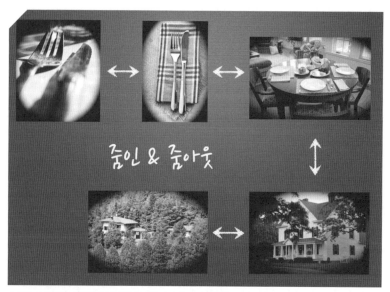

스토리 속 장면을 적절하게 확대와 축소를 섞어서 마치 영화처럼 전달해주면, 아이들은 더욱 생생하고 입체적으로 스토리의 내용을 머릿속에 그려볼 수 있다. 그러면 아이들은 그 장면이나 대상에 빠져들면서 더욱 큰 흥미를 가지게 된다.

이렇게 커다란 줌렌즈가 달린 카메라로 세상을 바라보듯이 대상이나 장면을 당겼다 밀었다 하는 연습을 계속하면 다양한 이미지를 구체적으로 그려보는 능력을 기를 수 있다. 그리고 보다 더 장면을 생동감 있게 그려낼 수 있는 능력 또한 갖출 수 있다.

메타포 활용하기

메타포는 우리들이 일상적으로도 많이 사용하고 있는 것이다. 화가 난 사람을 더욱 조롱하는 장면을 보면 '불난 집에 부채질 하는 격이다' 라는 식으로 표현하는 것이 전형적인 메타포인 것이다.

학술적으로는 이 메타포에 대한 내용과 정의가 매우 다양하고 복잡하지만, 여기서는 그런 것들은 무시하고 메타포의 의미를 어떤 대상을 무언가 더욱 친숙하고 생생한 이미지로 바꾸어서 표현하는 것이라고 생각하자.

스토리텔링에서 이 메타포를 적절하게 활용하면 사람들에게 생생한 이미지를 던져줄 수 있다. 예를 들어, '그녀는 북극의 가장 춥고 맑은 밤 하늘처럼 아름답고 차갑다.', '그 교수는 사막에 있는 바싹 마른 우물같이 감정이 메말랐다.', '그 사람은 뿌리를 깊게 땅에 박고 있는 수천 년 된 거대한 나무처럼 강인하다.'라고 표현하면 스토리 속에 등장하는 인물들을 좀 더 살아 있는 인물, 생동감 있는 인물로 묘사할 수 있다.

이 메타포를 활용할 때 주의할 점은 일상적으로 늘 활용하는 표현, 너무 진부하거나 관용적인 표현은 피하라는 것이다. 듣는 사람들이 식상하게 느껴서 오히려 거부감을 가지는 역효과가 날 수도 있기 때문이다.

좋은 메타포는 스토리를 준비하는 과정에서 적절한 표현의 대상을 찾기 위해 노력하는 과정을 통해 얻을 수 있다. 평소에 다양한 문화 콘텐츠를 많이 접하거나 주변의 사물에 호기심을 가지는 것도 좋은 메타포를 만들어는 데 도움이 될 수 있다.

또, 쉽게 이해할 수 있는 동시에 참신한 메타포를 만들어내는 한 가지 방법은 표현하고자 하는 대상에 대한 자신만의 기억을 활용하는 것이다.

예를 들어, 스토리 속의 등장인물을 편안한 느낌을 주는 사람으로 표현하려 한다면 먼저 기억 속에서 '편안함'에 잘 어울리는 사람을 떠올려보는 것이다. 누구나 넉넉하고 따뜻한 마음을 가지고 있는, 항상 편안하게 느낄 수 있는 사람을 만난 기억이 있을 것이다. 그런 다음에는 그 사람과 가장 잘 어울리는 어떤 보편적인 사물이나 현상을 떠올리는 것이다. '베개' 같은 물건도 그런 것일 수 있다. 그러면 다음으로 자신이 경험했던 가장 편안했던 베개를 생각해보는 것이다.

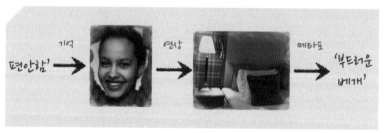

독창적인 메타포를 만들어낸 방법은 먼저 자신의 경험 속에서 특정한 기억을 떠올리고, 그 기억과 가장 잘 어울리는 어떤 보편적인 대상을 떠올려보는 것이다.

내가 베개가 가장 편하게 다가왔던 적은 언제였는가? 하루종일 일하거나, 힘들게 여행을 한 다음 마침내 잠자리에 들 수 있게 되었을 때 베개는 더없이 편안한 존재일 것이다.

이쯤 되면 메타포가 거의 만들어진다. 스토리 속에서 편안한 인물을 '힘든 여행 뒤에 머리를 기댈 수 있는 부드러운 베개'라는 메타포로 표현할 수 있는 것이다.

그리고 굳이 보편적이지 않더라도 '우리들끼리'만 이해할 수 있는 특화된 메타포를 활용하는 것도 쉽고 재미있게 대상을 표현하는 좋은 방법이 될 수 있다. 아이들이 알고 있는 다른 선생님을 빗대어 표현한다든지, 교실에서 벌어졌던 어떤 사건을 활용한다든지, 아이들과 여행을 갔을 때 보았던 사물이나 경험을 활용한다면, 이런 메타포들을 통해 아이들은 더욱 생생하게 등장인물이나 장면을 떠올리고 스토리에 몰입할 수 있다.

현란한 말이 아닌 올바른 말을 활용하라

스토리 속에 등장하는 '커다란 나무'는 으스스한 느낌을 줄 수도 있고, 듬직하고 강한 아버지 같은 느낌을 줄 수도 있고, 편안한 할아버지 같은 느낌을 줄 수도 있다. 스토리텔러는 자신이 생각하는 스토리의 모습에 가장 잘 어울리도록 나무를 표현할 필요가 있다.

이렇게 스토리텔러가 되기 위해서는 무작정 스토리의 내용을 외워서 표현하려고 하기보다는 자신의 스타일, 생각, 관점을 뚜렷하게 보여주는 것이 좋다. 그러면 이미지는 더욱 강한 생명력을 가질 수 있고, 그만큼 스토리를 듣는 아이들은 스토리텔러와 동일한 그림을 머릿속에 그릴 수 있다.

이런 점은 스토리텔링을 직접 면대면으로 전달해줄 때 가질 수 있는 매력이라고 할 수 있다. 스토리텔링은 기계가 책을 읽어주듯이 고정되어 있는 것이 아니다. 사람들은 누구나 자신만의 말하는 방식을 가지고 있다. 때문에 같은 스토리라도 누가 이야기하는가에 따라 느낌이 달라진다. 어떤 사람은 색깔 같은 비주얼한 표현을 많이 묘사하고, 어떤 사람은 소리를 흉내 내는 등의 청각적인 표현을 많이 사용한다. 어떤 사람은 차가운, 뜨거운, 따뜻한 같은 촉각에 관한 표현에 매달리기도 한다. 어떤 사람은 스토리의 분위기가 따뜻하고, 어떤 사람은 우울하다.

이렇게 같은 스토리라도 다양한 방식으로 표현할 수 있고, 사람에 따라서 각자의 개성이 담긴다는 사실을 기억할 필요가 있다. 그렇기 때문에 스토리텔러는 자신이 어떤 방식으로 말하기를 좋아하는지, 어떤 스토리의 분위기를 좋아하는지, 자신만의 특징은 무엇인지 잘 파악해서 그것을 강점으로 만들어 갈 필요가 있다.

한 가지 생각해볼 것은 언어구사 능력에 대한 것이다. 이미지의 표현에 대한 이야기를 꺼내면 항상 받게 되는 질문이 얼마만큼 말을 잘하는가, 어휘력이 뛰어난가에 따라서 이미지의 표현 능력이 전적으로 달라지지 않느냐는 것이다. 이 질문에 대한 필자의 답은 그렇지 않다는 것이다. 스토리텔링에서 이미지의 표현 능력은 얼마나 많은 언어를 알고 있느냐에 달려 있는 것이 아니다.

스토리의 전달 능력, 이미지의 표현 능력은 단순한 어휘 능력과는 다른 것이다. 스토리텔링은 이야기하는 사람과 듣는 사람이 같은 시간에 같은 수준으로 주고받는 커뮤니케이션이다. 그렇기 때문에 어렵고 현란한 문구를 쓰기보다 명확한 이미지를 떠올릴 수 있도록 최대한 단순하게 언어를 활용할 필요가 있다.

어떨 때는 초등학생이 들려주는 스토리가 대학교수가 들려주는 스토리보다 더욱 생생하게 다가오는 경우가 있다. 이것은 아이들은 어휘력이 부족하기 때문에 오히려 스토리의 내용에 필요한 말만을 활용하기 때문이다. 스토리텔링에서는 현란한 말이 아닌 올바른 말(right word)을 쓸 수 있는 것이 아주 중요한 능력이다. 이 올바른 말은 스토리의 내용을 전달하는 데 가장 적절한 말들만 선택하고 나머지는 버리는 것이다.

이것은 스토리텔링에서 언어의 경제성과도 이어지는 문제이다. 스토리텔링을 방해하는 주된 요인 중 하나는 평상시에 사용하는 불필요한 말을 주저리 주저리 덧붙이는 것이다. 스토리텔링에서는 너무 많은 말을 늘어놓지 않아야 한다. 그건 시간 낭비일 뿐이다. 아무런 말이나 마구 하는 것은 오히려 쉽다. 하지만 스토리텔링을 위해서는 평소의 언어 습관에서 불필요한 말을 걸러내고 필요한 말만을 골라내서 사용할 필요가 있다.

자신이 올바른 언어로 스토리텔링을 하고 있는지 확인해보라. 친구나 가족들에게 자신이 좋아하는 스토리를 들려주자. 그 다음 스토리를 들은 사람들로부터 그 스토리에서 불필요한 말은 없는지, 습관적으로 내뱉는 좋지 않은 언어 습관은 없는지, 불명확하게 늘어지는 부분은 없는지, 모호하거나 어려운 단어가 사용되고 있지는 않은지

꼼꼼하게 피드백을 받아보도록 하자. 그러면 자신이 얼마만큼 경제적인 언어로 스토리텔링을 하고 있는지 확인해볼 수 있다.

스토리텔링의 언어는 날카롭고, 짧고, 명확(Sharp, Short, Clear)해야만 한다.

2) 스토리텔링의 마차 몰기

스토리텔링을 말로 전달한다는 것, 즉 스토리텔러가 된다는 것은 검은 말과 흰 말, 이 두 마리의 말이 끌고 있는 마차를 몰아가는 것에 비유할 수 있다.

마차를 몰아가는 마부는 당연히 스토리텔러이다. 이 마차에서 흰 말은 스토리 그 자체이다. 그리고 검은 말은 여러 가지 스토리텔링의 외적 요소들이다. 외적 요소들이란 스토리의 템포라든지, 스토리텔링을 하는 도중에 아이들과 주고받는 이야기라든지, 아이들의 생각이나 반응이라든지, 스토리텔링을 하는 곳의 분위기나 환경 같은 스토리의 줄거리와는 상관없지만 아이들이 스토리텔링을 듣는 데 영향을 주는 것들이다. 그리고 마차가 향하는 목적지는 아이들에게 남겨주고 싶은 지식, 메시지, 교훈, 가치관 같은 것이다.

마부는 아이들이 중간에 마차에서 뛰어내리지 않도록 두 마리의 말을 적절하게 몰면서 때로는 멈추어 서서 멋진 경치를 보여주기도 하고, 큰 길을 빨리 달리기도 하고, 오솔길로도 마차를 몰아가기도 해야 한다. 너무 평평한 길만 달리면 아이들이 지루해지고, 너무 울

스토리텔링을 한다는 것은 쌍두마차에 청중을 싣고 여행을 하는 것과 같은 것이다. 스토리텔러는 마차를 타고 있는 청중에게 기억에 남을 수 있는 멋진 여행의 경험을 제공하면서도, 가야 할 목적지에 도착할 수 있도록 마차를 잘 몰아야 한다.

퉁불퉁한 비포장 도로를 계속해서 질주하면 아이들이 쉽게 지쳐버린다. 너무 빨리 몰아서도 안 되고, 너무 느리게 가서도 안 된다. 스토리텔러는 능숙한 마부가 될 필요가 있다.

그리고 마부는 가면을 쓴 것처럼 냉정한 표정을 가지고 있어야 한다. 마부가 절벽 길을 달릴 때 승객들보다 더욱 불안한 모습을 보이면서 어쩔 줄을 몰라 하거나, 울퉁불퉁한 길을 달리면서 마차를 제어하지 못해 당황해 하는 모습을 보여서는 안 되는 것처럼 가면을 쓴 마부가 의미하는 것은 스토리텔러가 스토리의 내용이나 아이들의 분위기에 휘둘려서는 안 된다는 것이다. 분위기에 휘둘리는 스토리텔러는 마치 우스운 이야기를 해준다고 하면서 정작 듣는 사람은 별로 우습지도 않는데 이야기하는 사람 혼자서만 낄낄대는 것과 같다. 마부는 어떤 경우에도 의도한 방식대로, 원하는 곳으로 아이들을 데리고 가야만 한다.

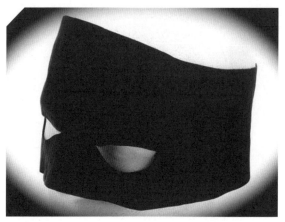

마부는 민낯을 그대로 드러내는 것이 아니라 조로처럼 얼굴에 가면을 쓰고 있어야 한다. 가면이란 언제 어떤 상황에서도 변함이 없는, 자신의 생각을 드러내지 않는 굳어 있는 얼굴이다.

스토리텔러의 역할은 자신의 감정을 보여주는 것이 아니라, 스토리의 내용을 전달해주는 것이다. 그렇기 때문에 아무리 흥미진진한 스토리를 진행하는 중이라도 스토리텔링을 하는 사람은 냉정한 가면을 쓴 마부의 통제력을 가지고 있어야 한다. 그렇지 않으면 승객들은 스토리의 여정을 즐기기보다는 마부를 의식하게 된다. 아이들이 혼자서 날뛰는 마부를 불안한 표정으로 감시해야 하는 처지가 되어버리는 것이다.

이것은 마치 여자들의 화장품과 같은 것이다. 한 여성이 마음에 드는 새로운 아이카라를 마련해서 화장을 한 다음 주변 사람들에게 자랑하러 나갔다고 상상해보자. 사람들이 "와, 아이카라 색깔 예쁘다. 이거 어디서 샀니?"라고 이야기를 하면 그 여성은 기분이 그리 좋지 않을 것이다. 다시 그 아이카라를 사고 싶은 마음이 생기지 않을 수도 있다. 사람들이 자기보다 아이카라만 쳐다보기 때문이다. 대신 사람들이 "와, 너 오늘 눈 이쁘다, 얼굴이 아주 예뻐졌네." 이렇게 반응을 보이면 그때부터 그 여성은 그 제품의 마니아가 되어버린다. 화장품은 얼굴을 꾸미는 도구이지 주인공이 아니기 때문이다. 스토리텔러는 자신이 아닌 스토리 그 자체를 보여주어야 한다는 것을 명심하자.

이미지와 행동으로 마차 몰기

자, 이제 이 스토리텔링의 마차를 운전하는 방법을 살펴보도록 하자. 이것은 스토리 자체를 만들어내는 것이 아니라, 만들어진 스토리를 말로 전달할 때 어떻게 내용을 표현하고 아이들에게 들려줄 것인가에 관한 것이다.

마차를 모는 수많은 기교 중에서 가장 기본적인 두 가지 요소는 바로 '이미지'와 '행동'이다.

이미지는 앞서 살펴본 것과 같이 대상과 장면에 대한 묘사이다. 일종의 정지되어 있는 풍경과 같은 것이다. 그리고 행동은 이 풍경에 움직임을 주는 것이다. 예를 들어, 이미지는 '아침 열 시에 더없이 푸른 하늘과 강렬한 햇빛을 받으며 하늘하늘한 분홍 원피스를 입은 일곱 살짜리 자그마한 소녀가 활짝 웃으며 거리에 서 있다'와 같은 것이고, 행동은 '그 소녀는 거리를 가로질러 걸어가기 시작했습니다. 도로를 지나갈 때 즈음 커다란 자동차가 그녀 앞에 멈추어 섰습니다. 그러고는 차에서 문이 열리고는…' 이런 식으로 스토리의 내용이 계속해서 진행되어 가는 것이다.

모든 스토리는 이 두 가지를 반복함으로써 내용이 전개된다. 스토리텔러는 이미지를 표현한 다음, 그 이미지에 행동을 부여하고, 다시 그 행동이 멈추었을 때 그곳의 이미지를 표현하고, 이렇게 이 두 가지 요소들을 엮어서 적절한 리듬을 만들어 가면서 스토리를 들려주는 것이다. 스토리텔러라는 마부는 아이들에게 마차 밖의 풍경을 더 잘 보여주고 싶으면 이미지를 더 많이 표현하고, 목적지까지 빨리 달리고 싶으면 행동을 더 많이 넣으면 된다. 이미지를 자세히 묘사하면 마차의 속도가 줄어들고, 행동을 진행시키면 마차의 속도가 증가하는 것이다.

여기에서 스토리텔러가 어떻게 이미지와 행동을 아이들이 원하는 만큼 적절하게 조절할 수 있을까라는 문제를 생각해볼 수 있다.

부모나 선생님은 이 정도면 충분히 스토리 속 장면이 묘사가 되었겠지라고 생각할 수 있지만, 정작 아이들의 입장은 전혀 다를 수 있기 때문이다. 아이들은 어른들과는 달리 아직 스토리가 잘 그려지지 않는다고, 좀 더 명확한 이미지를 보고 싶다고 생각할 수도 있다. 때로는 주인공의 모습이나 배경을 더 자세히 들여다보고 싶을 수도 있다. 어른들이 별것 아니라고 생각하는 주인공이 들고 다니는 가방에 아이들은 큰 호기심을 가질 수 있는 것이다. 이렇게 아이들은 바깥의 풍경을 좀 더 잘 보고 싶은데도 마차가 그냥 휙 하고 지나가버리면 그 순간 아이들은 스토리텔링의 여행에 불만을 가지게 되는 것이다. 또 반대로 아이들은 좀 더 속도를 내서 마차를 달리고 싶은데 마부가 느릿느릿 가면서 별로 보고 싶지 않은 것들을 계속 보여줄 때도 지루함과 불만을 가지게 된다.

따라서 스토리텔러는 아이들의 이 같은 욕구를 잘 이해한 다음 스토리텔링에서 이미지와 행동을 적절하게 조절해 나갈 필요가 있다. 단순해 보이지만 이렇게 마차를 능숙하게 모는 과정을 터득하는 것이 쉬운 일은 아니다. 누구나 자신만의 생각에서 빠져나오기가 쉽지 않기 때문이다.

청중의 의도에 따라서 스토리텔링을 조절해 나가기 위해서는 본격적인 스토리텔링을 하기 전에 미리 몇몇 사람들에게 스토리를 들려주면서 피드백을 받아볼 필요가 있다. 어떤 장면에서 더 자세한 이미지를 보고 싶은지, 더 많은 행동을 들려주어야 할 것인지를 듣는 사람에게 알려달라고 하는 것이다. 경험이 많은 아동 스토리텔러들의 경우는 아이들로부터 오랫동안 여러 가지 의견을 들어옴으로써 어느 때 이미지를 자세히 표현하고 어떤 때 행동을 많이 넣어야 하는지를 터득하고 있다. 그렇기 때문에 아이들이 만족할 수 있도록 능숙하게 마차를 몰 수 있는 것이다. 스토리텔링은 끊임없이 청중의 피드백을 받아가면서 그 표현의 방법을 수정하고 가다듬어 가는 과정이다. 항상 주위의 피드백을 귀담아듣고 스토리텔링에 반영하도록 노력하자.

스토리 표현의 4단 기어

이렇게 이미지와 행동의 표현에 익숙해졌다면, 이제 마차를 몰아가는 기교를 좀 더 정교화시켜보도록 하자.

'이미지'와 '행동'이라는 2단 기어에 새로운 두 가지 요소를 더 해서 4단 기어로 마차를 운전해보는 것이다. 새로 추가할 두 가지 요소는 '속마음'과 '스토리 밖으로'이다.

먼저 '속마음'은 스토리의 어떤 장면에서 주인공이나 등장인물의 마음속 생각을 들려주는 것이다. 예를 들어, 험상궂게 생긴 불량배들이 서 있는 장면을 이야기했다면 그 장면을 바라보는 주인공의 생각을 함께 들려주는 것이다. '흠, 저놈들이 나를 쳐다보면 어떻게 하지? 얼른 돌아서서 도망칠까? 그럼 나를 쫓아오겠지? 그냥 모른 척 하고 지나가면 가만히 있을까?…' 이렇게 아이들이 궁금해할 만한 주인공의 속마음을 들려줌으로써 주인공의 느낌과 감정을 더 잘 이해할 수 있도록 배려해주는 것이다.

다음으로 '스토리 밖으로'는 스토리의 내용에서 빠져나와서 얘기를 듣고 있는 아이들과 대화를 주고받는 다든지, 머리를 쓰다듬는다든지 하는 어떤 인터랙션을 하는 것이다. 아이들은 마차를 타고 가면서 마냥 창 밖만 쳐다보는 것이 아니라 마부와 이야기를 주고받으면서 새로운 여행의 즐거움을 느낄 수 있는 것이다.

예를 들어, "철수도 이런 비슷한 경험을 한 적이 있나요?"라고 질문을 던지거나, "이 노래를 함께 불러볼까요?" 하면서 모두가 함께 노래를 부르는 것과 같이 스토리 속 상황과 관련되어 있는 활동을 아이들과 함께 해보는 것도 '스토리 밖으로'의 유용한 방법들이다. 앞에 있는 아이들의 어깨에 손을 얹는다든지, 손을 흔든다든지 하는 가벼운 스킨십도 아이들의 주의를 환기시킬 수 있는 유용한 '스토리 밖으로'의 방법이다.

스토리텔러는 '스토리 밖'에서 진행되는 이런 활동들을 잘 활용함으로써 스토리에 대한 아이들의 생각이나 반응도 살펴보고, 아이들이 더욱 스토리에 몰입하도록 만들어줄 수 있다. 이런 인터랙션이 있을 때 아이들은 자신들이 스토리 속에 함께 하고 있다는 느낌을 강하게 가지게 된다. 아이들과의 자유로운 인터랙션은 말로 스토리텔링을 할 때 가질 수 있는 장점 중 하나라고 할 수 있다.

주의할 것은 아이들과 말을 주고받을 때에도 스토리텔러는 여전히 마차를 운전하고 있는 중이라는 것을 잊지 말아야 한다는 것이다. '스토리 밖'에서의 활동이 너무 길어지거나, 스토리 내용과 관련없는 엉뚱한 이야기들이 오고가기 시작하면 문제가 될 수 있다. 때문에 스토리텔러는 '스토리 밖'에서 벌어지는 인터랙션의 상황을 잘 통제할 필요가 있다.

처음으로 스토리텔링을 할 경우 스토리텔러는 초보 운전자와 같은 모습을 보인다. 스토리의 내용만을 외운 채로 마차에 타고 있는 아이들은 무시한 채로 똑같은 속도로, 똑같은 길을 그저 달리기만 하

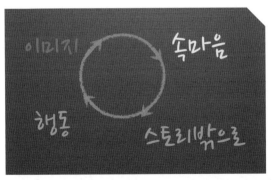

스토리텔링 마차의 4단 기어. 스토리텔링을 연습할 때는 이 4가지를 의도적으로 함께 섞어가면서 스토리를 표현하도록 연습해보자. 이 네 가지 요소만 적절하게 배합한다면 책을 읽듯이 단조롭게 스토리를 전달하는 것과는 비교할 수 없을 정도로 다채롭고 설득력 있는 스토리텔링이 가능해질 것이다.

는 경우가 많다. 오로지 주행만이 중요하기에 '행동'이라는 1단 기어만 가지고 마차를 몰아가는 것이다.

하지만 '이미지'로 표현하는 능력을 연습하면서 이제 마차에 리듬이 생기고 청중에게 더욱 스토리의 많은 것들을 보여줄 수 있다. 그리고 여기에 '속마음'과 '스토리 밖으로'를 더함으로써 아이들이 끊임없이 스토리의 세계에 빠져들 수 있도록, 아주 즐거운 여행의 경험을 제공할 수 있다. 여행이 즐거워지면 아이들은 어느 새 목적지에 도착하게 되고, 스토리텔링이 끝나면서 자신도 모르게 여지껏 몰랐던 새로운 지식이나 교훈을 얻게 되는 것이다.

다음의 간단한 스토리를 통해 아이들과 함께 호흡할 수 있는 요소들을 연습해보자. 스토리의 내용 속에 괄호로 네 가지의 요소들을 활용할 부분을 표시해놓았다. 괄호에서 지칭하는 네 가지 요소를 바탕으로 해당 텍스트를 자신만의 언어, 자신만의 방식으로 바꾸어 훨씬 더 풍부하게 표현해보도록 하자.

그리고 아이들에게 이 스토리를 들려주면서 자신만의 언어와 생각을 더해서 4가지 요소들을 길게도 표현해보고 짧게도 표현해보자. 그때마다 아이들이 어떤 반응을 보이는지 잘 살펴보고, 표현이 과했는지 부족했는지 어떤 생각을 하는지 물어보도록 하자.

"(스토리 밖으로) 이제 여러분은 저와 함께 아프리카로 떠나는 겁니다. 아프리카의 거대한 정글 속으로요. (이미지) 이제 여러분은 저를 따라서 정글을 뚫고 지나서 거대한 나무가 우뚝 솟아 있는 정글 한 가운데에 도착했습니다.

그 거대한 나무에는 원숭이가 살고 있었습니다. (이미지) 사실 원숭이라기보다는 유인원이었습니다. 이 유인원은 전 세계에서 유일하게 존재하고 있는 유인원이었습니다. (행동) 그래서 그 유인원은 나무 사이를 원하는 대로 마음껏 뛰어다닐 수도 있었고, 맛있는 과일과 채소들을 먹고 싶은 대로 마음껏 먹을 수 있었습니다. 날씨도 아주 멋져서 이 유인원은 꽤 행복하게 살고 있었습니다. (속마음) 하지만 유인원은 때로 혼자서 쓸쓸해질 때가 있었습니다. 그 유인원은 결혼을 해서 짝을 이루고 싶었습니다. (스토리 밖으로) 하지만 세상에 유인원이라고는 자기밖에 없는데 누구와 어떻게 결혼을 할 수 있을까요?

그는 어떻게 해야 할지 알았습니다. (행동) 그는 나무에서 내려와서 늪에 있는 요정을 찾아갔습니다. 그러고는 요정에게 자신의 쓸쓸함을 이야기해주었습니다. 유인원을 딱하게 여긴 요정은 유인원에게 비밀스런 주문을 알려주었습니다. 유인원은 즉시 그 비밀의 주문을 자신에게 속삭였습니다. 그가 주문을 모두 외우자 그는 갑자기 사람으로 바뀌었습니다. (이미지) 이제 그 유인원은 키가 크고 아름답고 잘생긴 남자가 되었습니다.

(행동) 이 멋진 남성은 이제 허리를 펴고 꼿꼿이 서서 숲을 지나가장 가까운 조그마한 마을로 향했습니다. 그 마을에는 아름다운 여성들이 가득했습니다. 그 남자는 그 마을을 가로질러 천천히 걸어갔습니다. (이미지) 그가 걸어가는 곳마다 여성들이 길가에 서서, 혹은 창문으로 그를 흘깃흘깃 쳐다보았습니다. 모두들 그렇게 잘생긴 남자는 일찍이 본 적이 없었습니다. 그래서 여성들은 그를

하나둘 따라가기 시작했습니다. (속마음) 마을 여성들은 서로 소곤거리고 웃으면서 눈치 채지 못하도록 아주 조용히 조용히 따라갔습니다.

(이미지) 그는 마을의 광장에서 멈춰 섰습니다. 그는 여성들이 그를 둘러쌀 때까지 가만히 기다렸습니다. 그는 자신을 둘러싸고 있는 수 많은 여성들 중에서 자신이 결혼하고 싶은 여성을 발견하기 위해 그들을 천천히 둘러보았습니다. 여성들은 약간 긴장한 채로 귀속말을 주고받으며 킥킥거렸습니다. 그러면서 머리를 매만지고 옷 매무새를 고쳤습니다. 유혹적인 포즈를 취하기도 했구요. (스토리 밖으로) 누구든 그렇지 않겠습니까?

(행동) 마침내 그는 마을 여성 중에 가장 마음에 드는 한 여성을 택했습니다. 그는 그 여성과 함께 그녀의 집으로 가서 그녀의 부모님에게 결혼을 허락해달라고 했습니다. 그녀는 기쁨에 들떴고, 그렇게 잘생긴 남자를 본 적이 없는 부모님 역시 흔쾌히 결혼을 승낙했습니다. 얼마 뒤 결혼식이 치러졌습니다. 그리고 결혼 후에 마을의 관례대로 그녀는 남자를 따라서 그의 집으로 가게 되었습니다.

(이미지) 그녀는 그가 어디에 사는지 알지 못했습니다. 그녀는 그의 뒤를 따라서 길을 따라 천천히 한참을 가다가 그가 길을 벗어나 숲 속으로 향하는 것을 보았습니다. (속마음) 그녀는 이상하게 생각했지만 그래도 그를 따라 정글 속으로 향했습니다. 그는 정글 깊숙이, 더욱 깊숙이 걸어들어갔습니다. (스토리 밖으로) 이상하지 않습니까? 그녀는 그에게 왜 이렇게 정글 속으로 가냐고 그에게 물

어보았지만 그는 묵묵부답이었습니다.

(행동) 그녀는 어쩔 수 없이 그를 따라 계속 걸어갔습니다. 정글 속 깊은 곳에서 커다란 나무가 나타나자 그 남자는 그 나무를 기어 올라가기 시작했습니다. 그리고는 높은 나무 꼭대기까지 올라갔습니다. (속마음) 순진한 그녀는 이상하게 생각되었지만 그를 따라가야 한다는 의무감에 나무를 올라가기 시작했습니다. (이미지) 그는 나무 꼭대기에 있는 가지에 걸터앉은 채로 그녀를 기다리고 있었습니다.

(행동) 그녀가 도착해서 그 가지에 나란히 걸터앉자 그는 그녀에게 다가가서 이렇게 비밀 주문을 속삭였습니다. '구나난 구나난 구나난 오예' (이미지) 그러자 그는 다시 유인원으로 바뀌었습니다. 그녀는 놀라서 비명을 질러댔습니다. (행동) 그녀는 정신없이 나무에서 내려와서 혼이 나갈 정도로 정글을 가로질러서 다시 마을로 뛰어갔습니다. 그녀는 마을에 도착하자마자 집으로 뛰어들어갔습니다. 집에는 엄마가 혼자 있었습니다.

'엄마, 엄마, 끔찍한 일이 벌어졌어요. 남편이 나를 데리고 정글로 들어가더니 나무로 기어 올라가서는 '구나난 구나난 구나난 오예' 이렇게 말하자마자 유인원으로 변했어요.' (이미지) 그러자 엄마가 눈이 휘둥그래져서 보고 있는 사이 그녀 역시 순식간에 유인원으로 바뀌어버렸습니다. 그 유인원은 잠시 허둥대다가 창문으로 뛰어내리더니 정글 속으로 뛰어가 버렸습니다. (스토리 밖으로) 이게 어떻게 된 일일까요?

(행동) 엄마는 충격을 받고서 거리로 뛰쳐나갔습니다. 그리고 친

구를 만나서는 울면서 자신이 딸이 어떻게 되었는지 설명하기 시작했습니다. '리자, 끔찍한 일이 벌어졌어요. 결혼해서 사위를 따라간 딸아이가 갑자기 집에 뛰어들어 오더니 남편이 자신을 데리고 정글로 들어가더니 나무로 기어 올라가서는 '구나난 구나난 구나난 오예' 이렇게 말하자마자 유인원으로 변신을 했다고 말을 마치자 마자 자기도 유인원으로 바뀌어서는 숲속으로 달아나 버렸다오.' (이미지) 말을 마치자마자 그 엄마도 이내 유인원으로 바뀌어버렸습니다. 그 엄마 유인원은 당황해서 어쩔 줄 몰라 하더니 이내 망연자실한 표정의 친구를 뒤로 하고는 정글 속으로 도망가 버렸습니다.

(행동) 그 친구는 너무도 놀라서 마을 광장으로 뛰어갔습니다. 그리고는 처음 만난 마을 사람에게 유인원으로 변한 엄마에 대한 이야기를 했습니다. 그리고 그 친구 역시 '구나난 구나난 구나난 오예'라는 주문을 말했습니다. 당연히 그 친구 역시 유인원으로 바뀌어 버렸습니다. (스토리 밖으로) 절대로 이 주문을 따라하지 마세요! (행동)

그렇게 마을 사람이 이야기를 전할 때마다 유인원이 하나씩 늘어났습니다. 그리고 얼마 뒤 마을 사람들은 모두 유인원으로 바뀌었고 정글 속은 유인원들로 북적이게 되었습니다. 이제 원래의 외로웠던 유인원에게는 가족과 수많은 친구들이 생겼습니다."

3) 즉흥적 스토리텔링

미국 대통령의 연설문은 대통령이 직접 작성하기보다는 전문적인 연설 담당자들이 만들어내는 경우가 많다. 이들은 대통령의 의견, 정치, 외교, 경제적인 상황 등 여러 가지 사항을 고려해서 신중하게 연설문을 만들어낸다. 때문에 보통 몇 주에서 몇 달에 걸쳐서 연설문을 만들고 다듬는 과정을 거치게 된다.

그런데 정작 대통령이 연설을 하기 직전에 어떤 중요한 사건이 벌어지면 급하게 그 내용을 수정해야만 한다. 아무리 잘 만들어진 연설문이라고 하더라도 상황이 바뀌었는데 대통령이 이를 무시하고 그냥 연설할 수는 없는 일이다. 오바마 대통령의 경우에도 연설 담당자가 한 달 동안 심혈을 기울여서 유럽에서 발표할 '지구촌 비핵화 비전'에 관한 연설 내용을 작성했지만, 연설하기 몇 시간 전에 북한의 로켓 발사 소식이 전해졌다. 연설 담당자는 대통령과 함께 비행기를 타고 이동하는 짧은 시간 동안 해당 상황에 관한 대통령의 생각과 의지가 드러나도록 연설문을 수정하고 새로운 내용을 포함시켜야만 했다. 다행히 연설 담당자는 성공적으로 연설문을 수정해냈고, 연설을 마치고 귀국하는 비행기 안에서 오바마 대통령과 일행은 연설 담당자에게 큰 박수를 보냈다.

만일 지금 여러분 앞에 백 명의 아이들이 스토리텔링을 기다리고 있는데 정작 본인은 아무런 준비도 되어 있지 않다면 어떻게 해야 할까? 오바마의 연설 담당자가 마주했던 문제는 스토리텔러들도 종종 겪게 되는 일이다.

보통 스토리텔링은 충분히 준비를 할 수 있는 시간이 있기 마련이다. 이럴 때는 좋은 스토리를 만들어내는 여러 가지 방법을 활용해서 차근차근 준비하고, 연습을 통해 가다듬을 수 있다. 하지만 어떤 경우에는 갑작스럽게 요청을 받아서 스토리텔링을 해야 하는 경우가 있다. 때로는 준비했던 스토리가 당시의 어떤 특별한 상황이나, 청중의 반응에 따라서 스토리의 내용을 바꿔야 하는 일도 있을 수 있다.

특히 아이들을 대상으로 스토리텔링을 할 때는 이런 일들이 많이 벌어진다. 사전에 스토리를 준비해 왔더라도 갑자기 아이들 간에 싸

스토리텔링은 일종의 재즈 연주와 같은 것이다. 매번 틀에 박힌 것처럼 같은 스토리텔링을 하는 것이 아니라 재즈처럼 기본 틀은 갖추되 상황에 맞추어 즉흥적으로 새롭게 풀어내는 것이다. 뛰어난 재즈 연주를 하기 위해서는 튼튼한 음악적 기초와 연주 실력을 갖추어야 하는 것과 같이 스토리텔링도 그 기본에 관한 충분한 연습이 필요하다.

움이 벌어진다든지, 아이가 울음을 터뜨린다든지, 거짓말을 한다든지, 장난을 친다든지 하는 일이 벌어지면 그런 잘못된 아이의 행동과 관련된 스토리텔링을 하는 것이 더 좋을 때가 있다. 상황에 맞아 들어가는 스토리는 아이들에게 더욱 큰 몰입감과 교육의 효과를 거둘 수 있기 때문이다.

그리고 스토리텔링 도중에도 아이들은 솔직하고 직선적인 경우가 많기 때문에 스토리의 내용에 대해서 "그건 말도 안 되요!" 하면서 이의를 제기할 수 있다. 그럴 때 아이들의 말을 무시하고 무작정 준비해온 그대로 스토리텔링을 하면 아이들은 스토리텔링에 몰입하기 힘들게 마련이다. 그런 아이들의 반응에 맞추어서 스토리의 내용을 즉흥적으로 바꿀 필요가 있다.

사실 스토리텔링은 고정과 즉흥의 중간 어디쯤에 있는 것이라고 할 수 있다. 스토리텔러는 어떤 장소나 상황에서 필요하다고 생각되면 즉흥적으로 스토리를 만들어내거나, 내용을 수정할 필요가 있다. 물론 완벽하지는 않지만 스토리텔러는 항상 새로운 스토리를 말할 수 있는 준비가 되어 있어야 한다. 물론 이런 즉흥적인 스토리텔링에 익숙하기 위해서 스토리텔링의 기본기를 충분히 갖출 수 있도록 평소에 노력을 기울여야 한다.

다음에 이어질 내용에서는 스토리텔러가 상황의 변화에 따라서 짧은 시간 안에 즉흥적으로 스토리를 만들어내고, 스토리의 내용을 수정해 나가는 몇 가지 방법을 살펴볼 것이다.

이미지로 즉흥 스토리 만들기

즉흥적으로 새로운 스토리를 만들어내는 방법 중 하나는 이미지를 활용하는 것이다.

눈을 감고 우선 무작위로 어떤 장면의 이미지를 떠올려보자. 그이미지가 무엇이건 상관없다. 예를 들어, 문득 머릿속에 떠오른 이미지가 '해변가에 놓여 있는 바닥에 구멍이 뚫린 낡은 보트'라고 하자. 다음에는 이 이미지를 통해서 연상되는 또 다른 하나의 이미지를 생각해보도록 하자. '낡은 보트'와 이어서 '해변가에 던져져 있는 구명조끼'를 연상했다고 가정하자.

다음으로는 앞선 두 가지 이미지와 전혀 상관없는 새로운 이미지를 하나 떠올려보자. 예를 들어, '희미한 글자가 새겨진 이끼가 잔뜩 끼어 있는 커다란 바위'를 생각해냈다고 하자. 그런 다음에 다시 이 바위 이미지와 연관되는 이미지를 생각해보자. 아마도 커다란 바위 옆에 있는 '우거진 숲 속에서 보이는 허물어져 가는 담벼락' 같은 장면을 연상할 수 있을 것이다.

다음에 할 일은 이 정지된 장면들이 움직일 수 있도록 행동을 부여하는 것이다. 이 행동을 만들어내는 것이 바로 스토리의 주인공이다. 주인공도 마찬가지로 무작위로 아무나 생각나는 사람을 떠올려보자. 예를 들어, 문득 떠오른 사람이 '찢겨진 옷을 입고 있는 소년'이라고 해보자.

이렇게 4가지 이미지와 1명의 주인공을 만들어냈다면 이제 간단한 스토리를 만들 준비가 갖추어졌다. 4가지 장면에서 무언가를 하고 있는 주인공의 모습을 연상해보면 되는 것이다. 앞서의 예를 그대로 활용해보면, 쉽게 떠올릴 수 있는 내용이 소년이 보트를 타고 가다 난파되어서 구명조끼를 입고 간신히 해변가에 도착했다는 것이다. 해변에 다다른 소년은 이끼가 잔뜩 낀 커다란 바위를 찾아가고 거기에 적힌 글을 읽은 다음, 숲 속 허물어져 가는 담벼락으로 향한다는 것이다.

그런 다음 이 내용에 질문을 던져보자. '소년은 왜 해변에 왔고, 왜 바위를 찾았을까?' 소년의 행동을 설명하기 위해서 아이디어를 떠올려보자. 이 경우 소년의 손에 보물지도를 한 장 들려주면 간단하게 설명이 된다. 소년은 보물을 찾아온 것이다. 이렇게 떠오른 생각들을 구체화시켜보면 간단한 스토리가 등장한다.

'어린 소년이 보물이 묻힌 곳을 찾아서 보트를 타고 가다가 호수

무작위로 떠올린 이미지들도 어떤 주인공을 중심으로 장면을 하나의 콘텍스트로 엮어가면 간단한 스토리로 발전시켜볼 수 있다.

중간에서 보트 바닥에 구멍이 뚫린 것을 발견했다. 그리고 마구 물을 퍼내면서 허둥대다가 다행히 보트 바깥에 달려 있는 구명 조끼를 발견하고는 그 조끼를 입고 간신히 섬에 도착했다. 그 다음 소년은 지도에 표시된 글자가 새겨진 바위를 찾아가고, 그 바위에 적힌 글귀가 알려주는 데로 바위에서 북쪽으로 스무 걸음 떨어진 곳에 위치해 있는 허물어져 가는 담장 밑에서 보물을 찾아냈다.'

일단 이런 식으로 스토리의 구심점이 될 수 있는 내용이 만들어지면 이제 소년이 보물을 찾아나서기 전까지 무슨 일이 벌어졌고, 보물을 찾은 다음에는 어떤 일이 벌어질 것인가라는 내용을 연결시켜 나감으로써 하나의 완성된 스토리로 만들어낼 수 있다.

새로운 시각으로 스토리 바꾸기

이제 즉흥적으로 스토리를 만들어내는 또 다른 방법을 살펴보자.

이 방법은 잘 알려진 동화, 전설 등을 활용해서 일종의 패러디를 만들어냄으로써 스토리를 만들어내는 것이다. 요령은 간단하다. 스토리를 바라보는 입장, 스토리의 관점을 바꾸어 보는 것이다.

다음 새로운 버전의 '개구리 왕자'를 보자.

"한 사내아이가 집에서 쫓겨나 갈 곳 없이 숲속을 헤매고 있었다. 그러다 그 아이가 늪에 다다랐을 때 개구리 한 마리가 나타나서 그 아이를 돌봐주겠다는 제안을 했다. 개구리는 대신 조건을 내걸었다. 그 아이에게 매일 불을 짚힐 나무를 구해와야만 하고,

밥을 먹을 때 자신을 식탁으로 올려주고, 밥을 다 먹고 나면 내려 달라는 약속을 꼭 지켜야만 한다는 것이다. 아이는 그렇게 약속을 하고는 다음날부터 하루도 빠뜨리지 않고 그 약속을 지켜나갔다.

그렇게 여러 해가 지나가고 어느 덧 아이는 어엿한 청년으로 자랐다. 청년은 어느 날 늪을 떠나 잠시 마을을 찾아가게 되었다. 청년이 개구리가 만들어준 멋진 옷을 입고 마을에 들어서자 마을 사람들은 그 청년이 도대체 무엇을 해서 그렇게 좋은 옷을 입고 다니는지 의심을 했다. 그리고는 그 청년을 도둑이라고 쫓아내 버렸다.

청년은 낙담했지만 몇 달 뒤에 다시 마을을 방문하게 되었다. 그러자 이번에는 마을 사람들은 원래 청년이 부유하다고 생각하게 되었다. 마을 사람들은 그를 크게 환대해주었다. 마을 사람들은 청년을 붙잡고 성대한 잔치를 열어주었다. 청년은 개구리와의 약속을 지키기 위해 저녁까지 늪으로 돌아가야 했지만, 마을 사람들은 그를 놓아주지 않았다. 결국 청년은 그날 개구리와의 약속을 지키지 못했다.

청년이 다음날 아침 늪에 도착하자 개구리가 죽어가고 있었다. 청년은 허겁지겁 나무를 구해와서 불을 지폈지만 소용없었다. 개구리는 죽어가면서 자신을 사랑한다면 불 속으로 자신을 던지라고 이야기했다. 그리고 만일 자신을 사랑하지 않는다면 이대로 자기가 죽도록 내버려두라고 이야기했다.

청년은 어찌할 바를 몰랐다. 그러다 마침내 벌떡 일어나서 개구리를 들고는 불 앞으로 다가갔다. 그 청년은 불 속으로 개구리를 던지기 전에 눈물을 흘리며 개구리에게 입을 맞추었다. 그리고 청

세계적으로 커다란 성공을 거둔 뮤지컬 〈위키드(Wicked)〉. 〈위키드〉는 유명한 동화 〈오즈의 마법사〉의 내용을 바탕으로 하되, 도시가 아닌 초록 마녀의 관점에서 스토리를 재해석함으로써 전혀 새로운 스토리로 탄생했다.

년이 개구리를 불에 던지려는 찰나, 개구리는 사라지고 아름다운 공주가 나타났다. 동시에 늪지는 아름다운 왕궁으로 바뀌었다."

오래전에 유럽의 한 학자는 여러 지역을 돌아다니면서 여성들이 들려주는 구전 스토리들만을 수집했다고 한다. 유럽에서도 과거 가부장적인 문화가 지배하던 시절에는 여성들이 자신의 목소리를 내기가 쉽지 않았다. 그래서 그 학자가 여성들에게 스토리를 들려달라고 할 때 근처에 남편이 있으면 여성들은 입도 뻥긋하지 않았다. 그러다가 남편이 떠나고 나면 신이 나서 그 학자에게 자신들이 생각했던 스토리를 들려주기 시작했다고 한다.

그런데 그 학자가 놀랐던 것은 그 스토리들이 이전에 사람들이 익히 알고 있던 전통적인 민담이나 설화, 동화를 바탕으로 하지만 전혀 다른 내용과 방식으로 표현되었다는 점이었다. 그 스토리들 속에는 가부장적인 스토리의 내용 대신에 여성들만의 바람, 가치, 고민, 생각이 담겨 있었다.

앞서 새로운 버전의 개구리 왕자 스토리 역시 마찬가지다. 기존의 동화와 비교해볼 때 남성과 여성의 역할이 바뀌어져 있고, 그들이 해야 할 일 역시 반대가 되어 있다. 이렇게 '개구리 왕자'를 바라보는 시점을 기존의 남성 위주의 시선에서 여성 위주로 바꿈으로써 새로운 관점을 가진 전혀 다른 스토리가 등장하는 것이다.

다음과 같은 간단한 스토리의 경우도 마찬가지이다.

"어느 왕궁에 세 명의 공주가 살았는데, 그 나라에 커다란 용이 침략했다. 그러자 왕은 그 용을 물리치기 위해 전 세계에서 가장 용감한 기사들을 부르기로 마음먹었다. 그리고 기사들에게 용을 물리치면 많은 보물과 함께 공주들과 결혼을 시키겠다는 조건을 내걸었다.

하지만 공주들은 왕의 생각에 반대를 했다. 공주들은 왕에게 자신들이 직접 용을 해치우겠다고 나섰다. 그리고 그날 밤, 세 명의 공주들은 용의 거처로 숨어들어갔다. 그런 다음 공주 한 명이 용을 앞에서 유인하고, 다른 두 명이 뒤에서 습격해서 용을 죽이는 데 성공했다.

그렇게 용을 물리친 세 명의 공주는 왕에게서 보상금을 받아낸 다음 시내로 나가서 신발도 사고, 옷도 사고, 밤새도록 쇼핑과 파티를 즐기면서 신나는 시간을 보냈다."

이 스토리는 괴물이 침략한 왕국에 용감한 기사가 등장해서 그 괴물을 물리친 다음에 착하고 아름다운 공주와 결혼한다는 전형적인 동화의 내용을 즉석에서 새롭게 바꾸어버린 예이다.

시대가 바뀌면서 이제 무작정 착하고 아름답기만한 공주의 모습은 공감을 끌어내기가 힘들어졌다. 요즘 아이들은 동화보다 TV 드라마에 더 빠져 있는 경우가 많다. 그런 아이들에게 그냥 기계적으로 수백 년 전 이야기만 되풀이하면 시큰둥해하거나, 그 내용에 이의를 제기하는 경우가 많다. 그렇게 아이들이 스토리에 부정적인 반응을 보

스토리는 그 목적에 따라서, 청중에 따라서 끊임없이 새롭게 변신한다. 특히 과거의 전설이나 동화의 내용에 새로운 시대상을 반영하면 보다 현실적이면서도 풍자적인 스토리를 쉽게 만들어낼 수 있다.

인다면 전형적인 동화의 내용을 고집하기보다는 즉흥적으로 새로운 버전의 스토리텔링을 할 필요가 있다. 아이들에게 더 잘 먹힐 수 있는, 그리고 새로운 즐거움을 던져주는 스토리를 만들어내는 것이다.

이렇게 과거의 동화나 전설에 다른 사람의 시점, 현재의 바뀐 시대상, 새로운 환경을 투영해 보는 것은 즉흥적으로 좋은 스토리를 만들어낼 수 있는 효과적인 방법이다. 잘 알려진 스토리에 현재의 시대상을 반영한 풍자적인 내용을 집어넣으면 쉽게 아이들의 흥미를 끌어내는 유머스러운 즉흥 스토리텔링을 할 수 있다.

때로는 동화나 전설에서 전체 내용이 아닌 결말과 같은 일부분만 즉흥적으로 바꾸어보는 것도 좋다.

한 선생님은 스토리텔링을 하기 전에 아이들 간에 다툼이 벌어졌는데, 이 일을 그냥 무시할 수가 없어서 자신이 들려주었던 스토리의 결말을 살짝 바꾸었다고 한다. 보통은 동화의 마지막에 괴물이 죽게 되는데, 괴물을 죽이는 대신 괴물이 주인공과 화해하고 친구가 됨으로써 서로를 도와주는 사이가 되는 것으로 바꾸어서 스토리를 마무리 지었다는 것이다. 선생님은 이런 결말을 통해 싸움을 한 아이들이 화해할 수 있는 분위기를 만들어주었다고 한다.

또 다른 선생님의 경우는 아이들에게 백설공주 스토리를 들려줄 때 결말을 바꾼다고 한다. 마지막에 왕비를 죽이는 대신 왕비를 거울 앞 의자에 묶어놓은 다음 평생토록 백설공주가 더 예쁘다는 이야기를 듣는 벌로써 결말을 짓는 것이다. 폭력적이지는 않지만 악당이 충분한 대가를 치르도록 결말을 바꾸어준 것이다.

이런 방법들은 즉흥적으로 새로운 내용의 스토리를 만들어냄과 동시에 기존에 잘 알려진 스토리를 더욱 재미있게 만들어줄 수 있다.

스토리텔링을 하는 사람들에게 더 이상 소설이나 동화는 활자로 씌어진 고정된 존재가 아니다. 기존의 스토리를 생각을 유연하게 하고 관점을 바꾸어감으로써 계속 새로운 스토리로 재탄생시키는 것이 스토리텔링이다.

4) 스토리텔러의 태도와 표현

어떤 영상이나 무대장치 같은 것이 없이 말로만 스토리를 사람들에게 전달해주는 스토리텔러에게는 스토리를 전달해줄 때의 태도와 표현 방식이 스토리텔링의 중요한 부분을 차지한다. 같은 스토리라고 하더라도 스토리텔러의 표현 방식에 따라서 아이들에게 전달되는 느낌이 달라진다.

그렇기 때문에, 스토리텔러는 스토리의 내용뿐만 아니라 어떤 태도를 가지고 있고, 어떤 표정을 짓고 있고, 어떤 목소리를 내고 있는지를 의식해 가면서 스토리텔링을 진행할 필요가 있다. 물론 여기에는 어느 정도의 연습이 필요하다. 이번 장에서는 부모와 선생님들이 스토리텔링의 표현 능력을 향상시킬 수 있는 방법을 살펴보도록 하자.

긍정적 에너지로 태도를 바꾸자

스토리텔러에게 가장 먼저 필요한 태도는 스토리텔링에 대한 두려움을 없애는 것이다.

많은 사람들 앞에서 스토리텔링하는 것을 두려워하는 사람들이 있다. 어떤 사람은 몇 번 스토리텔링을 해본 후에 더 이상 스토리텔링을 하지 못하게 되는 경우도 있다. 청중이 그들의 스토리텔링에 대해 시큰둥하게 반응하고, 부정적인 반응을 보였기 때문이다. 마치 아이들이 어렸을 적에 너무 안 돼 안 돼 하는 것에만 길들어지면 평생 아이들이 짊어지고 가야 하는 배낭이 부정적인 생각으로 가득 차게 되는 것과 마찬가지인 것이다.

'내가 스토리텔링을 할 수 있을까?', '왜 나는 이렇게 능력이 없을까?', '지금 저 사람은 나를 비웃고 있어!' 이런 생각들과 함께 청중의 냉담하고 무관심한 얼굴을 바라보면 스토리텔러는 시작도 하기 전에 자신의 목소리를 잃어버리고 실패를 두려워하게 된다. 이렇게 되면 당연히 스토리텔링이 제대로 될 수가 없다. 그러면 더욱 자신감을 잃어버리는 악순환이 이루어지는 것이다. 스토리텔링을 하기 위해서는 우선 이런 부정적인 에너지를 없애버릴 필요가 있다.

우리의 의식은 빙산의 일각과 같다. 우리는 꼭대기의 드러난 일부분에 대해서만 의식할 수 있을 뿐이다. 중요한 것은 아래에 감추어져 있는 거대한 무의식들이다. 이 무의식이 후회, 불만, 불신 등의 부정적인 감정으로 가득하면 새로운 도전을 할 수 있는 에너지를 얻기 힘들다. 반면 좋은 경험, 좋은 관계, 좋은 감정으로 가득하면 도전할 수 있는 힘을 얻을 수 있다. 좋은 감정이 많으면 편안해지고, 참을성이 커지게 된다.

스토리텔링과 관련해서도 좋은 경험으로 가득 차 있으면 우리는

스토리텔링을 시작하기 전에 가볍게 걸어다니면서 지금 자신을 괴롭히는 것, 힘들게 하는 것이 무엇인지 하나씩 떠올려서 가상의 풍선 속에 가두어두도록 하자. 아마도 풍선은 금새 커다랗게 부풀어오를 것이다.

성공적인 스토리텔링에 다가갈 수 있는 것이다. 때문에 스토리텔링을 처음 시도한다면 일부러라도 긍정적인 아이들을 대상으로 먼저 스토리텔링을 하고, 그들로부터 긍정적인 피드백을 받아 자신감을 가질 필요가 있다. 이런 성공의 느낌을 가지는 것이 중요하다. 긍정적 에너지가 축적되면 스토리텔링에 대한 두려움은 사라지게 된다.

이런 긍정적 에너지를 만들어내기 위해서는 스토리텔링을 시작하기 전에 가상의 풍선을 만들어보는 것도 도움이 될 수 있다. 먼저 자신의 손에 지금 풍선이 하나 들려져 있다고 상상해보자. 그런다음 스토리텔링을 하기 전에 지금 나를 부정적으로 만드는 것이 무엇인지 생각해보도록 한다. 그리고 그 부정적 단어들을 하나 씩 떠올리면서 가상의 풍선 속에 채워넣는 것이다. '나는 무엇 무엇 때문에 불행하다', '만족스럽지 않다', '능력이 없다', '에너지가 부족하다' 같은 지금 자신을 괴롭히고 있는 부정적 단어들을 풍선 속에 불어넣는 것이다.

그렇게 부정적인 단어들이 풍선 속에 가득 차면, 그 풍선을 자신의 머리 위로 띄워올리는 상상을 해보자. 이제 머리 위에 고민과 긴장으로 가득한, 부정적인 에너지를 응축하고 있는 풍선이 떠 있다. 그런 다음 스토리텔링을 방해하는 이 풍선을 손가락으로 힘껏 찔러서 터뜨려버리는 것이다. 저기 위쪽에 있는 자신을 방해하는 온갖 부정적인 것들을 하나의 덩어리로 만든 다음 한꺼번에 없애버리는 것이다. 마음속으로 '팡' 하는 소리와 함께 풍선이 터져 나가는 그림을 그려보도록 하자.

그리고 이제 나를 불행하게 만드는 풍선을 대신해서 나를 행복하게 만들어주는 풍선을 상상해보도록 한다. '불행하다'를 '행복하다'로, '만족스럽지 않다'를 '만족하다'로 바꾸어 보는 것이다. 이런 가상의 풍선은 스토리텔링을 하기 전에 마음속에 긍정적 에너지를 만들어내는 데 도움을 줄 수 있다. 자신에 대한 확신을 가지자. 자신감은 자긍심과 의사전달력을 높여준다. 어떤 일이건 자신의 능력을 불신하면서 성공할 수는 없다. 나의 강점에 집중하고, 과거, 현재, 미래의 성공을 떠올리도록 하자.

이 풍선 터뜨리기에 이어서 스트레칭과 호흡을 통해서 긍정적인 마음을 강화시키는 것도 좋은 방법이다. 간단한 스트레칭을 하면서 근육을 이완시킴과 동시에 내가 왜 스토리텔링을 하는지 스스로에게 이야기해보도록 한다.

"나는 사람들에게 나누어줄 것들이 많다, 나는 올바른 스토리를 전달해줄 강한 에너지를 가지고 있다, 우리는 서로의 감정을 보듬는다. 이 모든 지식과 이야기들이 우리들을 찾아왔다. 그리고 나는 그들을 멋진 스토리로 바꾸어놓는다."

그리고 스트레칭을 하는 도중에 숨을 꼭 참고 등과 위장 등 온 몸을 쥐어짜면서 온 몸의 긴장감을 극도로 높여본다. 이 긴장된 상태에서 모든 부정적인 감정에 대해서 이렇게 이야기하도록 한다. "너희들은 내가 나중에 다루겠다." 그런 다음 쥐어짠 몸을 펴면서 편안하게 이완하도록 한다. 온 몸을 손으로 마사지하면서 긴장을 풀어주면서 반갑게 혼잣말을 속삭여보도록 하자. "안녕, 스토리텔링의 공간은 우리의 공간이다, 우리는 서로 나눈다, 아무도 누군가를 판단하거나 평가하려 하지 않는다, 우리는 여기에 서로의 영감을 돋우기 위해 와있다."

스트레칭과 자기 암시를 함께 하면 스토리텔링에 필요한 긍정적인 에너지들을 만들어내는 데 도움이 될 수 있다.

스토리텔러는 보통 누군가와 협동하는 것이 아니라 혼자서 모든 것을 끌어가야 한다. 따라서 스토리텔러 스스로 스토리텔링의 분위기를 바꾸고, 자신의 에너지를 끌어올릴 수 있는 능력이 필요하다.

예전에 한 선생님은 화상을 입은 아이들을 대상으로 병원에서 스토리텔링을 한 적이 있었다고 한다. 그 아이들에게 재미난 스토리를 들려주자, 그 아이들은 마음속으로는 웃고 싶어했지만 입 주변의 상처 때문에 표정을 짓지 못해서 힘들어했다고 한다. 때로는 암 환자들 같이 고통받고 있는 환자들을 대상으로 스토리텔링을 하게 되는 경우도 있다. 이런 경우에는 스토리텔러는 청중으로부터 긍정적 에너지를 얻기가 힘들다. 청중이 모두 고통에 지쳐 있기 때문이다. 그럴 때 스토리텔러는 스스로 스토리텔링의 에너지를 계속해서 만들어내서 그들을 몰입시켜야 한다.

부모와 선생님이 성공적인 스토리텔러가 되기 위해서는 아이들에게 끌려가기보다는 그들을 끌고갈 필요가 있다. 스토리텔러는 다른 사람이 스토리텔링의 성공과 실패를 좌우할 수 있다고 생각하지 않아야 한다. '스토리텔링은 다른 사람의 것이 아니다, 모든 것이 나의 소관이고, 나의 책임이다.'라고 생각해야 한다. 이것은 마치 도미노 효과와 같은 것이다. 일단 자신이 스토리텔링의 주인이 되면 자신이 들려줄 스토리텔링에 대해 확신을 가질 수 있고, 확신을 가지면 긍정적인 에너지가 발산되고, 그 에너지는 청중을 스토리텔링의 세계로 끌어들이게 되고, 그러면 청중과 함께 스토리텔링에 대한 더 많은 긍정적인 에너지를 만들어낼 수 있는 것이다.

다채로운 색깔을 만들어내는 스토리텔링의 표현 방법

스토리텔링을 풍부하고 다채롭게 만들어주는 표현의 첫 번째 지름길은 스토리텔러가 자신의 마인드를 변화시키는 것이다. 이것은 약간의 상상력을 필요로 한다.

독자 여러분이 먼저 스토리의 한 부분을 준비해서 말로 스토리텔링을 해보도록 하자. 어떤 스토리라도 상관없다.

스토리텔링이 끝났으면 이제 독자 여러분이 119 구조대원이라고 상상해보자. 그런 다음 지금 건물에 커다란 화재가 발생했고, 건물 안에 사람들이 가득하다고 하자. 자신이 지금 그런 상황이라고 생각한 다음 다시 한 번 같은 스토리텔링을 해보자.

자신의 말과 태도에 어떤 변화가 벌어졌을까? 이번에는 독자 여러분이 뉴스를 진행하는 아나운서라고 상상해보자. 지금 카메라가 자신을 주목하고 있고, 의자에 앉아서 뉴스를 전해야 하는 상황이라고 생각하고서 앞서와 같은 내용의 스토리텔링을 해보자. 또 어떤 변화가 일어났을까?

아마 같은 내용의 스토리텔링이라도 어떤 상상을 하는가에 따라 굉장히 달라졌을 것이다. 자신이 구사하는 어조도 달라졌을 것이고, 표현하는 방법, 강약, 긴장 정도, 빠르기, 목소리의 톤, 숨쉬는 방법, 심지어 단어와 문장의 활용 방식도 달라졌을 것이다.

119 구조대원이라고 상상했을 때는 빠르고 긴박하게 스토리의 내용이 전개되었을 것이고, 뉴스 아나운서라고 상상했을 때는 당연히 앞선 경우보다 천천히 이야기했을 것이고, 내용을 보다 명확하게 이야기하고, 약간의 긴장감과 함께 좀 더 신중하게, 좀 더 카리스마 있게 또박또박 스토리를 들려주었을 것이다.

단어의 선택 역시 119 구조대원으로 상상했을 때 거칠고, 축약되고, 직설적인 단어를 많이 활용했을 것이고, 아나운서일 때 좀 더 정련되고, 유식하게 보일 수 있는 어려운 단어들을 사용했을 것이다. 또 각각의 경우에 문장이 어떻게 끝났는지도 생각해보자. 119 구조대원일 때보다 아나운서일 때 '~다.'라고 분명하게 끝맺음을 하고, 좀 더 설명하듯이 마무리한다는 것을 알 수 있을 것이다.

한 가지 더 주목할 것은 독자 여러분이 이야기를 할 때 몸의 움직임에 어떤 차이가 있었는가이다. 아마도 구조대원이라 상상했을 경우에 훨씬 더 많은 몸짓과 행동, 표정이 나타났을 것이다. 몇몇 분은 자리에 가만히 앉아 있지 못했을 것이다. 아나운서라고 상상했을 때는 아마 조금 경직되고 사뭇 신중한 모습이었을 것이다.

이런 움직임의 변화들은 스토리텔링에 생동감과 활력을 불어넣을 수 있다. 이런 에너지는 스토리텔링을 듣는 사람이 딴생각을 하지 못하도록 시선을 붙들어놓을 수 있다. 스토리의 내용은 그대로 둔 채로 표현의 방식을 바꾸는 것만으로도 평범한 내용이 갑자기 긴박하거나, 신중하게 바뀌는 변화를 스토리텔링에 가져다줄 수 있는 것이다.

그렇기 때문에 스토리텔러는 자신이 마음속으로 설정하는 상황에 따라서 스토리텔링을 표현하는 목소리, 언어, 태도가 어떻게 변화하는지 잘 파악할 필요가 있다. 스토리텔러는 적절한 분위기와 느낌을 마음속으로 설정하고 변화시킬 필요가 있다. 그러면 거기에 따라서 스토리를 전달하는 언어와 방법도 자연스럽게 바뀌게 되고, 청중 역시 그 분위기 속으로 빨려들어가게 되는 것이다. 스토리의 직접적인 내용을 떠나서 이런 표현 방식은 스토리텔링을 더욱 극적으로, 더욱 생생하게 청중에게 전달할 수 있는 효과적인 수단이다.

이런 상황 설정은 스토리텔링 도중에 청중 중에 누군가 자리를 뜬다든지, 전화벨이 울린다든지 등의 예기치 않은 상황이 벌어져서 스토리텔링의 흐름이 끊어졌을 때도 유용하게 활용할 수 있다. 우리의 몸과 정신은 따로 존재하는 것이 아니라 함께 움직이고 서로 영향을 주고받기 때문이다.

한번 살짝 미소를 지어보라. 어떤 생각이 드는가? 이렇게 웃는 표정을 하면서 부정적인 생각을 떠올려보라. 쉽지 않을 것이다. 표정의 변화가 여러분의 감정에 영향을 주는 것이다. 이번에는 미소를 함박웃음으로 바꿔보라. 여러분의 표정이 바뀔 때 어떤 감정과 생각이 생기는지 잘 관찰해보자. 이번에는 누군가를 무시하거나 조롱할 때의 부정적인 비웃음을 지어보라. 이번에는 여러분의 생각에 어떤 변화가 있는가?

어떤 의도치 않은 일이 발생해서 스토리텔링이 방해를 받거나 중단되었다면, 스스로가 스토리텔링의 흐름을 되찾고 청중의 주의를 다시 끌어오기 위해 억지로라도 과장되게 필요한 표정을 짓거나 몸짓을 할 필요가 있다. 그런 표정의 변화를 통해서 재빨리 스토리의 세계로 다시 돌아갈 수 있다. 때로는 이런 간단한 요령이 전체 스토리텔링의 성패를 좌우하기도 한다.

다음으로는 스토리텔링의 표현에 유용한 목소리의 활용 방법을 살펴보자.

스토리텔러는 보통 무대 장치를 사용하기보다 말을 통해서 관객들의 머릿속에 그림을 만들어주어야 하기 때문에 적절하게 자신의 목소리를 활용할 수 있어야 한다. 목소리는 스토리텔링에서 관객들을 컨트롤하는 도구이다. 목소리를 통해서 긍정의 감정, 위협의 감정, 화가 난 감정, 안도의 감정 등을 표현하는 것이다.

물론 전문적인 스토리텔러가 되기 위해서는 아주 미묘한 부분까지 치밀하게 목소리를 다듬고 연습할 필요가 있지만, 선생님들이나 부모들과 같이 교육을 목적으로 할 경우에는 기초적인 4가지 서로 다른 목소리의 활용 방법만 알아두어도 효과적으로 스토리텔링을 할 수 있다.

4가지 목소리란 '배, 가슴, 목, 코'에서 나는 소리들이다. 이 4가지 서로 다른 소리를 통해 스토리 속에 등장하는 상황과 서로 다른 캐릭터를 유용하게 표현할 수 있다.

첫 번째, '배'에서 나는 소리이다.

깊이 호흡하면서 아랫배에서부터 울려서 나오는 목소리를 내보자. 마치 거인, 덩치 큰 아저씨, 산타 할아버지가 내는 것처럼 굵고 낮은 소리이다. 아랫배를 만지면서 그곳을 울려서 나오는 목소리를 계속해서 내보며 감을 익히도록 하자. 자신이 산타 할아버지라고 생각하고 "호, 호, 호, 이리 와서 내 무릎에 앉으렴." 이렇게 큰 소리로 반복해서 이야기해보자.

두 번째, '가슴'에서 나는 소리이다.

가슴에서 나는 소리는 너무 낮지도 않고, 높지도 않은 적당한 목소리, 여왕이 내는 것과 같은 품위 있는 목소리이다. 여러분이 멋진 궁전의 근사한 테이블에 앉아 있다고 상상해보자. 그리고 여왕처럼 허리를 꼿꼿하게 세우고 가슴에서부터 "음~ 나는 커피가 좋아"라고 격조 있게 목소리를 내보자. 편안하면서도 우아한 소리가 날 것이다.

세 번째는 '목'을 사용하는 소리이다.

목에서부터 나오는 소리는 젊고 발랄한 여성의 목소리이다. 화창한 날 거리를 걷고 있는 젊고 활기찬 여성을 떠올려보자. 이제 그 여성이 길에서 우연히 친구를 만나게 되었다. 친구에게 반갑게 말을 건네는 젊은 여성의 목소리를 상상해보자. "안녕! 어떻게 지내?"라고 밝고 가볍게, 경쾌하게 목으로 소리를 내보자.

네 번째는 '코'에서 나오는 소리이다.

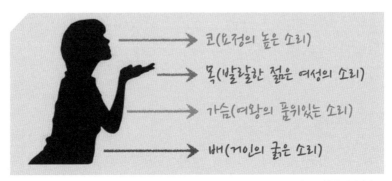

코(요정의 높은 소리)

목(발랄한 젊은 여성의 소리)

가슴(여왕의 품위있는 소리)

배(거인의 굵은 소리)

배, 가슴, 목, 코에서 나는 목소리의 차이점을 효과적으로 활용하면, 본인의 타고난 목소리에 상관없이 스토리 속의 내용을 생동감 있게 표현하고, 캐릭터를 차별화시켜 보여줄 수 있다. 목소리 간에 이동이 자연스럽게 이루어질 수 있도록 평소 연습할 필요가 있다.

코만 활용해서 조그마하게 울려나오는 소리를 내보자. 앵앵거리는 파리나 모기의 소리, 혹은 조그마한 요정이 내는 소리를 상상해보자. '나나나나나' 하고 작고 높은 소리를 코를 활용해서 계속해서 내보자.

이 4가지 소리를 잘 섞으면 뚜렷하게 스토리 속의 캐릭터를 표현해낼 수 있다. 물론 따로 소리를 내는 것보다 스토리텔링을 하면서 여러 등장인물의 소리를 동시에 섞어서 내는 것은 더 힘들다. 처음에는 어색하고 쉽게 적절한 목소리가 나오지 않을 것이다. 그리고 자신도 모르게 산타클로스의 목소리로 요정의 대사를 하는 실수를 저지르기도 할 것이다. 때문에 자연스러운 목소리를 활용하려면 연습이 필요하다.

'피터 팬'처럼 여러 가지 목소리를 모두 활용할 수 있는 간단한 동화를 한 편 선정한 다음에 의도적으로 다양한 캐릭터의 목소리를 섞어 가면서 스토리텔링을 연습해보자. 후크의 소리, 웬디의 소리, 피터의 소리, 요정의 소리를 번갈아 가면서 내다보면 시간이 지날수록 각 인물을 표현하는 목소리가 그럴듯하게 어울려져 가는 것을 확인할 수 있을 것이다.

주의해야 할 점은, 스토리텔링을 할 때 청중의 나이 대에 따라서 주로 사용하는 소리가 틀리다는 것이다. 가끔 유아나 어린이들한테 구연동화를 하던 방식 그대로 어른이나 청소년들에게 스토리텔링을 하는 경우를 볼 수 있다. 하지만 다섯 살 난 아이들이 내는 소리와 십 대들이 내는 소리가 틀리고, 이들이 좋아하는 소리도 당연히 틀리다. 다섯 살 난 아이들한테 들려주는 소리와 동작을 십대 청소년들에게 그대로 들려주면 아마도 그 아이들은 눈살을 찌푸리면서 스토리로부터 도망가 버리려고 할 것이다. 스토리텔링은 청중의 특성에 맞추어 달라질 필요가 있다는 점을 다시 명심하자.

조금 다른 이야기지만, 스토리텔링에서 이런 표현 능력 때문에 스토리텔링을 잘 하려면 아무래도 배우들처럼 어떤 재능을 타고나야 하지 않을까라는 질문을 하는 경우가 있다. 물론 최고의 스토리텔러가 되기 위해서는 타고난 재능이 필요할 것이다. 하지만 대부분의 실용적인 스토리텔링의 경우 자신에게 적절한 표현 방법을 찾아내고 연습을 하면 누구든지 훌륭하게 스토리텔링을 할 수 있다.

예전에 깊은 인상을 주었던 한 스토리텔러는 너무 뚱뚱해서 거의 몸도 가누지 못할 지경이었다. 당연히 숨이 가빠서 말도 빨리 하지 못했다. 한 마디 한 마디 쉬어가면서 말을 해야 하는 사람이었다. 그런데 그 사람이 일단 느릿느릿하게 "어떤 말이 있었는데… 다리를 건너가다가… 말을 헛디뎌서…" 하고 말을 이어가기 시작하면 모든 사람들이 그의 스토리텔링에 빠져들었다. 그 사람 자체보다는 그 사람이 들려주는 스토리에 빠져든 것이다. 그 사람은 스토리텔링을 잘하기 힘든 여러 가지 신체적인 문제들이 있었지만, 오히려 그 단점을 장점으로 바꾸어놓았던 것이다. 그 스토리텔러는 자신의 어투에 가장 잘 어울리는 스토리를 선정했고, 그 사람의 템포에 사람들이 잘 따라올 수 있도록 적절하게 스토리를 들려주었다. 그렇게 해서 일단 사람들이 스토리의 내용에 빠져들기 시작하면서 다른 문제들은 사라졌던 것이다.

이렇게 스토리텔러는 스스로 뛰어난 배우가 되려고 하기보다는 스토리의 내용 자체를 효과적으로 전달하는 것에 집중할 필요가 있고, 이것은 연습을 통해 충분히 준비할 수 있는 부분이다.

가끔 스토리텔러와 영화배우, 연극배우 같은 전문적인 연기자를 혼돈하는 경우가 있다. 그리고 때로는 연기자들이 스토리텔링을 잘할 수 있을 것이라고 주장하는 경우도 있다. 하지만 연기와 스토리텔링은 다른 것이고 극장에서 연극을 하는 것은 스토리텔링과는 전혀 다른 것이다. 연기자는 정해진 틀 안에서 스토리 속에 등장하는 캐릭터의 역할을 충실하게 표현해내야 하지만, 스토리텔러는 캐릭터가 아닌 스토리 자체를 전달해주는 역할을 해야 한다는 것이 가장 큰 차이점이다.

스토리텔러는 결국 스토리 그 자체가 되어야 하는 것이다. 스토리텔러는 청중이 스토리의 내용 속에 빠져들도록 자신을 감출 필요가 있다. 스토리텔러는 자신의 이미지, 자신의 존재감을 드러내는 것에 신경 쓰지 않고 청중에게 스토리의 내용 그 자체, 스토리의 불꽃을 붙여주는 것이 주된 임무이다.

그리고 연기자는 같이 출연하는 여러 다른 배우, 스태프와 함께 공연을 한다. 하지만 스토리텔러는 혼자이다. 의지할 곳이 없는 외로운 존재다. 스토리텔러는 스토리부터 청중까지 모든 것을 혼자서 챙기고 꾸려 나가야 한다.

또 연기자와 스토리텔러의 큰 차이점 중 하나를 꼽으라면 청중과의 관계라고 할 수 있다. 연기자는 미리 준비한 내용을 일방적으로 청중에게 전달하면 되지만, 스토리텔러는 그보다는 훨씬 더 적극적으로 청중과 교류한다. 스토리텔러는 청중과 함께 즉흥적인 어떤 스토리의 내용을 만들어내기도 하고, 청중과 직접 대화도 하면서 스토리텔링을 끌어 나간다.

5) 청중을 대하는 방법

어떤 발표나 연설을 하던 도중 뜻하지 않게 곤란한 일을 겪게 되는 경우가 가끔 있다. 갑자기 노트북이 멈춰버리거나, 마이크가 고장나버릴 수도 있다. 밖에서 갑자기 트럭이나 헬기 소리가 크게 날 수도 있고, 공사 소음 때문에 자신의 목소리가 묻혀버리는 문제가 발생할 수도 있다. 만약 그런 일이 스토리텔링을 하는 도중에 일어난다면 어떻게 해야 할까?

스토리텔러는 이런 환경적인 문제들뿐만 아니라, 청중과의 사이에 벌어지는 온갖 예기치 못한 문제들을 잘 대처해 나가야만 성공적으로 스토리텔링을 마무리할 수 있다.

이번 장에서는 어떻게 하면 스토리텔링을 하는 도중에 발생하는 예기치않은 상황이나 청중의 반응에 잘 대처하고, 청중을 효과적으로 컨트롤해 나갈 수 있을지에 관해서 몇 가지 요령을 살펴보려고 한다.

먼저 동의를 구하라

스토리텔링을 시작할 때 가장 먼저 생각해봐야 할 것은 스토리텔링에 대한 청중의 동의이다.

이것은 특히 스토리텔링을 많이 접해보지 않은, 스토리에 익숙하지 않은 사람들을 상대로 스토리텔링을 할 때 신경 써야 할 부분이다. 여전히 학교 같은 우리 사회의 많은 영역은 경직된 분위기를 가지고 있는 경우가 많다. 특히 저학년보다 중·고등·대학교 같은 고학년 아이들의 경우 스토리텔링에 익숙하지 않은 경우가 많다. 그런 곳에서 수업이나 발표를 하다가 갑자기 스토리텔링을 하면 아이들이 당황해할 수 있다.

스토리텔링을 함으로써 사람들을 놀래키려고 하면 안 된다. 그렇게 되면 아이들로부터 불필요한 오해나 신랄한 감정을 끌어낼 수 있다. 어떤 아이들은 '실없는 소리나 지껄이네', '지가 뭐라도 되는 줄 아나봐' 같은 부정적인 반응을 보일 수 있다. 스토리텔링을 할 때에는 먼저 사람들에게 편안하고 안전한 느낌을 가져다주어야 한다. 스토리텔링은 사람들을 놀래키는 것이 아니라 감싸안는 것이기 때문이다.

스토리텔링을 활용할 때는 "오늘 우리는 이런 것에 대해서 이야기를 나누고 있습니다. 이제 그것과 관련된 스토리를 하나 들려드리겠습니다. 여러분들이 이런 것에 익숙하지 않다는 것을 알지만 편하게 앉아서 들어보세요."라고 스토리텔링에 대해 미리 동의를 구할 필요가 있다. 스토리를 들려주겠다라고 미리 이야기를 꺼내서 아이들에게 마음의 준비를 시킬 필요가 있는 것이다.

사람들은 상대방이 무엇을 하려고 하는지 미리 알게 되면 더욱 긍정적인 반응을 보이게 된다. 미리 동의를 구하면 아이들은 스토리텔링을 받아들일 수 있도록 마음의 문을 열기 시작한다. 스토리텔러와 청중 사이의 신뢰는 중요한 문제이다. 정직하게 접근하자. 그리고 아이들로부터 호기심을 만들어내도록 하자.

스토리텔링의 환경을 통제하라

스토리텔러는 스토리가 어떻게 진행되고 있는지, 그 스토리를 아이들이 어떻게 받아들이고 있는지, 아이들이 무엇을 하고 있는지 등 스토리텔링의 와중에 벌어지고 있는 여러 상황들을 항상 신경 쓰고 있어야 한다. 이 모든 것이 조화롭게 움직여갈 수 있도록 항상 스토리와 아이들 사이에서 조정 역할을 해낼 필요가 있다.

예를 들어, 많은 사람들이 모인 자리에서 스토리텔링을 하더라도 만약 아이들 중에 누군가 아프면 스토리텔링을 중단하고 먼저 그 아이를 챙겨야 한다. 그 아이의 상태를 확인하고 적절하게 조치를 취한 다음에 다시 스토리텔링을 이어갈 필요가 있다. 누군가 자리를 떠나거나, 문이 쾅하고 닫히거나, 누군가 들어오거나 하는 것도 스토리텔링의 흐름에 방해를 준다면 바로 대응할 필요가 있다. 문 닫는 소리가 크게 들리면, 즉흥적으로 그 소리를 스토리텔링 속에 녹여서 적절하게 활용함으로써 스토리텔링의 리듬을 이어갈 수도 있다. 그런 재치를 발휘하면 오히려 아이들이 더욱 재미있어하고 스토리의 내용에 더욱 몰입하게 된다.

그리고 마이크가 고장 난다든지, 외부의 소음이 방해를 해서 소리가 잘 안 들리는 등의 환경적인 문제가 발생할 때는 어떻게 해야 할까? 그냥 목소리를 좀 더 크게 지르면 될까? 문제는 억지로 목소리를 크게 내다 보면 스토리의 내용에 따라서 목소리의 크기가 조절이 안 되어 스토리텔링의 표현이 제대로 이루어지지 않는다는 것이다.

이런 외부적인 문제가 발생할 때는 아이들과 함께 할 수 있는 스토리텔링의 이점을 최대한 살리면 된다. 무대나 공간을 무시해버리라는 것이다. 스토리텔러는 얼마든지 무대를 내려가서 아이들에게로 가까이 다가가서 스토리텔링을 할 수 있다. 그리고 아이들에게도 자리를 옮겨서 자신에게 가까이 모이라고 부탁할 수 있다. 그런 다음 아이들과 가까운 곳에서 스토리텔링을 하면서 보다 적극적으로 인터랙션을 하면 오히려 전화위복으로 더욱 훌륭한 스토리텔링이 이루어질 수도 있다.

여기에 스토리텔러의 공간이 있고, 저쪽에는 나를 지켜보는 아이들의 공간이 있다라고 구분 짓지 말아야 한다. 스토리텔링을 할 때는 이 구분되어 있는 공간을 모두 스토리텔러의 공간으로 만들어놓을 필요가 있다. 그리고 아이들을 그 공간으로 초대하는 것이다.

현명하게 청중을 컨트롤하자

이제 스토리텔링을 방해하는 아이들을 컨트롤하는 요령을 살펴보자.

스토리텔링을 하다 보면 가끔 유독 분위기를 흐리고 다른 아이들의 주의를 산만하게 만드는 아이들이 있다. 그런 난감한 상황에서 스토리텔러가 현명하게 대처할 수 있는 방법은 무엇일까?

한 스토리텔러가 스토리텔러로서의 경력을 시작할 무렵 한 청중의 방해로 자신의 스토리텔링을 망쳐버린 경험을 들려준 적이 있다. 그 스토리텔러의 경험은 다음과 같다.

"그때 저는 우연히 시내에서 배관공 일을 하고 있는 사람들을 대상으로 스토리텔링을 해달라는 요청을 받았습니다. 그 사람들이 스토리텔링에 관심이 있었겠습니까? 스토리텔링을 시작하고 얼마 지나지 않았을 때, 갑자기 관객석에서 전화벨이 시끄럽게 울렸습니다. 그러더니 한 젊은 배관공이 큰 소리로 '안녕, 그래 그래 괜찮아, 얘기해!' 하면서 자기 여자친구와 통화를 하는 겁니다.

나는 금방 전화를 끊겠지라고 생각하고는 그 청년을 무시한 채로 스토리텔링을 계속해 나갔습니다. 그런데 그 청년은 한참이 지나도 스토리텔링에는 아랑곳없이 계속 통화를 하는 겁니다. 이내 사람들은 내가 하고 있는 스토리텔링에 집중하지 못했죠. 그때 저는 그런 경우를 어떻게 다루어야 하는지 몰랐습니다. 그래서 청년을 한 대 쥐어박고 싶은 마음만 억누르고 있었습니다.

그러다가 더 이상 참을 수가 없어서 '그래서, 지금 전화를 하고 있는 사람이 있습니다.'라고 친절하게 스토리텔링 속 내용에 빗대어서 청년에게 주의를 주려고 했습니다. 그런데 왠걸 그 청년이 나의 말을 바로 되받아쳤습니다. '네! 제가 지금 사랑하는 여자친구에게 이야기하고 있습니다. 그녀가 여러분들에게 작별인사를 하고 싶다네요. 여러분들도 함께 인사를 해주세요. 바이바이.'

그러자 주변 사람들이 모두 웃으면서 '바이' 하고 전화기를 향해서 소리를 치면서 그 청년에게 호응을 보냈습니다. 그렇게 배관공 청년은 모든 청중의 주의를 빼앗아가버렸습니다. 청중은 스토리텔링으로부터 멀어져갔고, 그날 나는 완전히 스토리텔링을 망쳐버렸습니다."

그때의 일로 그 스토리텔러는 한동안 스토리텔링에 대한 자신감을 잃어버렸었다고 한다.

이 스토리텔러가 실패한 가장 큰 원인은 무엇일까? 실패의 주요인은 스토리텔러가 스토리텔링의 주도권을 다른 사람에게 넘겨주었다는 것에 있다. 스토리텔링을 할 때는 항상 스토리텔러가 중심이 되어야 한다. 모든 아이들은 스토리텔러를 주목하고 있어야 하고, 스토리텔러의 영향력 아래 있어야만 제대로 된 스토리텔링이 이루어질 수 있다. 앞서 실패한 스토리텔러의 경우에는 그 중심이 전화를 하는 청년에게로 넘어가버린 것이다.

스토리텔러는 아이들에게 자신이 그곳의 주인이라고 여길 수 있도록 행동할 필요가 있다. 그 스토리텔러는 청년이 통화를 시작하자마자 스토리텔링을 잠시 중단했어야만 했다. 그리고 그 청년에게 다가가서 정중하게 '밖에 나가서 통화를 해주십시오.' 하고 부탁을 했어야만 했다. 만일 그 청중이 나이가 어린 사람이라면 나무라듯이 '당장 일어나세요!' 하고 윽박지를 필요도 있다. 그곳의 통제권이 누구에게 있는지를 사람들에게 확실히 각인시켜야 하는 것이다.

무슨 일이 벌어지든 스토리텔링에 대한 책임은 스토리텔러에게 있다는 것을 항상 생각하면서 아이들의 주의력을 흐트러뜨리지 않도록 주위 상황을 잘 컨트롤해야 한다. 스토리텔러의 표현, 스토리의 내용, 그리고 아이들이 서로 굳건하게 잘 연결되어 있어야만 성공적인 스토리텔링을 할 수 있다.

만일 스토리텔러가 스토리텔링의 흐름을 놓쳐버리면 바로 그 순간 아이들은 '밖에 나가서 공차기 하고 싶다.'라는 딴생각을 하게 된다. 반대로 스토리텔러가 아이들을 무시한 채 혼자만 스토리 속에 깊이 빠져 있으면 아이들은 '저 선생님 혼자서 잘 논다.'라는 식의 부정적 반응을 보일 수 있다. 모든 것은 균형에 달려 있는 것이다. 스토리텔링을 할 때는 항상 내가 지금 누구에게 이야기하고 있는지 염두에 두어야 한다.

그리고 스토리텔링을 하는 동안 아이들의 반응을 잘 살펴보아야 한다. 어린아이들 같은 경우는 따분해지면 잡담을 한다든지 딴짓을 한다든지 해서 알아차리기가 상대적으로 쉽지만, 청소년들이나 대학생들 같은 경우는 생각은 딴 데 가 있으면서도 겉으로는 집중하는 척하기 때문에 속마음을 알기 힘든 경우가 많다. 하지만 이런 경우에도 학생들을 잘 관찰해보면 시선이 자꾸 딴 곳으로 향한다든지, 머리를 흔든다든지, 몸을 뒤척거리는 등의 반응을 볼 수 있다. 그럴 때는 잠시 스토리 밖으로 나와서 그들의 주의를 끌어당길 필요가 있다.

지금 내가 어디에 있으며, 스토리를 듣는 사람들은 누구인가, 이 시간의 포커스가 무엇이며, 스토리텔링을 하는 목적은 무엇인가를 항상 생각해야만 한다. '당신이 주는 것이 당신이 받는 것이다.'라는 말을 스토리텔러는 항상 염두에 두고 있을 필요가 있다. 아이들을 존중하고 그들로부터 존중을 받도록 하자.

스토리는 일방적인 내용 전달이 아니다

이제 스토리텔링에서 아이들과 같이 호흡하면서 스토리텔링을 할 수 있는 능력을 기르는 색다른 연습 방법을 한 가지 소개하고자 한다. 스토리텔링을 '스토리', '비평', '인터랙션'의 세 가지 항목으로 나누어서 전달하는 것이다.

일종의 게임과도 같은 것인데 룰은 다음과 같다. 먼저 1분 동안 '스토리'의 내용을 이야기한 다음, 스토리를 중단하고 15초 동안 '비평'을 하도록 한다. 이 15초 동안에는 방금 자신이 1분 동안 이야기했던 스토리의 내용에 대해 일부러 비판적이고 회의적인 생각을 떠올려서 표현해보는 것이다. 아이들 중 불평 많은 누군가가 품을 수 있는 비판적인 속마음을 스토리텔러가 직접 표현해보는 것이다.

이렇게 '비평'을 하고 나면 바로 이어서 '인터랙션'을 시도해보도록 한다. '인터랙션'은 앞서 생각해본 불평을 잠재울 수 있도록 아이들에게 뭔가 질문을 던지거나, 가볍게 터치를 하면서 호응을 구하거나 하는 등의 청중과의 상호작용을 시도해보는 것이다. 이 '인터랙션'이 끝나면 다시 '스토리'로 돌아가서 스토리텔링의 내용을 이어간다.

예를 들면, '스토리'의 내용을 전달할 때는 "15살 때 저는 용돈을 모아서 런던으로 혼자 여행을 가게 되었어요. 비행기를 처음 타게 되었는데, 너무 들뜨고 흥분되어서 며칠 동안 잠도 못자고 있었습니다."라고 스토리를 이야기한다.

그리고 이어서 '비평'에서는 다음과 같은 이야기를 하는 것이다. "15살 때 혼자 여행을 간다고? 그 말을 누가 믿어. 누가 보내주겠냐고? 가든 말든 관심도 없어. 그리고 며칠 동안 잠을 안 자고 어떻게 배겨?" 이렇게 스스로 스토리의 내용에 대해서 비판을 하는 것이다.

그 다음에 바로 '인터랙션'으로 옮겨간다. "여러분들은 어떻게 생각하세요? 내가 15살 때 혼자 런던으로 여행을 갈 수 있었을까요?

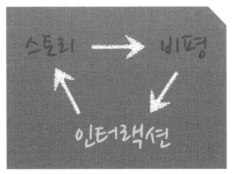

아이들과 함께 호흡하는 스토리텔링의 연습 방법. 스토리를 1분 간 들려주고, 그 다음 그 내용에 대한 비평을 15초 간 말해보고, 그 비평을 해소할 수 있는 인터랙션을 시도해보자. 그런 다음 다시 스토리로 돌아가는 순환의 과정을 통해서 전체 스토리텔링을 해본다.

여러분 중에 그런 경험을 하신 분이 계신가요?"

'인터랙션'에서는 이렇게 질문을 던지거나, 스토리의 내용에 맞추어서 휘파람을 불거나, 농담을 하기도 하고, 우스꽝스러운 표정을 지어 보이기도 하고, 머리를 쓰다듬기도 하면서 적절한 스킨십을 하는 등의 인터랙션을 시도해보는 것이다.

이렇게 이 세 가지 항목을 섞어 가면서 스토리텔링을 해보면 일방적으로 스토리만 이야기하던 때와는 전혀 다른 느낌이 들 것이다. '비평'에 관한 연습을 통해서 이전에는 떠올리지 못했던 생각의 전환이 이루어질 수 있다. 아이들은 내가 거짓말을 하든, 과장을 하든 이야기하는 것을 그대로 받아들이겠지라는 안일한 생각에서 벗어나서 '아, 이런 점에 대해서 비판적인 시선을 가질 아이들도 있겠구나.' 하고 새로운 자각을 할 수 있다.

아이들도 스토리텔러가 들려주는 이야기들을 나름대로의 생각을 가지고 판단을 하면서 듣는다. 때로는 어른들보다 스토리의 내용에 대해서 더욱 민감하기도 하다. 아이들이 스토리에 대해서 어떤 생각을 할지 상상해보도록 하자. 이것은 아이들을 무시해서는 안 된다는 자각심과 더불어 내용을 좀 더 아이들의 입장에서 스토리의 내용을 가다듬을 수 있는 기회가 될 수도 있다.

그리고 '인터랙션'을 계속해서 시도해봄으로써 필요할 때 아이들과 접촉한 이후에 자연스럽게 스토리로 다시 돌아와서 그 흐름을 잡아가는 일종의 감이랄까, 요령을 터득할 수 있다. 이런 연습에 익숙해지지 않으면 스토리텔링을 할 때 스토리의 내용에만 집중할 뿐 선뜻 아이들과 함께 하기가 쉽지 않다.

사소한 내용들에 주의하라

스토리텔링의 비평에 관한 이야기를 꺼낸 김에 스토리텔링에서 사소하지만 아이들의 신뢰를 잃을 수 있는 문제들에 대해 좀 더 생각해보도록 하자.

스토리텔러의 이야기를 듣고 머릿속에 스토리의 장면들을 그리는 것은 아이들이다. 그렇기 때문에 스토리텔러는 스토리의 작은 내용에도 주의를 기울일 필요가 있다. 스토리텔러가 실수로라도 아이들의 머릿속에 그려놓은 이미지를 흔들어놓으면 스토리텔링에 문제가 발생하기 시작한다. 예를 들어, 스토리텔러가 스토리의 시작 부분에서 한 등장인물을 덩치가 크고 뚱뚱한 것처럼 표현을 했는데, 스토리의 후반부에서 같은 인물을 마르고 야윈 것처럼 이야기를 하게 되면 문제가 발생하는 것이다. 스토리에 등장하는 사람의 이름을 혼돈하는 것도 마찬가지이다. 처음에는 '쇠돌이'라고 했다가, 스토리 중간에 '돌쇠'라고 바꿔서 부르면 아이들의 머릿속에 혼란이 일어나게 된다.

때로는 이런 작은 부분 때문에 스토리텔링 전체의 마술이 사라질 수도 있다. 예전에 어떤 선생님은 처음에 주인공의 머리 색을 금발이라고 했다가, 나중에 검은 색이라고 말을 바꾼 적이 있다. 그러자 한 아이가 주인공의 머리 색이 달라졌다고 항의했고, 결국 선생님과 아이들 사이에서 어느 머리 색이 맞느냐를 가지고 논쟁이 벌어지게 되었다. 등장인물의 머리 색이 전체 스토리텔링을 아주 엉망으로 만들어버린 것이다.

청중은 자신들이 그려놓은 머릿속 이미지를 깨버리고 싶지 않아 한다. 특히 아이들은 그런 것에 관한 고집이 무척 강하다. 그렇기 때문에 스토리텔러는 자신이 들려주는 스토리의 세부 내용이 아이들이 머릿속에 그려가는 이미지와 일치하도록 주의를 기울여야만 한다.

이런 일은 때로는 스토리텔러가 직접적으로 어떤 대상에 대한 구체적인 표현을 하지 않았을 때도 발생할 수 있다. 예를 들어, 스토리텔러가 등장인물의 덩치가 크다고 직접적으로 묘사하지 않더라도 아이들이 자신들의 고정관념이나 스토리의 맥락상 자신도 모르게 어떤 덩치 큰 사람의 이미지를 만들어낼 수 있다. 이럴 때 스토리텔러는 책임이 없는 것일까? 그렇지 않다. 스토리 내용 속의 무언가가 아이들에게 그런 이미지를 가져다준 것이다.

이 때문에 스토리텔러는 스토리의 시작 부분에서 등장인물이나 배경에 대해 상세하게 묘사하고, 스토리의 후반부에는 잘 언급을 하지 않는 것이 보통이다. 이것은 일종의 룰 같은 것이다.

만일 등장인물의 외모가 스토리 속에서 중요한 역할을 한다면 스토리텔러가 스토리의 시작 부분에서 명확하게 그 등장인물이 덩치가 큰지 작은지를 언급해야만 한다. 스토리의 후반부까지 아무런 언급도 없다가 갑자기 아이들에게 등장인물이 말랐다고 묘사를 하게 되면 스토리가 진행되는 내내 뚱보라고 상상했던 아이들은 혼란에 빠지게 된다. 그러면 아이들이 화를 내게 된다. 만일 깜박 잊고 스토리의 앞 부분에서 어떤 등장인물에 대해서 묘사를 하지 못했다면 나중에도 아예 언급을 하지 않는 편이 차라리 낫다.

스토리텔러의 잘못된 목소리와 몸짓 역시 주의해야 하는 부분이다. 스토리텔링을 하면서 흔히 저지르는 실수 중 하나가 아이들과 인터랙션을 하면서 웃음을 짓다가, 무의식중에 웃는 표정 그대로 스토리의 심각한 내용을 들려주기 시작하는 것이다. 그러면 아이들은 스토리의 내용에 대해서 혼란을 느끼게 된다.

상황에 따라서 몸짓이나 표정이 함께 변해야만 한다는 점을 꼭 기억하자. 앞서 '스토리', '비평', '인터랙션'의 스토리텔링의 연습을 하면서 세 가지 항목이 바뀔 때마다 자신의 감정이나 마인드, 표정 역시 자연스럽게 따라서 바꿀 수 있도록 의식적으로 노력해보는 것도 이런 실수를 줄일 수 있는 좋은 연습이 될 수 있다.

스토리텔링은 '우리'라는 개념으로 스토리텔러가 아이들과 함께 만들어 가는 것이다. 때문에 스토리텔러는 아주 세세한 것까지 잘 챙겨야 하고, 스토리에 대해 일관되고 명확한 이미지를 보여주어야만 한다. 스토리가 흥미롭더라도 '우리'라는 공감대가 깨져버릴 때마다 아이들은 스토리의 내용에 집중하기보다는 너의 생각과 나의 생각 중에 무엇이 맞는 건지 따지는 것에 치중하게 된다. 그러면 아이들은 스토리로부터 점점 더 멀어져 가게 된다. 스토리텔러는 항상 '우리'라는 울타리에 금이 가지 않도록 청중을 잘 돌봐주어야 한다.

5장

스토리텔링 교육의 응용

The · application · of · storytelling · education

1) 스토리텔링을 활용한 수업

필자는 한때 대학교에서 심리학을 강의한 적이 있다. 어느 날의 강의 주제는 '멘탈 모델과 인지체계'였다. 처음에는 전문 서적만 읽는 학자같이 보수적으로 강의를 했다. 여러 심리학자들이 내린 개념에 대한 추상적인 정의를 소개하고, 복잡한 실험 절차들을 학생들에게 설명해주었다. 그러자 강의에 들어온 남학생들은 죄다 창밖을 내다보면서 여자친구만 생각하고 있었고, 여학생들은 휴대폰을 보면서 쇼핑 갈 계획만 세우고 있었다. 학생들 탓만 할 수 없는 것이 누구라도 그런 지루하고 딱딱한 강의를 들으면 자신만의 공상의 나래를 펴지 않을 수 없었을 것이다.

필자는 당혹스러워서 조금 고민을 하다가 별로 학구적이지 않은 방식으로 강의를 진행하기로 했다. 외국여행을 하던 한 학생이 악당들에게 잡혀간 다음에 영화 〈인셉션〉처럼 머릿속에 있는 생각을 빼앗기고 기억을 조작당하는 스토리를 들려주기 시작한 것이다. 중간 중간 사람들도 죽어나가는 공포스러운 이야기였다.

그러자 갑자기 학생들의 태도가 달라졌다. 학생들은 한두 명씩 고개를 들면서 의자 끝으로 바싹 당겨앉기 시작했다. 내가 스토리를 끝낼 때 즈음에는 모든 학생이 수업에 열중하고 있었다. 그렇게 스토리를 들려주고 난 다음에 그 스토리 속의 내용과 연결시켜서 인간의 인지체계가 어떻고, 멘탈 모델에 관한 연구는 어떻게 진행되고 있는지, 어떤 의미를 담고 있는지 등의 내용을 들려주자 학생들은 그 내용에 커다란 흥미를 보이기 시작했다.

우리들은 아이들에게 어떤 지식을 가르칠 때 대부분 그 지식을 구성하는 사실이나 정보를 설명하는 것에 치중하고 있다. 특히 초등학교에서 중학교로, 중학교에서 고등학교로 갈수록 그 정도는 더욱 심해진다. 하지만 지식의 전달에 있어서 정보만을 전달하는 설명은 학생들의 몰입을 떨어뜨리고, 참여와 관심을 불러일으키지 못한다는 한계가 있다. 창의성과 통합 교육의 시대에는 이제 수업에서도 좀 더 다양한 접근을 시도할 필요가 있다. 이어질 내용에서는 교실에서 스토리텔링을 활용한 새로운 교육 방법들을 살펴보고자 한다.

수학 수업에서의 스토리텔링

수업을 다채롭게 만드는 방법 중에 '사실(정보)', '시(노래)', '에피소드', '스토리'라는 4가지 요소를 적절하게 조합하는 방법이 있다.

'사실'이란 우리가 흔히 생각하는 단편적인 정보를 일컫는다. '서울은 대한민국의 수도이다.' 같은 것이 사실의 예이다. 이 사실이란 것은 어떤 생각의 여지를 주지 않는다. 단정적으로 그렇다라고 선언을 하는 것이다. 때문에 아이들은 사실에 대해서는 아무런 이유도 없이 그저 받아들이고 암기해야만 한다.

수업뿐만 아니라 우리들의 일상생활은 이 사실의 전달들로 뒤덮여 있다. '이 식당은 찌개가 맛이 없네.' 같은 것도 사실에 속하는 것이다. 일상생활에서의 사실들은 그나마 어떤 맥락을 통해 전달되기 때문에 아이들이 쉽게 받아들일 수 있는 반면에, 학교에서 가르치는 많은 사실들은 아이들의 삶과는 상관없는 어렵고 복잡한 것이라 이를 외워야만 하는 아이들은 힘들 수밖에 없다.

다음으로 '시나 노래'이다. 시나 노래를 들려주라고 해서 생뚱맞게 아이들 앞에서 무슨 공연을 하라는 것은 아니다. 정색을 하고 공연을 하는 것이 아니라, 수업의 맥락에 맞추어서 적절한 때에 자연스럽게 목소리의 리듬과 톤을 활용해서 어색하지 않게 아이들에게 시나 노래 등을 들려준다는 것이다.

촛불의 과학적 원리에 관한 수업을 한다면, 교탁 위에 촛불을 켜 놓고 간단한 촛불에 관한 시를 들려줄 수도 있고, 도형에 관한 수업을 한다면 세모 네모에 관한 간단한 동요를 학생들과 함께 불러볼 수 있다. 시와 노래가 가지고 있는 역할은 수업의 분위기를 전환시키고, 학생들의 주의를 끌어내며, 학생들과 감정적 유대감을 만들어낸다는 것이다. 특히 학생들이 '아, 저 노래 알아!' 하면서 같이 따라 부르면 수업 분위기가 아주 좋아질 수 있다.

'에피소드'는 부모나 선생님들이 아이들에게 들려주는 과거의 추억, 연애 이야기, 방송 프로그램 이야기, 군대 시절 이야기 같은 것들이다. 에피소드의 역할은 아이들이 수업의 내용을 현실로 연결시켜서 생각할 수 있도록 유도하는 것이다. 전달하고자 하는 내용을 딱딱한 학문의 영역에서 끌어내서 아이들이 생활하고 있는 일상의 맥락 속에서 이해할 수 있도록 만들어주는 것이다. 물론 이 에피소드가 수업의 내용과 상관없이 남발되면 잡담이나 수다가 되어버릴 우려가 있다는 점은 주의해야 한다.

그리고 마지막으로 '스토리'가 있다. 스토리는 지금까지 살펴본 것처럼 어떤 인위적인 구조가 있고, 현실을 재조합해서 다시 새로운 세계를 만들어내는 것이다. 스토리가 가지고 있는 역할은 아이들을 수업에 몰입시킬 뿐만 아니라, 스토리를 통해서 수업에서 알려주고자

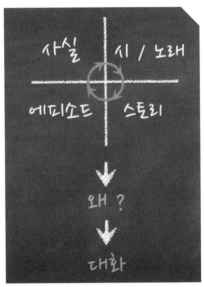

수업을 다채롭게 만들어주는 4가지 요소들. 이 요소들을 통해서 아이들은 새로운 지식에 대해 관심을 가지게 되고, '왜?'라는 의문을 떠올리게 된다. 그러면 이를 통해서 아이들과 수업의 주제와 관련된 '대화'를 시작할 수 있다. 이 '대화'를 통해서만 아이들은 지식을 자신의 것으로 만들 수 있다.

하는 개념을 아이들에게 전달해주고, 아이들이 그 주제에 대해 스스로 생각해볼 수 있도록 유도하는 것이다.

다음 '소수(小數)'의 개념을 알려주는 수학 수업의 예를 통해서 '사실', '시(노래)', '에피소드', '스토리'라는 요소를 어떻게 엮어서 수업에 활용할 수 있는지 살펴보자.

[시와 노래]

어렸을 적에 저는 1,000원짜리 장난감 경찰관을 사기 위해서 돈을 모았습니다. 엄마 심부름도 하고, 청소도 하고, 아빠 구두도 닦으면서 돈을 모았어요. 그리고는 100원씩 저금통에 저금을 했습니다. '땡그랑~ 한 푼~ 땡그랑~ 두 푼 벙어리 저금통이 아이고 무거워~' 여러분 이 노래 알죠? 한번 같이 불러볼까요? 그렇게 한 푼, 두 푼 선생님은 저금을 했어요.

[에피소드]

그런데 아무리 해도 900원밖에 모을 수 없었습니다. 더 이상 청소할 곳도 없었고, 용돈을 받으려면 한 달이나 더 기다려야만 했습니다. 하지만 친구는 벌써 경찰관 장난감을 들고 다니고 있었어요. 나는 100원짜리 동전이 집 안 어디에 떨어져 있지 않을까 하고 온 집안을 뒤졌습니다. 그러다가 침대 밑에서 10원짜리 동전을 찾아서 이제 910원을 마련할 수 있었습니다. 저는 900원 다음에 바로 1,000원이 될 줄 알았는데, 그 100원이 또 10원으로 나누어지는 것이었습니다. 나는 여전히 1,000원을 모을 수 없었습니다. 나는 낙담을 하면서 엄마에게 100원보다 더 적은 돈이 있다고 이야기를 했습니다. 그러자 엄마는 10원보다 더 적은 돈이 있다고 설명해주셨습니다. 10원은 또 1원짜리 10개가 모여서 이루어진 거라는 겁니다. 지금은 사라진 돈이지만 선생님이 어릴 때만 해도 1원이라는 돈이 있었어요.

[사실]

자, 여러분. 1, 2, 3, 4… 같은 여러분들이 알고 있는 숫자들이 있습니다. 이것들은 사과 한 개, 두 개같이 우리가 현실 속에서 세어 볼 수 있는 것들입니다. 하지만 1과 2 사이에는 우리들이 눈으로 볼 수 없는 또 다른 숫자들이 많이 숨어 있습니다. 1과 2 사이에 1부터 10까지와 같은 숫자들이 숨어 있습니다. 1.1, 1.2, 1.3… 같이요. 그리고 다시 1.1에서 1.2 사이에는 또 다른 숫자들이 숨어 있습니다. 1.11, 1.12, 1.13…이 그런 것들이죠. 이런 식으로 여러분은 원하는 만큼 1과 2 사이를 계속해서 더 작은 숫자들로 나누어 갈 수 있습니다. 이런 눈으로 볼 수 없는 작은 숫자들을 우리는 소수(小數)라고 부릅니다. 자, 이제 제가 여러분들에게 스토리를 하나 들려드리도록 하겠습니다.

[스토리]

옛날 옛적에 한 왕이 살고 있었습니다. 그 왕에게는 어여쁜 공주가 있었습니다. 어느 날 먼 나라의 왕자가 그 공주에게 청혼을 했습니다. 하지만 왕은 그 왕자가 그다지 마음에 들지 않았습니다. 그래서 여러 가지 구실들을 댔지만 왕자는 그런 문제들을 모두 해결해버렸습니다. 그러자 왕은 마지막 방법을 생각해냈습니다. 왕은 그 먼 나라의 왕자에게 한 가지 임무를 부여했습니다. 그리고는 그 임무만 완수하면 공주와 결혼할 수 있도록 해주겠다고 약속했습니다. 그 임무는 왕국에서 조금 떨어진 곳에 있는 산 꼭대기에 있는 귀한 돌을 가져다달라는 것이었습니다.

물론 왕자는 선뜻 그렇게 하겠다고 했죠. 왕 역시 왕자가 당연히 그 임무를 받아들이리라 생각했습니다. 하지만 왕에게는 다른 꿍꿍이가 있었습니다. 왕은 한 가지 조건을 내걸었습니다. 왕자에게 그 돌을 가지고 왕국으로 돌아올 때 왕국까지 1킬로미터 남았을 때, 그 1킬로를 반으로 나누고, 그 반을 또 반으로 나누고, 또 그 반을 반으로 나누고 이렇게 왕국에 다다를 때까지 계속 반으로 나누어 가면서 들어오라고 지시했습니다. 왕자는 별것 아니라고 생각하고 선뜻 그 조건을 받아들였습니다.

자, 여러분이 왕자라면 왕의 이런 조건을 받아들이겠습니까? 어떻게 생각하세요? 왕의 조건을 받아들인 그 어리석은 왕자는 결국 평생토록 공주와 결혼을 하지 못했습니다. 왕자는 산에서 왕국까지 돌아오는 길에 평생을 허비하고 노인이 되어 숨을 거두었습니다.

왜 그 왕자는 마을에 도착하지 못했을까요? 왕자가 왕국 바로 앞에 다다랐을 때에도 왕자는 왕국으로 들어올 수는 없었습니다. 왕국까지 10센티미터가 남았을 때, 이 거리를 반으로 나누면 5센티미터가 됩니다. 그리고 5센티미터를 반으로 나누면 2.5센티미터가 되죠. 그리고 2.5센티미터는 다시 1.25센티미터가 됩니다. 이렇게 끝 없이 작게 나누어 가면 왕자는 결코 왕국에 다다를 수 없는 것입니다. 일종의 숫자의 깊은 심연으로 빠져드는 것이죠.

사실 학교 수업에서 스토리텔링이 가장 필요한 영역은 수학이나 자연과학이라고 할 수 있다. 왜냐하면 이들 교과목은 아이들이 쉽게 따라가기에는 너무 추상적인 학문이기 때문이다. 특히 초등학교 고학년이나 중학교 무렵이 되면 수학 시간은 온통 추상적인 기호들로 가득해지기 시작한다. 그때 수학 속의 추상적인 언어들을 이해할 수 없는 아이는 평생 수학에 대해 악몽을 꾸어야 하는 비운에 빠지게 된다.

스토리텔링은 이런 안타까운 문제를 해결할 수 있는 새로운 창문을 열어줄 수 있다. 아이들은 같은 주제에 대해서도 이성과 감성을 오가면서 다양한 시각으로 바라볼 수 있고, 현실 속의 문제들과 연결시켜서 생각할 수 있기 때문이다.

그리고 무엇보다 스토리텔링은 아이들이 함께 공감하면서 수업에 몰입할 수 있도록 만들어준다는 장점을 가지고 있다. 그냥 새로운 공식을 알고 암기하는 것으로 그치는 것이 아니라, 아이들이 함께 생각하도록 만들어주고, 여러 가지 아이디어를 주고받을 수 있는 분위기를 만들어주는 것이다.

역사 수업에서의 스토리텔링

아이들이 지루하게만 생각하는 역사라는 중요한 교과목에 있어서도 스토리텔링을 유용하게 활용할 수 있다. 많은 선생님들이 아이들에게 역사를 가르칠 때 사실적인 정보의 제공에만 머물고 있다. 이렇게 되면 아이들은 캡슐화된 역사를 암기해야만 할 뿐이다. 그러면 아이들은 죽어라고 왕들의 이름만 외우다 지쳐서 역사 공부에 흥미를 잃게 된다.

그뿐만 아니라 역사를 해석하고, 그 역사 속에 등장한 사람과 문화의 의미를 파악하고, 역사를 현실에 연결시켜서 생각하는 능력을 가르치지 못하게 된다. 한 마디로 역사를 이해하기보다는, 박제화된 역사를 외울 뿐인 것이다.

스토리텔링을 활용한 역사 공부는 역사적 사실에 대해 아이들이 흥미를 가질 수 있도록 도와줄 뿐만 아니라, 그 역사적 사실을 토대로 아이들이 스스로 생각하고 고민하게 만들어줌으로써 이해력, 논리적 사고력, 문제해결 및 의사결정 능력을 키워줄 수 있는 장점을 가지고 있다.

다음 역사 교육의 한 가지 사례를 살펴보자.

"육천 년 전에 유목 사냥꾼들은 사냥감을 쫓아서 여러 지역을 떠돌아 다녔다. 그들은 쉴 수 있는 동굴을 발견하면 그곳을 숙소로 삼아서 머물곤 하였다. 부족의 남자들은 사슴, 멧돼지, 토끼 같은 것들을 사냥해서 가족을 부양했고, 여성들은 야생 열매나 곡식을 모아왔다.

때로 사냥을 나간 사람들은 삼사 일 동안이나 사냥감을 쫓아다녔다. 그들이 사냥하는 방법은 일단 사냥감을 포위한 다음 화살과

창을 사용해서 먹잇감을 죽이는 것이다. 하지만 사냥은 매우 위험한 일이었다. 수백 킬로나 나가는 야생 동물들이 반격에 나서서 덤벼드는 바람에 사냥꾼들이 다치거나 심지어 목숨을 잃는 일도 빈번하게 일어났다.

이 유목 사냥꾼들 중 한 명이 '돌이'였다. 돌이의 부친은 부족의 리더였다. 돌이는 어려서부터 아버지를 따라서 사냥터를 쫓아다녔다. 그러던 어느 날 돌이와 부족의 남성들은 사냥감이 많은 곳을 찾아서 부족 전체와 함께 매우 먼 곳까지 여행을 떠나게 되었다. 돌이의 부족은 그 지역에서 낯선 다른 부족과 마주치게 되었고, 이내 영역을 두고 싸움이 벌어졌다.

용맹한 돌이의 부족은 그 낯선 부족을 단 한 명만을 제외하고 모두 죽여버렸다. 살아남은 한 명은 열 두 살짜리 어린 소녀였다. 그 소녀는 보기 드물게 용감한 아이였다. 그리고 소녀는 전멸해버린 부족이 발명한 여러 가지 도구들을 잘 사용할 수 있었다. 돌이의 아버지는 그 소녀가 도구를 다루는 기술을 자신의 부족에게 가르쳐주기를 바랐다. 부족 사람들은 그 소녀를 '숙이'라고 불렀다.

숙이는 매우 똑똑했다. 숙이는 얼마 지나지 않아서 돌이의 부족에서 어린 여성들이 해야 하는 여러 가지 일, 즉 요리, 바느질, 식물채집, 곡식을 가는 것 등의 방법을 모두 습득했다.

하지만 숙이는 돌이 부족 사람들의 삶을 보고는 경악을 금치 못했다. 이 부족 사람들은 음식이나 숙소에 대해서는 전혀 신경을 쓰지 않는 것 같았다. 시간이 흘러 숙이가 돌이 부족 사람들의 언어를 배운 다음에, 숙이는 돌이에게 자신의 부족이 살아왔던 방식에 대해서 설명해주었다. 숙이는 자신의 부족 사람들은 돌이 부족 사람들처럼 떠돌아다니거나 동굴에서 살지 않았고, 대신 야생 곡식이 많이 자라는 지역에 머물면서 숙소를 직접 만들어서 지냈다고 돌이에게 이야기해 주었다.

돌이는 이야기의 내용에 상관없이 숙이와 같이 있는 것이 좋았다. 숙이는 돌이에게 항상 커다란 행복을 안겨다주는 존재였다. 결국 두 사람은 결혼하게 되었고, 여러 명의 자식을 낳았다. 돌이와 숙이는 마음도 잘 맞았기 때문에 별로 다투지도 않고 단란한 가족을 이룰 수 있었다. 그리고 시간이 지나면서 돌이는 아버지를 이어서 부족의 리더로 성장했다.

하지만 돌이는 숙이에게서 이해할 수 없는 점이 하나 있었다. 숙이의 야생 곡식에 대한 집착이 그것이었다. 어느 날 돌이가 오랜 사냥 끝에 사냥감을 잔뜩 들고 돌아왔을 때, 숙이는 그를 데리고 야생 곡식이 가득한 장소로 데려갔다. 그녀는 그에게 곡식을 키우고 거두어들이는 것이 위험한 야생 동물을 쫓아다니는 것에 비해서 얼마나 쉬운지를 보여주었다.

숙이는 돌이에게 자신의 생각을 이야기해 주었다. '야생 곡식 대신에 우리가 원하는 곳에서 우리가 직접 곡식을 키워보는 게 어떨까요? 그러면 우리는 매번 같은 곳에서 가을이 되면 잘 익은 곡식을 얻을 수 있을 거예요.'

그러나 돌이의 답은 부정적이었다. '우리가 원한다고 해서 곡식이 열릴 것 같았으면 벌써 그렇게 되었을 거요.' 그렇게 돌이는 숙이가 곡식을 키우는 것을 전혀 도와주지 않았다. 돌이는 여전히 사냥의 스릴을 즐겼고, 사냥이라는 고유의 방식으로 부족들에게 풍부한 음식을 가져다주는 것에 만족하고 있었다.

반면 숙이는 여러 해 동안 야생 밀을 인위적으로 키우기 위해 노력했다. 하지만 숙이가 키우던 밀은 매년 가뭄, 홍수, 추위 등으로 죽어버리거나 멧돼지들에 의해서 엉망이 되어버리곤 했다. 그래도 굴하지 않고 숙이는 여러 해 동안 노력을 기울였다. 그리고 마침내 숙이는 곡식을 잘 키울 수 있는 장소를 찾아냈다. 비탈이 진 언덕배기였지만 숙이는 원하는 대로 곡식을 키우는 것에 성공했다.

숙이는 돌이를 그곳으로 데리고 갔다. 그리고 돌이에게 '이제 우리 돌아다니지 말고 곡식이 자라는 것을 지켜볼 수 있도록 언덕 근처에 머물 곳을 마련하고 거기에서 살면 어떨까요?'라고 제안했다. 하지만 돌이는 그 제안을 단칼에 거부했다. '부족 사람들은 전체가 다 함께 움직여야 해. 그리고 동굴도 여지껏 우리를 안전하게 보호해주었어. 동굴 안에서 모닥불을 피워놓고 사냥에 대한 이야기를 주고받는 것만큼 멋진 일은 없을 거야.' 그러자 숙이가 이의를 제기했다. '어떻게 당신의 방식만 최고라고 확신할 수 있어요? 나의 아버지는 나무와 돌로 벽을 쌓아서 집을 지었어요. 우리도 이제 우리가 선택한 곳에 그런 집을 짓고 지낼 수 있어요.'

하지만 돌이는 빈정대기만 했다. '태풍만 불어도 집이 날아가버릴걸.' '우리 아버지가 지은 집은 태풍이 와도 끄떡없었어요.' 숙이도 지지 않고 대꾸했다. '여기 태풍은 훨씬 더 강력해!' 돌이는 이렇게 단정지어버리고는 자리를 떠났다. 돌이는 이렇게 이 문제가 매듭지어졌다고 생각했다. 그는 여러 세대 동안 아무 문제 없이 잘 먹고 잘 살아온 부족의 생활방식을 왜 바꾸려고 하는지 숙이의 생각이 이해되지 않았다.

하지만 숙이의 생각은 달랐다. 숙이는 돌이가 사냥을 나간 동안 자식들과 함께 집을 짓기 시작했다. 돌이가 사냥에서 돌아왔을 때 집은 거진 다 완성되어 있었다. 돌이는 사냥감이 줄어든 것을 보면서 이제 부족이 다른 지역으로 옮길 때가 되었다고 생각하고 있던 참이었다.

그는 이 상황을 심각하게 생각해봐야만 했다. 부족을 버리고 숙이와 함께 집에 머물 것인지, 아니면 여전히 옛날 방식을 고집해야 할 것인지 선택해야 했다. 돌이는 여러 가지 사항을 곰곰히 비교해보았다.

집에 머무는 것은 태풍과 같은 자연의 위험을 마주해야만 했고, 다른 부족 사람들로부터 고립된 삶을 살아야 하는 단점이 있었다. 집이 크지도 않았고, 비가 샐 우려도 있었다. 불이 날 수도 있었고, 차가운 바람이 벽 사이로 스며들 수도 있었다.

하지만 집이 가지고 있는 장점도 많았다. 집은 땅 위에 지어져 있기 때문에 신선한 공기를 마실 수 있었고, 새로운 집을 짓거나 집을 더 크게 수리할 수도 있었다. 또한 개인적인 생활도 보장해 줄 수 있었다. 동굴에서 지낼 때는 서로의 눈치를 봐야 했고, 동굴의 크기와 장소에 따라서 매우 불편하기도 했다. 때로는 동물처럼 지내야 할 때도 있었다. 집은 동굴과는 달리 그가 마음대로 컨트롤할 수 있는 장소였다.

— 나는 지금 부족의 리더이다. 내가 내리는 결정은 부족 전체에 큰 영향을 줄 것이다. 집에 머물기로 했다면 다른 부족 사람들도 근처에 집을 짓고 살 수도 있고, 예전 방식대로 그냥 떠나 버릴 수도 있다. 부족이 떠나 버리면 나와 가족은 홀로 남겨질 것이다.

— 내가 만일 집에 머물기로 결정을 했다면 나에게 익숙한 삶의 방식을 상당부분 바꾸어야 한다.

— 사냥을 통해서 음식을 마련하는 것이 갈수록 어려워져 가고 있다. 곡식을 키우는 것은 훨씬 더 쉽게 음식을 얻을 수 있는 방법이다. 반면 곡식이 죽어버리면 먹고 살 길이 막막해 진다.

— 숙이와 막내아들은 집에 머물면서 곡식을 키우고 싶어한다. 그런 그들과 헤어지고 싶지 않다. 하지만 그 집은 동물만큼 튼튼하고 안전하지 않다.

— 나는 이제 점점 나이를 먹어가고 사냥을 하기가 쉽지 않다.

선생님은 아이들에게 '돌이'의 입장에서 어떤 선택을 내릴 것인지에 관한 질문을 던지면서 동시에 돌이가 처한 문제상황을 학생들이 명확하게 파악할 수 있도록 도움이 되는 사항들을 제시해줄 수 있다.

그리고 돌이는 아이에 대한 걱정도 있었다. 그의 막내아들은 그 나이 때면 으레히 가져야만 하는 사냥에 대한 흥미를 보이지 않았다. 하지만 부족의 생활 방식에서 살아남기 위해서 막내아들은 숙련된 사냥꾼이 되어야만 했다."('Doorways To Thinking' Robert J. Stahl 외 , 1995의 내용을 참조한 사례)

이 오랜 예전 원시부족 시대에 살았던 돌이와 순이의 스토리를 아이들한테 들려준 다음 선생님은 아이들에게 다음과 같은 질문을 던질 수 있다.

'너희들이 돌이 입장이라면 자신과 가족을 위해서 어떤 선택을 내리는 것이 옳을까? 자, 이제 너희들은 돌이가 되는 거야. 지금 아내와 아이들, 부족 전체가 너의 결정을 기다리고 있어. 어떻게 하면 좋을까? 결정을 내리고, 그 이유에 대해서 설명해보자.'

이때 가능하다면 아이들을 서너 명 정도의 그룹으로 묶어서 서로의 아이디어를 교환하고 의견을 주고받도록 하는 것도 좋은 방법이다.

이런 학습을 통해서 아이들은 흥미롭게 원시부족들이 어떻게 살았는지 그 생활방식을 잘 알 수 있다. 그리고 유목생활이 무엇인지, 정착생활이 무엇인지 그 개념을 습득할 수 있고 둘 사이에 어떤 차이가 있는지도 체험할 수 있다. 그리고 두 가지 생활방식이 변화하는 시기에 어떤 사회적 갈등이 빚어질 수 있는지도 파악할 수 있다.

그리고 이 스토리를 통해 아이들이 돌이의 입장에 되어서 유목생활과 정착생활 중 어떤 것을 선택할 것인지 스스로 의사결정을 내리도록 함으로써, 상황을 판단하고 올바른 선택을 내리는 능력을 키워줄 수 있다. 그리고 선생님은 아이들의 고민이 끝난 다음에 아이들의 생각과 판단을 인류 문명의 흐름과 비교해서 알려줌으로써 자신의 판단에 대해서 학생들이 스스로 생각해볼 수 있는 기회를 제공해줄 수 있다.

스토리 속에서 주인공 돌이가 겪고 있는 역사적인 고민은 비단 그 시대만의 것이 아니다. 현재에도 그와 비슷한 문제들이 많이 발생하고 유사한 고민을 많은 사람이 하고 있다. 이런 스토리텔링 학습을 통해서 아이들은 역사를 공부하고 고민함으로써 현재를 살아가는 방법을 배울 수 있는 것이다.

이렇게 역사적 사실만을 가르치는 것이 아니라, 아이들의 다양한 사고와 참여를 끌어내는 스토리텔링 역사 교육의 매력은 최근 융합 교육으로 변화하고 있는 교육 현장에서 더욱 유용하게 활용할 수 있다. 여러 영역이 합쳐져서 교육의 시너지 효과를 불러올 수 있는 것이다.

이제 스토리텔링을 활용한 또 다른 형태의 융합 교육의 방법을 살펴보자.

작문 수업에서의 스토리텔링

예전에 한 TV 프로그램에서 영국의 창조교육을 보도한 적이 있다. 그 창조 교육의 형식이 바로 융합 교과의 방식이었다. 영국 런던의 한 초등학교에서 아이들을 데리고 시내로 나가 런던 시내의 여러 지역과 건물들을 관찰하도록 했다. 그러면 아이들은 견학 현장에서 사진을 찍고 해당 지역과 건물의 역사를 조사한다. 그리고 다시 교실로 돌아와 자신들이 찍은 사진을 토대로 그림을 그린다. 그리고 자신이 조사하고 느낀 것을 작문한다. 그 다음에 그 작문 내용을 돌아가면서 발표하고, 아이들끼리 토론을 하도록 하는 것이다. 이 수업에는 지리, 역사, 미술, 작문, 발표, 토론 등의 교과가 합쳐져 있는 것이다.

필자가 알고 있는 웨일즈의 한 선생님은 이와 유사한 방식에 스토리텔링을 적극적으로 접목시켜서 좋은 효과를 거두고 있었다. 다음은 웨일즈의 선생님이 자신이 작문 수업을 하는 방식에 대해서 설명해준 내용이다.

"아이들과 함께 스토리텔링을 해보는 것은 학교 선생님으로서 매우 중요한 일이라고 생각합니다. 아이들을 가르치는 데 아주 유용한 방법이니까요. 저는 논술과 작문을 가르치고, 발표 능력을 향상시키고, 수업에 대한 동기를 부여하는 목적으로 스토리텔링을 적극 활용하고 있습니다.

수업 시간에 저는 먼저 스토리를 하나 준비해서 아이들에게 스토리텔링을 해줍니다. 그 다음에 저의 스토리텔링을 듣고서 연상되는 내용을 바탕으로 학생들에게 각자 생각나는 스토리를 만들어보라고 과제를 내줍니다. 자신만의 스토리를 만들도록 하는 거죠.

그런데 무작정 스토리를 글로 적으라고 하면 학생들이 힘들어합니다. 그래서 먼저 아이들한테 만화를 그리는 것처럼 머릿속에서 떠오르는 여러 가지 장면을 그림으로 옮기도록 했습니다.

그렇게 해서 아이들이 원하는 만큼 여러 장의 그림을 완성하고 나면 그림을 시간순으로 정렬하도록 합니다. 그런 다음 각각의 그림 밑에 그 장면과 관련된 스토리를 어떠한 제한도 없이 생각나는 대로 자유롭게 적도록 했습니다. 일종의 스토리보드를 만들도록 한 셈이죠.

그렇게 해서 학생들이 스토리를 완성하고 나면, 자신이 그린 그림과 함께 자신의 스토리를 발표하도록 합니다. 아이들이 만들어서 발표하는 스토리들을 보면 내용도 들쭉날쭉하고, 문법도 엉망이고, 단어도 틀리고, 문장도 어슬프고, 은어나 욕설이 들어가는 경우도 많아요. 그렇지만 그냥 발표하도록 내버려둡니다.

그렇게 학생들의 발표가 끝나면, 그때부터 저는 본격적으로 작

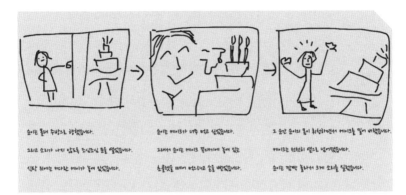

사람들은 이미지로 사고하는 것에 익숙하다. 아이들이 스토리를 만들 때에는 처음부터 글로 작성하라고 하기보다 머릿속에 떠오르는 이미지를 간단하게 그림으로 표현하도록 한 다음, 그 그림에 관해서 글을 쓰도록 하는 것이 더 효과적이다.

문 수업을 진행합니다. 학생들한테 자신이 만들어낸 스토리를 멋지게 바꾸어보자고 제안하는 겁니다. 학생들이 스스로 만들어낸 스토리들을 교재로 해서 작문 수업을 하는 거죠.

저는 학생들과 함께 토론하면서 그림 아래에 적어놓은 스토리에서 잘못된 문법을 고치고, 더 알맞은 단어를 찾아보고, 구문의 표현도 고민하도록 하고, 새로운 형용사를 덧붙여보도록 합니다. 물론 은어나 욕설도 제대로 된 언어로 바꾸어주고요. 그러면 학생들도 아주 좋아합니다. 이렇게 자신의 스토리에 대한 수정 과정을 거치면서 아이들은 자신이 생각한 내용을 정리하고, 효과적으로 표현하는 방법을 배우게 되는 것이지요.

이렇게 스토리텔링을 활용하면 전통적인 방법으로 수업을 하는 것보다 학생들의 집중도나 동기 부여, 작문 능력이 훨씬 나아진다는 것을 피부로 느낄 수 있었습니다. 이런 방법은 고학년 학생들이나 저학년 학생들이나 상관없이 모두 효과적이었어요.

그리고 스토리텔링을 통해서 나와 학생들 간의 관계도 참 많이 좋아졌습니다. 아이들은 스토리텔링을 아주 좋아합니다. 어떨 때는 아이들이 먼저 수업을 하자고 조르는 상황이 되기도 하더군요.

학부모들로부터도 긍정적인 피드백들을 많이 받았습니다. 예전과는 달리 아이들이 학교에서 배운 것을 집에서 자랑스럽게 이야기하고, 어떤 아이는 집에서 자신의 스토리를 들려주기도 한답니다."

이 웨일즈 선생님이 활용한 것처럼 스토리텔링의 장점은 아이들이 자유롭게 놀고 생각할 수 있도록 내버려두면서도 스스로 주도적으로 학습하도록 이끌어준다는 것이다. 스토리텔링의 이런 장점은 최근 강조되고 있는 창의력 교육에서 유용하게 활용할 수 있다.

스토리텔링을 활용한 창의력 교육

최근 아이들을 스티브 잡스처럼 창의적인 사람으로 키우자는 열풍이 불고 있다. 하지만 아쉬운 것은 창의성의 본질에 대한 부분보다도 창의적 사고의 기술적인 부분에 치중하고 있다는 것이다. 우리들이 창의적이라고 부르는 사람들의 공통점은 무엇일까? 우리들은 이 질문에서부터 창의 교육을 시작할 필요가 있다.

창의적인 인물들은 예외 없이 공통적으로 일에 대한 자발적인 열정을 가지고 있다. 아인슈타인, 퀴리 부인, 파스퇴르, 스티브 잡스 등

창의적인 인물들은 누가 시켜서 억지로 하는 것이 아니라, 스스로 자신들의 일에 의미를 부여하고 문제를 풀기 위해 끊임없이 고민하다가 어느 순간 놀라운 아이디어를 떠올렸다는 공통점을 가지고 있다.

아이들도 마찬가지다. 창의력의 첫 단계는 뭔가를 해보고 싶은 마음을 가질 수 있도록 만들어주는 것이다. 스스로 흥미와 재미를 느끼고 무언가 궁리하고 싶도록 해주어야 한다. 아이들이 그런 자발성을 가질 수 있도록 스토리텔링이 촉매제의 역할을 할 수 있다.

이제 미술과 스토리텔링을 활용한 융합 교육으로 아이들의 창의적 사고를 키워주고 있는 두 선생님의 사례를 보자.

첫 번째는 아이슬란드 미술 선생님의 설명이다.

"제가 느끼기에 일단 스토리텔링을 시작하면 뭐랄까 아이들의 마인드가 작동하기 시작하는 것 같아요. 저는 미술과 스토리텔링을 합쳐서 일종의 융합 수업을 하고 있어요.

그렇다고 그냥 재미있게 그림만 그리는 것은 아니에요. 저는 뭔가 문제해결 상황을 만듭니다. 저는 그림을 그리기 전에 아이들한테 미로에 빠진 아이나, 친구와 다툼을 하는 스토리를 들려줍니다. 그런 다음에 그 문제상황과 관련된 어떤 사람이나 물건, 동물 같은 것을 아이들에게 그리게 합니다.

그렇게 해서 아이들이 그림을 다 그리고 나면, 그 그림을 바탕으로 해서 아이들과 함께 나머지 스토리를 만들어 가는 거죠. 스토리를 통해서 문제상황에서 어떤 방법이 문제를 해결할 수 있는 가장 현명한 방법일지 같이 고민합니다.

아이들은 단순히 그림을 그리는 것이 아니라, 문제상황이 포함된 스토리를 만들어 가면서 그림을 통해 창의적인 사고, 문제를 바라보는 새로운 시각을 길러나갈 수 있다.

저는 아이들이 스토리를 만들면 거기에 또 다른 시각으로 문제를 바라볼 수 있도록 도와주고, 올바른 가치 판단을 내릴 수 있도록 해줍니다. 그림을 그리면서 스토리를 만들어 가면 아이들은 집중하면서 문제 해결의 상황에서 새로운 아이디어들을 아주 쉽게 쏟아냅니다. 스스로 활발하게 생각하는 것이죠. 때로는 아이들이 제가 미처 생각하지 못했던 새로운 방법으로 문제를 해결해서 저를 깜짝 놀라게 만드는 경우도 있어요.

그런 다음 그렇게 아이들이 만들어낸 스토리를 다시 그림으로 표현하도록 합니다. 그러면 아이들은 아주 열심히 자신의 생각을 그림으로 그려내기 위해 노력해요. 자신의 생각을 떠올리고, 그 생각을 다시 이미지로 밖으로 끌어내는 연습은 아이들의 사고력과 창의력 발달에 아주 중요한 부분이죠.

그림 대신 찰흙을 활용하는 것도 좋은 방법입니다. 찰흙으로 작은 아이를 만들고서는, 그 아이에 관한 스토리를 만드는 것입니다. 우리들은 흔히 스토리를 통해 세상을 보는 눈을 바꿀 수 있다고 하는데 아이들한테도 그대로 적용되는 말인 것 같아요."

두 번째는 덴마크의 선생님이 시도해본 스토리텔링을 활용한 교육 방법이다.

"초등학교 아이들과 함께 시도해본 방법입니다. 먼저 엄청나게 기다란 종이 두루마리를 교실 한가운데에 쭉 깔아놓습니다. 그리고 학급의 모든 아이를 그 종이의 좌우에 기다랗게 늘어서도록 했습니다. 그리고 아이들이 모두 그림을 그릴 도구를 준비하도록 합니다.

그렇게 아이들의 준비가 끝나면, 제가 먼저 말로 스토리텔링을 시작하는 겁니다. 학생들에게 스토리를 들려주되, 스토리의 내용을 끝까지 다 들려주는 것이 아니라 시작부터 중간 정도까지만 들려줍니다. 그런 다음에 스토리를 중단하고 아이들에게 '그 다음에 무슨 일이 벌어졌을까요?'라고 질문을 던집니다. 그리고 아이들에게 다음에 이어질 스토리의 내용을 앞에 펼쳐져 있는 종이 위에 각자 생각나는 대로 그림으로 표현하라고 하는 겁니다.

그러면 학생들은 신이 나서 종이 위를 기어다니면서 마음껏 상상의 나래를 펼칩니다. 옆에 있는 친구들하고 서로 스토리를 주고

받기도 하구요. 그림을 그리지 못하는 학생은 한 명도 없었습니다.

그런데 저는 아이들이 스토리를 만들고, 그림을 그리는 것을 그냥 지켜만 보지 않았습니다. 저는 아이들이 그림을 그리는 도중에 도전 과제를 내줍니다. 아이들이 그리는 그림을 보고 있다가 큰 소리로 '오, 스토리가 그렇게 흘러가는구나, 멋진데! 그런데 말이지 저 멀리서 이쪽으로 비행기가 날아오고 있어. 스토리에 비행기를 등장시키면 어떻게 되지?' 이렇게 새로운 상황을 던져주는 것입니다. 그러면 아이들은 제가 이야기한 비행기를 그려야 하고, 머리를 쥐어 짜면서도 비행기가 등장한 상황의 문제를 해결할 수 있는 새로운 스토리를 만들어내더군요.

그리고 아이가 스토리를 만들어 가다가 조금 막히는 것 같으면 '저쪽에서 노란색 오토바이를 타고 커다란 개미가 오고 있어요.' 하면서 아이들의 스토리가 더욱 흥미진진해질 수 있도록 촉진시

혼자서 고민 하는 것이 아닌, 열린 공간에서 여러 사람들이 함께 그림을 그리고 스토리를 만들어 가면서 학생들은 계속해서 창의적 사고에 관한 자극을 받을 수 있고, 게임을 하는 것과 같은 재미를 느낄 수 있다.

켜주는 역할도 합니다.

또, '오, 조심해 커다란 문어가 너희들의 스토리를 모두 집어삼키고 있어.' 이렇게 커다란 악당을 등장시키면 아이들은 다른 아이들과 합심해서 종이 한 가운데에 커다란 문어를 그리고 그 악당을 물리치기 위해 협심해서 스토리를 만들어 나가더군요.

이렇게 하다보면 커다란 종이는 온갖 아이디어와 색으로 가득한 스토리들로 넘쳐나게 됩니다. 저는 나중에 아이들과 부모들이 집에 돌아가서도 그 스토리들을 다시 볼 수 있도록 그림들을 사진으로 찍어서 책으로 엮어주기도 했습니다."

이제 즉흥적으로 스토리를 만들어냄으로써 아이들의 유연한 사고와 창의적 순발력을 길러줄 수 있는 색다른 방법을 알아보자. 이 방법은 아예 아이들과 함께 즉흥적으로 스토리를 만들어 가는 방식이다.

먼저 선생님은 '주인공', '장소', '문제상황' 이 세 가지 사항을 떠올린 다음에 아이들에게 들려준다. 예를 들어, 주인공을 '회전문'으로, 장소는 누구나 쉽게 생각할 수 있는 '쇼핑몰 입구'로, 문제상황을 '회전문이 이제 낡아서 움직이기 힘들다'는 식으로 설정해보는 것이다.

이렇게 세 가지 사항이 정해지면, 선생님은 이 세 가지를 엮어서 스토리의 시작 부분을 다음과 같이 즉흥적으로 만들어가면서 아이들에게 들려주는 것이다.

"삐걱이는 쇼핑몰에 있는 회전문이다. 삐걱이는 쇼핑몰 건물이 처음 지어질 때부터 여기에 있었다. 공장에서 만들어지는 동안 삐걱이는 자신이 공연장이나 커다란 박물관과 같은 멋진 곳에 놓이기를 바랐다. 하지만 지금은 이렇게 쇼핑몰 입구나 지키고 있는 신세이다. 매일 수많은 사람들이 마구 밀어젖히는 바람에 삐걱이는 이제 아주 낡고 지쳐버렸다."

이렇게 스토리가 시작되고 난 다음부터 아이들에게 스토리의 내용을 만들어 가는 것에 참여하기를 요청하는 것이다. 선생님은 아이들에게 스토리 속의 주인공 삐걱이가 겪을 수 있는 새로운 상황, 새로운 등장 인물 등을 계속해서 제시하도록 유도한다. 선생님은 아이들이 제시하는 내용은 무엇이 되었든 제한을 두지 않아야 한다.

그리고 선생님은 아이들의 제안을 단순히 그대로 받아서 스토리 속에 서술하는 것이 아니라, 그 제안이 스토리 속에서 무언가 중요한 역할을 하도록, 스토리의 내용을 분명하게 바꾸어놓도록 표현해야하는 것이다.

계속해서 앞의 회전문의 사례를 가지고 선생님이 아이들과 어떤 방식으로 함께 스토리텔링을 진행해 갈 수 있는지 살펴보자.

선생님은 아이들에게 앞서의 회전문에 관한 스토리의 시작 부분을 제시해주었다. 그런 다음 아이들에게 이 삐걱이에 관해서 새로운 상황을 제시해달라고 아이들에게 요청했다. 그러자 아이 중 한 명이 손을 들고는 '삐걱이가 거꾸로 회전해보려고 해요.'라고 이야기했다. 선생님은 이제 이 내용을 스토리 속에 반영해야만 한다. 선생님은 다

즉흥 스토리의 시작에는 어떤 제한도 없다. 주변에서 쉽게 떠올릴 수 있는 건물, 곤충, 동물 등 어떤 대상이라도 일단 주인공으로 설정해보자. 그런 다음 그 주인공이 있을 만한 곳을 생각해보고, 그 주인공의 현재 어떤 어려움을 가지고 있을지 상상해보자. 여기에서부터 아이들의 창의력이 발휘되기 시작된다.

음과 같이 아이의 제안을 받아들여 스토리의 내용을 만들어냈다.

"삐걱이는 자신의 인생을 한탄하면서 이제 한쪽으로만 도는 것이 너무 싫증이 나서 다른 방향으로 돌아보려고 했다. 그런데 못된 기술자가 그렇게 하지 못하도록 장치를 걸어놓아 돌아가지 않았다. 그렇지만 삐걱이는 어떻게든 한번 해보려고 힘껏 시도해보았다. 그러자 끽 하는 소리가 나더니, 이제 더 이상 몸이 돌아가지 않았다. 삐걱이의 몸이 걸리면서 그대로 꼼짝없이 고장이 나버린 것이다."

그러자 또 다른 아이가 '누군가 회전문을 걸어차고 있어요.'라고 소리를 질렀다.

선생님은 "누군가 삐걱이를 마구 차기 시작했다. 삐걱이가 멈춰버리자 그때 문을 통과하고 있던 사람이 갇혀버린 것이다. 그 사람은 화가 나서 마구 삐걱이를 걷어차기 시작했다. 삐걱이는 '삑삑', '쿵쿵' 거리면서 '그렇게 하지 마세요. 두꺼운 유리로 만들어졌지만 제 몸에 벌써 금이 가고 있어요. 아프단 말이에요' 하고 외쳤다. 그러나 소용이 없었다. 자꾸 문을 걷어차면서 삐걱이를 아프게 하니까 삐걱이도 드디어 화가 나기 시작했다. 삐걱이는 성질이 나서 확 몸을 틀어댔다. 그러자 삐걱이의 몸이 획하고 다시 돌아가기 시작했다." 라고 스토리의 내용을 전개했다.

그때 또 다른 아이가 '회전문에 그 사람의 손가락이 끼었어요.'라고 얼른 새로운 아이디어를 생각해냈다. 선생님은 그 내용을 바탕으로 다시 스토리를 이어갔다.

"앗, 갑자기 다시 삐걱이의 몸이 멈추었다. 그런데 이번에는 아까와는 다른 느낌이었다. 무언가가 끼인 것이다. 조금 전에 삐걱이를 걷어찬 사람의 손가락이었다. 그 사람은 고통스러워서 마구 소리를 질러댔다. 삐걱이는 처음에는 쌤통이다 하면서 통쾌해했지만, 시간이 한참 흘러도 그 사람이 손가락을 빼지 못하자 걱정이 되기 시작했다. 삐걱이가 그 사람을 도와주기 위해서 몸을 반대 방향으로 조금 틀자, 그 사람은 고통스러워서 더욱 크게 비명을 질러댔다."

이때 또 다른 아이가 소리를 질렀다. "누군가 기름통을 들고 와요."

선생님은 이 의견을 바탕으로 스토리를 이어나갔다. "그때 쇼핑몰의 관리인이 비명을 듣고 달려왔다. 그는 어찌할 바를 몰라 하다가 기름을 구해와서 삐걱이의 몸에 들이부으면서 그 사람의 손가락을 빼내려고 했다. 그래도 여전히 손가락은 빠지지 않았다. 관리인은 당황해서 여기저기에 전화를 하기 시작했다."

그러자 한 아이가 새로운 국면을 제시했다. "사람들이 문을 뜯어 내기 시작했어요." 선생님은 이제 이 아이의 제안을 바탕으로 스토리를 마무리지었다.

"장비를 갖춘 사람들 여러 명이 삐걱이의 앞에 들이닥쳤다. 그러고서는 막무가내로 삐걱이의 한쪽 부분을 뜯어내기 시작했다. '삑삑 삑삑' 소리를 내면서 삐걱이는 '손가락을 빼낼 다른 방법이 있단 말이에요. 그러지 마세요!'라고 사람들에게 소리쳤다. 하지만 왜 사람들은 회전문의 말을 이해하지 못하는 것일까? 사람들은 삐걱이의 몸을 해체하기 시작했다. 안타깝게도 이렇게 삐걱이는 쇼핑몰에서 뜯겨져 나갔다. 삐걱이는 부서진 채로 차에 실려가면서 자신의 소망을 읊조렸다. '다음에 다시 만들어질 때는 나도 근사한 궁전 입구를 지키는 커다란 문이 될 수 있겠지.'"

이런 방식으로 선생님은 아이들과 함께 즉흥적으로 흥미로운 스토리를 만들어 갈 수 있다.

스토리텔링을 진행할 때 아이들이 아이디어를 내놓지 않으면 어떻게 하느냐고 걱정할 수도 있는데 그것은 괜한 기우이다. 스토리를 듣다 보면 아이들에게는 '아, 이렇게 하면 재미있을 텐데.' 하는 생각이 마구 떠오르기 마련이다. 그러면 자신도 모르게 기발한 아이디어를 내놓게 된다. 그리고 다른 아이들의 아이디어가 마음에 들지 않으면 또 금방 자신의 생각을 내놓기 마련이고, 인터랙티브하게 스토리가 진행되어 가면서 아이들과 함께 일종의 게임같이 흥미진진한 스토리텔링을 해나갈 수 있다.

이런 스토리텔링은 대개 서로 웃고 즐기는 유쾌한 분위기로 진행이 되고, 아이들로부터 기발하고 재미난 아이디어들을 끌어낼 수 있다. 중요한 것은 스토리텔러가 아무리 아이들이 일부러 짓궂게 엉뚱한 상황과 아이디어를 제시하더라도 그 내용에 상관없이 아이들의 이야기를 잘 들으면서 거기에 맞추어서 스토리로 답해야 하는 것이다. 그렇게 함으로써 아이들의 창의적 상상력을 한껏 끌어낼 수 있다.

주의해야 할 것은 어떻게 해서든지 일관성 있는 하나의 온전한 스토리를 만들어내고 스토리의 결말을 맺어야 한다는 것이다. 결말이 흐지부지되면 스토리가 될 수 없다. 스토리는 시작과 끝이 있어야 하는 것이다.

또, 계속해서 아이들의 의견을 받다보면 스토리텔링의 시간이 길어지게 마련인데, 미리 오 분, 십 분 이렇게 시간을 정해놓고서 끝날 시간이 다가오면 스토리의 내용을 결말 쪽으로 끌어나갈 필요가 있다. 이런 스토리텔링에 익숙해지면 아이들과 함께 만들어가는 스토리텔링의 새로운 즐거움도 만끽할 수 있다.

많은 사람들이 강조하고 있는 것처럼 미래에는 창조 문화산업이 중요하다. 우리나라는 이런 분야에 대단히 뛰어난 잠재력을 가지고 있지만, 아이들이 좋은 아이디어를 생각해내고 발전시켜 나갈 수 있도록 자신감을 심어주고 훈련시키는 교육 시스템이 부족하다. 스토리텔링은 이런 부분을 잘 메워줄 수 있다.

스토리텔링은 새로운 장비나 기술도 필요없고, 간단하게 시작할 수 있다는 장점을 가지고 있다. 선생님들의 관심과 노력만 있다면 언제든지 스토리텔링은 수업의 훌륭한 도구가 될 수 있다.

앞서 살펴본 몇 가지 사례는 스토리텔링을 수업에 활용할 수 있는 수많은 접근 방법 중에서 매우 제한된 일부 사례들이다. 아직 스토리텔링을 학교 수업에 활용하는 부분은 걸음마 단계라고 할 수 있다. 스토리텔링은 모든 교과목에 다양한 방식으로 활용할 수 있는 잠재력을 가지고 있다.

앞으로 많은 선생님들이 본인이 가지고 있는 경험과 노하우에 스토리텔링을 적극적으로 결합해 나간다면 모든 교과목에서 뛰어난 스토리텔링의 활용 방법이 쏟아져 나올 것이다. 이것은 선생님들에게나 학생들에게나 큰 선물이 될 수 있다.

모두가 함께 하는 스토리텔링

마지막으로 언급하고 싶은 것은 학교에서 스토리텔링을 활용할 때는 모든 아이들이 함께 할 수 있도록 노력해야 한다는 것이다.

주의력 결핍 장애나 기타 여러 가지 문제가 있는 아이들이라도 모두 스토리텔링 활동에 참여시킬 필요가 있다. 비록 아이들이 몇 문장밖에 이야기하지 못하더라도, 욕설이 난무하더라도 함께 해야 한다. 스토리텔링에서 이런 아이들을 배재하려는 선생님들도 있는데, 그것은 잘못된 접근이다. 일단 부딪혀볼 필요가 있다.

스토리텔링은 읽고, 쓰고, 계산하고, 공식을 암기하고 이런 정형화된 지식들과는 달리 자연스러운 방식으로 듣고 이야기하는 것이기 때문에 누구든지 스토리텔링에 동참할 수 있다. 그리고 아무리 소심한 아이라도 기회를 준다면 스토리텔링에 적극적으로 참여할 수 있다.

한 스웨덴 선생님의 다음과 같은 경험은 이런 사실을 확인해주고
있다.

"제가 선생님이 된 지 얼마 되지 않아서 있었던 일이에요.

한 학생이 있었는데, 발달장애 문제로 거의 말을 제대로 하지
못하고 항상 의기소침해 있던 아이였어요. 그런데 제가 이 주 정도
스토리텔링을 반복하면서 수업을 하자 어느 날인가부터 그 아이
의 얼굴에 생기가 넘치기 시작했어요. 그러더니 마침내 그 아이가
수업 시간에 힘이 넘치는 목소리로 이야기를 꺼내기 시작했어요.

물론 그 아이의 말은 거의 알아듣기 힘든 것이었죠. 마치 새가
말을 하는 것처럼 들렸지만 그 억양과 톤, 요정과 괴물의 목소리
를 흉내 내는 것으로 보아서 제가 들려주는 스토리를 자신의 입으
로 다시 이야기하는 것이 틀림없었어요. 이해하기 어렵고, 억지로
하는 말이었지만 그 아이는 스토리텔링을 하고 있었던 거죠.

그리고 저는 스웨덴에 이주해 온 외국 아이들을 가르키기도 하
는데, 이 아이들은 스웨덴어를 전혀 몰라요. 그렇지만 제가 스웨덴
어로 동화를 들려주면 아이들이 반응을 하더군요. 그런 것이 스웨
덴어를 배우거나 학교에 적응하는 데 아주 큰 도움을 줘요."

스토리는 매우 공평한 것이다. 모든 사람들, 모든 아이들이 동참할
수 있기 때문이다. 스토리텔링은 몸이 건강하든 아프든, 지식이 많든
적든, 가난하든 부유하든 똑같이 할 수 있고 함께 나눌 수 있다.

학교 수업에 스토리텔링을 적극적으로 활용해보자. 수업에서 스토리텔링을 잘 활용하면 학생들은 여러분을 특별한 선생님으로 기억할 것이다.

2) 가정에서 활용할 수 있는 스토리텔링 교육

최근 들어서 많은 과학자들이 TV와는 다른 스토리텔링의 효과를 증명하고 있다. 가만히 앉아서 TV를 보는 것과 옆에서 사람이 직접 스토리를 들려주면서 인터랙션을 할 경우 아이들의 뇌에서 활성화되는 부분과 패턴이 전혀 다르다. 이것은 스토리텔링을 접할 때 아이들은 TV나 영화를 보는 것과는 전혀 다른 경험과 사고를 한다는 것을 보여주는 연구결과이다. 때문에 아이들의 두뇌를 균형 있게 발달시키기 위해서는 사람과의 접촉을 통한 직접적인 스토리텔링이 필요하다.

이런 두뇌 발달의 측면뿐만 아니라 아이들의 정서, 심리 상태, 생활, 미래에 대한 준비 등의 다양한 부분에서 스토리텔링은 아이들에게 중요한 역할을 할 수 있다. 우리들은 스토리로 기억하고, 스토리로 판단하고, 스토리로 울고 웃고, 스토리로 꿈을 꾼다. 인간이 세상을 이해하는 가장 자연스러운 방식이 바로 스토리인 것이다. 살아가면서 어떤 스토리를 만들어내고, 어떤 스토리를 접하고, 어떤 스토리를 떠올리는가에 따라 아이들의 생각과 행동이 전혀 달라진다. 그렇기 때문에 학교뿐 아니라 가정에서도 부모는 자녀들이 어릴 때부터 스토리텔링을 교육에 적극적으로 활용할 필요가 있다.

본 장에서는 가정에서 부모가 아이들에게 스토리텔링을 활용할 수 있는 다양한 아이디어들을 살펴보고자 한다.

부모이자 동시에 선생님인 분들에게 물어보면, 부모로서 아이들에게 스토리텔링을 활용하는 것과 선생님으로 학생들에게 스토리텔링을 활용하는 것 사이에 그다지 큰 차이는 없다고 한다. 다만 집에서는 아이들이 좀 더 스토리 중간에 더 많이 끼어들고, 좋아하는 스토리를 다시 들려달라든지, 스토리를 직접 고른다든지 하는 정도의 차이가 있을 뿐이라고 한다. 때문에 학교에서 활용하는 스토리텔링 기법이 가정에서도 통하고, 가정에서의 스토리텔링 활용 방법 역시 학교에서 유용할 수 있다.

하지만 집과 학교는 엄연히 구분되는 것들이 있다. 집은 학교보다 좀 더 편안하고, 익숙한 장소이며, 잠을 자는 곳이다. 그리고 부모는 아이의 개인적인 특성을 더욱 많이 살피고 돌볼 수 있고 거기에 맞추어 스토리텔링을 할 수 있다는 차별점이 있다.

능동적으로 책 읽기

보통 부모들은 아이들이 책을 읽고 있으면 그냥 내버려두는 경우가 많다. 하지만 아이들이 책을 읽을 때 부모는 아이들이 적극적으로 생각하면서 책을 읽도록 끌어줄 수 있다.

먼저 아이들한테 그냥 눈으로만 읽는 것이 아니라 크게 소리를 내서 책을 읽도록 한다. 그리고 아이가 책을 다 읽고 나면 아이에게 질문을 던지도록 한다.

'그 스토리가 너에게 어떤 의미를 가져다주지?', '왜 그게 좋은 스토리라고 생각하지?', '스토리의 내용에서 어떤 부분이 중요하니?', '이 스토리에 대한 너의 생각은 어떠니?', '주인공은 왜 그렇게 행동했을까?'

이렇게 아이가 생각해볼 수 있는 여러 가지 내용을 물어보는 것이다. 아마 아이들은 나름대로 답변을 할 것이다. 하지만 그 답변 만을 듣고 끝내서는 안 된다.

아이가 답을 하고 나면 아이에게 다시 책을 읽도록 할 필요가 있다. 그러면 아이는 다시 책을 읽으면서 책의 내용에 대해서 완전히 다른 느낌을 가지게 된다. 책을 대하는 아이들의 마인드가 달라지는 것이다. 아마 생각하면서 책을 읽는 아이의 모습을 볼 수 있을 것이다.

그리고 '이 스토리를 우리만의 방식으로 다시 표현해볼 수 있을까?' 하면서 아이와 함께 책의 내용을 바탕으로 결말을 바꾼다든지, 표현을 바꾼다든지 하면서 새로운 스토리를 만들어볼 필요도 있다. 아이들이 그냥 책을 읽는 것이 아니라 다양한 관점에서 책의 내용을 생각해보도록 하고, 능동적으로 책의 내용에 동참하도록 유도하는 것이다.

그렇게 하면 아이들은 자신만의 스토리를 만들어내는 창작의 기쁨을 느낄 수 있다. 아이들이 일단 창작의 즐거움 알게 되면, 부모와의 유대감도 커지고 갑자기 마술처럼 자신만의 스토리를 쏟아낼 수 있다. 이런 연습은 아이가 독서를 하고 논술 능력을 향상시키는 데 유용한 방법이다.

잠들기 전 스토리텔링의 힘

다음 스웨덴에 거주하고 있는 한 엄마의 노하우는 가정에서 활용할 수 있는 효과적인 스토리텔링의 교육 방법을 보여주고 있다.

"저는 주로 자기 전에 아이들한테 스토리텔링을 해줘요. 잠자기 전의 시간이 아이들한테 아주 중요하다고 생각하거든요. 잠들기 전에 행복해지면 다음날 아침에 일어났을 때도 그 행복한 기분이 이어지고, 그럼 하루 내내 기분이 좋을 테니까요.

아이들이 일찍 자기 싫어할 때도 스토리텔링이 유용한 것 같아요. 잠자기 전에 스토리텔링을 하면 아이들이 자는 시간을 기다리게 돼요. 그러면 행복하게 하루를 마무리짓고, 멋진 다음날을 시작할 수 있죠.

저는 아이들한테 들려주는 스토리를 주로 아이들이 가장 좋아하는 놀이에서 만들어내곤 했어요. 우리 애가 공룡 인형을 좋아하는데, 그 공룡을 주인공으로 하는 스토리를 만들어내는 거죠.

저는 그 공룡에게 '쿵쿵이'라는 이름을 붙여주었어요. 아주 콧구멍이 커다란 인형이었거든요. 그리고 그 공룡에게 친구들도 만들어줬구요. 저는 쿵쿵이가 겪는 여러 가지 모험이나 사건을 만들어서 아이들한테 들려주었는데, 한 번으로 끝나는 것이 아니라 밤마다 공룡을 주인공으로 연속극처럼 계속 이어서 스토리텔링을 했어요.

그렇다고 해서 무작정 상상력만을 발휘해서 스토리를 들려주지는 않았죠. 아이가 학교에서 돌아오면 저는 아이한테 그날 있었던 일이나 배웠던 것들을 꼭 이야기해달라고 해요. 그러면 저는 아이가 들려준 일을 소재로 해서 스토리텔링을 하곤 했어요. 특히 아이가 뭔가 어려운 일을 겪었거나, 두려워했던 일이 발생했으면 거기에 대해서는 스토리텔링을 꼭 해줘요. 쿵쿵이에게 아이를 투영시키는 것이죠.

그리고 아이가 시험이라든지 어떤 도전을 앞두고 있으면 그 내용으로 스토리텔링을 해요. 그리고 스토리 속에 '할 수 있다, 자신 있다, 뛰어나다, 더 좋게 만든다' 같은 긍정적이고 용기를 북돋아 줄 수 있는 단어들을 많이 쓰도록 노력해요.

운동선수들도 장애물을 뛰어넘거나 상대를 이기는 장면을 머릿속에 수없이 그려보면서 능력을 끌어올리곤 하잖아요. 저도 스토리텔링을 통해서 아이들한테 그렇게 하는 거죠. 스토리텔링을 할 때 아이들이 머릿속으로 어떤 긍정적인 그림을 그리고 있는지 신경을 써요. 그러면 아이들이 스토리를 통해서 어려움을 극복할 힘을 얻게 됩니다. 특히 잠들기 전에는 그 효과가 더욱 큰 것 같아요.

그리고 스토리텔링을 잠들기 전에만 하고 끝내지는 않아요. 저는 그 다음날에도 계속 이어서 스토리텔링을 활용해요. 아침에 밥을 먹을 때나 학교에 데려다주면서 아이들과 스토리에 대해 이야기를 나눠보는 거예요. 그러면 스토리 속에 나왔던 내용들을 현실과 엮어서 아이들에게 필요한 어떤 교훈이나 지혜를 다시 일깨워 줄 수도 있고, 아이들이 생각해볼 거리를 던져주어서 호기심을 자극할 수도 있어요.

예를 들어, 지난밤에 우주여행에 대한 스토리를 들려주었다면 '쿵쿵이가 길을 잃었던 은하계가 실제로 어떻게 생겼는지 궁금하지 않니? 학교에서 한번 찾아보고 나중에 엄마한테 들려줘.' 같은 방식으로 학습의 동기를 부여해주는 거예요.

이런 스토리들은 저와 아이들한테 커다란 자산입니다. 저는 자기 전에 아이들에게 들려준 스토리들을 일종의 스크랩북처럼 아이들과 함께 만들어 가고 있어요. 스토리의 내용도 적어놓고, 아이들이 생각한 것들도 적고, 그날 있었던 기억하고 싶은 일도 함께 적어놓고 있어요. 아이들과 함께 만들어 가는 스토리 북인 것이죠."

많은 부모들은 스토리텔링을 하려면 이것저것 준비하거나 생각할 것들이 많을 것이라고 지레 겁을 먹는다. 어떤 부모는 자신이 제대로 스토리텔링을 할 수 없을 것이라고 걱정한다. 또 맞벌이를 하는 경우에는 하루종일 일을 하고 집에 들어와서 아이들에게 스토리텔링을 할 힘이 없다고 푸념하기도 한다.

그렇지만 스토리텔링에서 가장 중요한 것은 일단 시도해보는 것이다. 여건이 맞지 않더라도 미루지 말고 무조건 시작해봐야 한다. 전문적인 스토리텔러들도 모든 것을 완벽하게 준비할 수는 없다. 뭔가 예측하지 못했던 일이 벌어질 것을 각오하고서라도 스토리텔러는 무대에 일단 뛰어올라서 시작해보는 것이다. 하물며 집에서 우리 아이들과 함께 하는 스토리텔링을 힘들어할 필요는 없다. TV를 보는 시간을 조금 줄여서 아이들과 함께 스토리텔링을 해보는 것이다.

일단 머릿속에서 스토리가 굴러가기 시작하면 피곤은 재미로 바뀔 것이다. 조금 어슬프더라도 아이들과 함께 스토리를 만들기 시작하면 스스로 깜짝 놀랄 정도로 생각이 계속해서 이어져 나갈 것이기 때문이다. 아이와 함께 스토리텔링을 하는 재미는 연속극을 보는 것보다 못하지 않을 것이다.

　단, 가정에서 스토리텔링을 할 때 반드시 주의해야 할 점이 있다. 부모가 자신의 감정을 컨트롤하는 것이다. 선생님들과는 달리 집에서는 개인적인 기분에 휩쓸리는 경우가 많기 때문이다. 화가 나는 일도 많고, 짜증이 날 경우도 있을 것이다. 하지만 뭔가 일이 잘 안 풀리고 화가 난다고 해서 그것을 아이들과 함께 하는 스토리텔링에 엮으면 안 된다. 아이들한테 스토리텔링을 할 때는 항상 긍정적인 분위기를 유지할 필요가 있다.

　스토리텔링을 할 때 아이들은 마음을 열게 된다. 그럴 때 부모가 화를 내거나 짜증을 내면 아이들은 감정적으로 상처를 입기 쉽다. 그리고 스토리텔링을 싫어하는 마음을 가지게 될 수도 있다. 부모가 기분이 좋지 않을 때는 억지로 스토리텔링을 하기보다는 기분이 풀릴 때까지 중단할 필요가 있다. 그리고 마음을 가라앉힌 다음에 다시 스토리텔링을 해야 한다. 이렇게 진정된 상태에서 긍정적인 스토리텔링을 하면 아이뿐만 아니라 부모 스스로도 감정적으로 치유가 되는 것이 느껴질 것이다.

　그리고 한 가지 더 덧붙이자면 아무리 자식이라고 하더라도 스토리를 시작하기 전에 미소를 짓고 안아주면서 그 특별한 '관객'에게 스토리를 들으러 와줘서 고맙다고 일종의 오프닝 인사를 하는 것이 좋다. 이런 간단한 격식은 부모와 아이 모두에게 스토리텔링을 제대로 할 수 있도록 태도의 변화를 가져온다.

야외 활동을 통한 스토리텔링 교육

가정에서 스토리텔링을 활용한다고 하면 주로 엄마가 그 역할을 맡게 되는 것으로 생각하기 쉽다. 하지만 아빠 역시 멋진 스토리텔링을 할 수 있다.

아빠는 엄마와는 또 다른 관점과 느낌을 담아서 스토리텔링을 진행할 수 있는데, 이런 다양성이 아이들의 생각을 더욱 풍성하게 만들어주고 사고의 지평을 넓혀줄 수 있다. 북유럽에서도 스토리텔링에 있어서 아빠의 중요성을 강조하고 있다. 스웨덴에서는 과거 아빠들이 꽤 보수적이어서 애들 기저귀조차 잘 갈아주지 않았는데, 최근에는 아빠들을 위한 스토리텔링 과정이 개설될 정도로 아이들의 교육과 생활에 아빠들이 적극적으로 참여하고 있다고 한다.

스토리텔링에 대한 어떤 고정관념을 버리고 스토리텔링과 함께 생활할 수 있도록 노력해보자. 스토리텔링도 일종의 라이프 스타일이 될 수 있다. 다음에 소개할 방법은 주말이나 휴일에 아이들을 데리고 야외로 놀러 나갔을 때 아빠가 아이들과 함께 할 수 있는 스토리텔링의 방법이다.

먼저 집에서 출발하기 전에 아이에게 '너는 오늘 스토리텔링 탐험대의 멤버가 되는 거다, 오늘 다니면서 보는 것들 중에서 그게 무엇이든지 관심이 가는 다섯 가지 물건을 기억하도록 해라.' 이렇게 과제를 내주도록 한다. 집에 굴러다니는 배지나 깃발 같은 것을 탐험대의 상징으로 꽂아주면, 아이는 더욱 진지하게 이 과제에 몰입할 수 있다. 그리고 아이에게 본 것을 기록할 수 있도록 탐사 노트와 색연필을 가방에 넣어주자.

그런 다음 시내 구경도 하고, 쇼핑도 가고, 산을 오르거나, 공원을 걸어다니는 등의 야외 활동을 하도록 한다. 그리고 아이의 손을 잡고 함께 걸어다니면서 무엇이든 아이가 흥미를 보이는 대상이 있으면 다섯 가지를 고르도록 한다. 공원에서 마주친 말이든, 재미나게 생긴 바위이든, 새끼들이 뒤를 따르고 있는 오리든, 생선가게에 놓여 있는 바닷가재이든 무엇이나 상관없다. 의도적으로 이 대상들을 고르기 위해서 데리고 다니는 것이 아니라 자연스럽게 밖을 돌아다니다가 우연히 마주치는 것들을 선정하는 것이다.

일단 관심이 가는 대상을 고르고 나면, 아이에게 탐사 노트에 그 대상에 관해서 색연필로 대략적으로 간단하게 스케치를 하도록 한다. 그런 다음 그 그림 아래에 그 대상에 관련된 간단한 내용을 적을 수 있도록 해준다. 그렇게 해서 다섯 가지 대상 모두를 아이들이 기록하도록 한다. 그렇게 야외 활동이 끝나고 집으로 돌아와서 저녁에 쉬면서 아이들과 함께 본격적인 스토리텔링 활동을 하는 것이다.

먼저, 아빠가 그 다섯 장의 그림을 엮어서 스토리를 만들어보도록 한다. 아빠가 아이가 그린 그림을 한 장씩 들어올리면서 아이에게 스토리텔링을 해주는 것이다. 그렇게 아빠의 스토리텔링이 끝나면 그 다음에 아이에게 '이게 아빠의 스토리야. 너는 어떻게 생각하니? 내가 생각하기에 너는 더 멋진 스토리를 가지고 있을 것 같은데. 아빠

공원 앞에서 커다란 말을 보았다. 나는 그 말이 좋다.
커다란 말은 다른 친구 말이 있다.
말은 당근을 좋아한다.
말은 두 다리를 쭉 뻗어서 설 수 있다.
말은 우리를 행복하게 만든다.
아빠는 큰 말을 사고 싶어하지만, 엄마는 안된다고 한다.
내가 17살이나 20살 때가 되면 말을 꼭 살 것이다.

무언가 흥미로운 대상을 발견하면 그저 기억을 하고 지나가는 것이 아니라 그 자리에서 노트를 꺼내서 대상을 스케치하고 자신이 받은 인상을 간단하게 적어보도록 한다.

가 아빠의 스토리를 들려줬으니까 이제 네가 아빠에게 너의 스토리를 들려줄 차례야. 자, 한 번 스토리를 들어볼까?' 하고서 아이에게 나름대로 생각하는 스토리를 들려달라고 요청한다.

그렇게 해서 아이가 스토리를 이야기하면, 부모는 스토리의 내용을 가지고 아이와 같이 의견을 주고받기도 하고, 스토리의 표현에서 부족한 점이 있으면 좀 더 가다듬어주기도 한다. 그리고 나서 아이에게 자기가 만들어낸 스토리를 글로 적어보도록 한다. 글로 적는 것까지 마무리되고 나면 그림과 스토리를 엮어서 일종의 스토리북으로 만들어줄 수 있다.

이런 활동이 반복되면 스토리북 속의 스토리들을 통해서 아이의 생각과 사고가 점점 향상되어 나가는 것을 볼 수 있을 것이다. 그뿐만 아니라 아이의 다채로운 상상력과 야외 활동의 추억이 함께 녹아 있는 가족 모두의 소중한 추억의 자산이 탄생하는 것이다.

스토리로 특별한 과거를 만들자

부모와 아이가 함께 할 수 있는 또 다른 재미있는 활동을 살펴보자.

모든 사람, 모든 물건은 과거의 역사와 살아온 스토리를 지니고 있다. 이제 살펴볼 스토리텔링 활동은 우리들이 주변에서 볼 수 있는 어떤 대상에 관한 과거를 추리하면서 스토리를 만들어보는 것이다.

먼저 아이들에게 세상에 존재하는 모든 것은 역사를 가지고 있다는 점을 설명할 필요가 있다. 특히 아주 어린아이들일 경우 시간의 흐름에 대한 관념, 시간에 따라서 뭔가가 변해간다는 것에 관해서 분명한 개념이 없는 경우가 많다. 부모는 아이에게 네가 엄마 뱃속에서부터 지금까지 자라온 것처럼 모든 것은 과거의 지나온 길이 있다고 차근차근 설명해줌으로써 그런 시간의 관념의 인식을 줄 필요가 있다.

그 다음에 부모는 돌멩이, 조각, 반지, 주전자, 전구 등 우리 주변에서 볼 수 있는 여러 가지 물건을 무작위로 몇 가지 골라서 아이에게 보여주면서 이들에 대한 스토리를 만들어보자고 제안한다.

먼저 부모가 그 중에서 하나를 골라서 스토리텔링을 한다. 단, 그냥 스토리가 아니고 그 대상이 어떤 역사를 가지고 있는지, 어떤 과거를 거쳐왔는지에 대한 스토리를 들려주는 것이다.

부모는 자신이 알고 있는 지식과 상상력을 발휘해서 스토리를 만들어내면 된다. 그 때의 분위기나 상황, 가족들만이 공유할 수 있는 경험이나 추억, 아이의 생각에 따라서 스토리의 내용을 무궁무진하게 만들어낼 수 있다.

다음은 집에 굴러다니는 유리조각의 과거를 스토리로 만들어본 사례이다.

"이 유리조각의 이름은 미로예요.

미로는 아주 오래전에 태어났어요. 사실 미로는 태어나기 전에 한 줌의 모래였어요. 그 모래는 아주 경치가 좋은 해안가 언덕에 자리 잡고 있었어요. 그런데 어느 날 커다란 트럭이 그 모래가 있는 곳으로 왔는데 덩치가 큰 사람들이 차에서 내려 삽으로 모래를 퍼서 트럭에 옮겨 실었어요.

그렇게 언덕을 떠난 모래는 해변 근처의 한 공장으로 옮겨졌습니다. 공장 안에는 많은 사람들이 일을 하고 있었습니다. 그 중 한 사람이 모래를 깨끗하게 씻겨주었습니다. 그리고 또 다른 사람이 모래를 분류하기 시작했습니다. 그렇게 분류된 모래는 또 다른 방으로 옮겨졌어요. 그 방에는 엄청나게 뜨거운 불이 있었죠. 그 불 속으로 들어간 모래는 전혀 다른 존재로 변신하기 시작했습니다. 이윽고 얼마 뒤 모래는 아름다운 푸른 빛의 유리그릇으로 탄생했습니다. 그게 바로 미로예요.

처음 세상에 나온 미로는 모든 것이 어리둥절했습니다. 사람들은 미로를 기저귀처럼 하얀 종이로 정성껏 싸고, 예쁜 박스에 담은 다음 크고 으리으리한 건물로 옮겨놓았어요. 미로가 백화점으로 가게 된 것입니다.

백화점의 점원은 미로를 최대한 아름답게 꾸며서 잘 보이는 전시대 위에 놓아두었습니다. 미로는 어린 시절을 이 호화로운 백화점에서 보냈습니다. 수많은 사람들이 지나가는 것을 보았고, 수많은 사람들이 미로를 쓰다듬어주었습니다.

하지만 일 년이 지나가는 동안 아무도 미로를 데려가는 사람이 없었지요. 한 곳에만 있어야 했던 미로는 이제 슬슬 따분해지기 시작했습니다. 그리고 자신도 뭔가 해보고 싶다는 생각이 가득했습니다. 그때 백화점 점원이 미로에게 조그마한 스티커를 붙여주었습니다. 50% 할인이라는 표지였지요.

얼마 지나지 않아서 한 신혼부부가 와서 미로를 찬찬히 들여다보다가 흐뭇한 미소를 지으면서 미로를 데려가기로 결정했습니다. 미로는 마침내 백화점을 벗어날 수 있다는 생각에 뛸 듯이 기뻤습니다. 착해 보이는 신혼부부의 가족이 되는 것도 아주 마음에 들었구요.

이후로 미로의 방은 그 신혼부부 집의 찬장이 되었습니다. 거기에서 미로는 자신이 원하는 일을 할 수 있었습니다. 미로는 거의 매일 아침마다 부부가 자신의 몸에 음식을 담아서 맛있게 먹는 모습을 흐뭇하게 지켜보았습니다. 그리고 매일 설거지 목욕을 하는 것도 기분이 좋았습니다.

한 번은 미로가 손에서 미끄러져 떨어지는 바람에 깨질 뻔한 아찔한 순간도 있었지만, 다행히 카페트 위에 떨어져서 위기를 모면할 수 있었습니다. 부부는 그 사건 이후로 미로를 더욱 소중하게 다루어주었지요.

그렇게 한참의 시간이 흐른 다음에 이 부부에게 아이가 생겼습니다. 미로는 이 아이에게도 매일 맛있는 먹을거리를 담아주었습니다. 아이는 어릴 적에 미로를 함부로 다루어서 미로가 걱정을 하기도 했지만, 나이가 들어가면서 미로를 친구처럼 대하고 미로와 함께 장난감 놀이를 같이 하기도 했습니다.

미로는 아이가 초등학교에 들어가고, 중학교, 고등학교로 진학하는 것을 보았습니다. 그리고 아이가 대학교에 들어가면서 미로는 더 이상 그 아이를 볼 수 없었습니다. 아이가 집을 떠나서 다른 도시로 이사를 가게 된 것이죠. 미로는 아이가 그리웠지만, 그래도 여전히 나이를 먹어가는 부부와 함께 매일 식사시간을 같이 하면서 마음을 달랬습니다.

그렇게 십 년, 이십 년이 흐르고 마침내 부부가 세상을 떠나게 되었습니다. 미로는 마음이 찢어지는 듯이 아팠지만 그 사실을 받아들여야만 했습니다. 미로는 사람과는 달리 오랫동안 살아갈 수 있었으니까요. 대신 미로도 나이를 먹어가면서 군데군데 이가 빠지기도 하고, 아름답던 푸른 색도 조금씩 탁하게 바뀌어 갔습니다. 미로에게도 연륜이 생긴 것이죠.

부부가 세상을 떠나고 난 뒤 미로는 벼룩시장에 나가게 되었습니다. 어릴 적 백화점에 있을 때와는 조금은 다른 마음으로 미로는 한 동안 벼룩시장을 오가는 사람들을 바라보았습니다.

어느 날 오후, 한 젊은 여대생이 미로를 들고서 이리저리 둘러보았습니다. 그 학생은 곧 미로를 구입하고서 봉지에 넣은 다음 자신의 집으로 향했습니다. 이렇게 미로는 수십 년 동안 보아오던 부부의 집과는 사뭇 다른 모습의 조그마한 여대생 집에 자리를 잡게 되었습니다.

게다가 미로는 이제껏 해오던 것과는 다른 일을 하게 되었습니다. 그 여대생은 미로에게 음식 대신 머리 핀과 고무 밴드를 담아두었고, 찬장 대신 책상 위에 미로를 놓아두었습니다. 그 후로 미로는 오랫동안 씻지도 못하고 매일 같은 것들만을 담아두어야 했습니다. 그래도 미로는 책상에 앉아서 머리 핀을 꽂으며 단장하는 여대생의 웃는 모습을 보면 기분이 좋아지곤 했습니다. 그렇지만한 곳에서 가만히 있어야만 하는 미로에게는 먼지와 얼룩이 뿌옇게 덮여 갔습니다.

그렇게 일 년이 흐른 뒤 이 여대생은 미로에게 새로운 임무를 부여했습니다. 머리 핀 대신 미로에게 자갈과 흙을 담고서 자그마한 식물을 심어둔 것입니다. 그러고 나서 미로를 창문가에 놓아두었습니다. 미로는 그 학생에게 자신은 화분이 아니라고 소리쳐보았지만 여대생은 그 소리를 듣지 못했습니다. 미로는 낙담했지만자신에게서 자라고 있는 식물을 바라보면서 또 다른 위안을 삼았습니다. 미로는 그 식물에게라도 음식을 줄 수 있으니 다행이라고 생각했습니다.

그러던 어느 날 갑자기 강한 바람이 불어왔습니다. 창문이 열려져 있었기에 바람은 미로를 휙 밀쳐올렸습니다. 정말 한 순간이었습니다. 미로는 무슨 일이 있었는지 알아채기도 전에 바닥으로 떨어졌고, 그만 산산조각이 나버렸습니다. 놀라서 달려온 여대생은 두말 않고 미로가 남긴 조각들을 찬찬히 쓸어담은 다음 쓰레기 봉지에 던져넣었습니다.

한때 아름다운 유리그릇이었던 이 미로의 조각들은 이제 쓰레기 봉지에 담겨서 운반되기 시작했습니다. 그런데 이 조각들 중 날카로운 조각 하나가 봉지의 비닐을 찢고 길가로 떨어져 나왔습니다. 그리고 이 조각은 길 한 편에서 몇 년 동안이나 머물렀습니다.

그러다가 어느 해 여름 폭우가 쏟아져 내렸습니다. 엄청난 물길에 휩쓸려 유리조각은 강으로 떠내려갔고, 얼마 뒤 바닷가에 다다르게 되었습니다. 그리고는 해변가 모래 속에 자리 잡게 되었습니다. 이 조각은 오고 가는 파도에 휩쓸려 다니면서 둥글고 부드러운 조각으로 변했습니다. 그리고 계속 파도와 모래에 닦이면서 다시 미로가 태어나던 때의 아름다운 푸른 빛 광채를 내기 시작했습니다.

어느 날 아침 엄마하고 아빠가 해변가를 산책하다가 이 둥글고

길거리에 굴러다니는 유리조각과 같은 것도 그 과거를 따라가 보면 흥미로운 스토리들을 담고 있다는 것을 알 수 있다. 부모의 역할은 아이들이 그런 대상의 과거에 생명을 불어넣어 훌륭한 교육적 내용을 길러낼 수 있도록 가이드해주는 것이다.

아름다운 유리조각을 발견했어요. 엄마는 여행을 기념하기 위해 이 유리조각을 집으로 가져왔어요. 그리고 지금 이 유리조각, 미로가 남겨놓은 파편이 우리들에게 이렇게 자신의 지나간 과거 이야기를 들려주고 있는 것이죠."

이런 스토리텔링 활동은 아이의 교육에 있어서 여러 가지 효과를 거둘 수 있다.

아이들이 역사, 과학, 언어, 예술 등에 관해서 실제적인 지식을 얻을 수 있을 뿐만 아니라, 제품의 유통이나 판매에 대한 개념을 습득할 수 있다. 또한 창의력과 상상력의 발달, 삶에 대한 올바른 가치와 태도 형성, 상대의 감정을 고려하는 능력도 키워줄 수 있다.

이렇게 부모가 먼저 어떤 물건에 대한 과거의 스토리를 이야기하면 아이는 눈앞에 있는 대상에 주의를 기울이고 자신만의 상상력을 발휘하기 시작한다.

부모의 스토리텔링이 끝나고 나면, 다음으로 아이에게 다른 물건을 한 가지 고르도록 한다. 그리고 아이가 물건을 고르면 그것에 대해서 스토리를 들려달라고 요청하도록 한다. 만약 아이가 여러 명이라면 동일한 물건에 대해서 각자 스토리를 만들도록 하고, 만들어진 서로 다른 스토리들을 비교하는 시간을 가져볼 수도 있다. 같은 물건에 대한 다양한 생각과 관점을 공유하면서 서로 많은 것을 배울 수 있기 때문이다.

하지만 이렇게 과거를 만들어가는 스토리텔링에서는 무작정 아이더러 혼자서 스토리를 만들어보라고 해서는 안 된다. 사물의 과거를

주위의 친숙한 물건들은 흥미로운 스토리텔링의 소재가 될 수 있다. 때로운 스토리로 만들기에 적당한 물건을 상자에 모아두고서 아이들에게 스토리 상자로 제시해줄 수도 있다.

추리하면서 역사를 훑어가야만 제대로 스토리를 만들어낼 수 있는 특성을 가지고 있기 때문에 부모는 아이가 스토리를 만들어 가는 동안 옆에서 계속 도와줄 필요가 있다.

아이에게 그 물건이 탄생하고, 변화하고, 나이를 먹어가는 과정을 유추해보도록 만들어주어야 한다.

먼저 아이에게 그 물건의 어린 시절이 어떠했을지 물어보도록 한다. '이것의 이름은 무엇이지? 얘는 어떻게 탄생하게 되었을까?' 이때 부모는 아이와 함께 인터넷이나 책으로 그 물건의 제조 과정을 찾아보는 것도 좋은 방법이다. 탐정처럼 여러 가지 추리를 해가면서 과학기술이나 가공기술에 관한 지식을 습득할 수 있기 때문이다. 그것이 공장에서 탄생했다면 그 공장은 어떤 곳인지, 그곳에서 일하는 사람들은 누구고, 어떤 가공의 과정을 거치는지 살펴보고 그 내용을 바탕으로 아이가 스토리를 만들어낼 수 있도록 도와주는 것이다.

그리고 이 물건이 어떻게 사람들에게 전달되는지 유통에 관한 이야기도 나눠보고, 물건의 쓰임새, 이 물건을 사용하는 다양한 사람들에 대한 이야기도 같이 할 수 있다.

그리고 여러 가지 상황 속에서 그 물건이 어떤 생각을 하고, 어떤 감정을 느낄지를 물어보면서, 아이와 인생에 관한 여러 가지 가치와 문제들을 같이 논의해볼 수 있다.

이 방법을 조금 응용하면 아이에게 주는 선물도 더욱 흥미롭게 만들 수 있다.

부모는 아이들에게 많은 선물을 한다. 생일, 크리스마스, 졸업, 입학 등 선물할 일은 항상 줄지어 있다. 그렇지만 대부분 상점에서 아이가 좋아할 만한 선물을 사서 '앞으로 말 잘들어야 한다', '앞으로 열심히 공부해야 한다' 하는 말과 함께 그냥 건네주는 경우가 많다.

그러면 아이들은 처음에는 아주 기뻐하면서 선물받은 장난감, 동화책, 가방, 머리핀 같은 것을 애지중지하지만 얼마 지나지 않아 시들해져 버리기 마련이다. 그리고 흘러가는 시간 속에서 선물은 잊혀져 가고, 선물은 아이들에게 일시적인 즐거움 외에는 별다른 것을 남겨주지 못한다.

이런 선물을 특별하게 만들어줄 수 있이 바로 스토리텔링이다. 부모가 아이에게 선물을 주기 전에 그 선물에 관한 스토리를 미리 준비해서 들려주는 것이다. 그 스토리는 물건 자체에 관한 것일 수도 있고, 부모나 다른 사람들에 대한 것일 수도 있다. 그러면 그 선물은 아이에게 의미 있는 존재로 내내 기억될 수 있다.

어떤 엄마는 아이가 중학교에 입학하던 해에 특별한 선물을 준비해서 아이에게 건네주었다. 정성스럽게 포장해서 준 그 선물은 바로 그 아이가 태어나던 날의 신문이었다. 아이는 자신이 태어나던 해에 세상에 어떤 일이 있었는지를 직접 볼 수 있었다.

그 엄마는 신문의 여러 가지 기사들을 보면서 아이가 태어나던 때의 여러 가지 스토리를 들려주었다. 그러면서 아이가 배 안에 있을 때 엄마가 했던 여러 가지 생각, 친구나 친척들의 이야기, 배가 아파서 병원으로 옮겨지던 사건, 아이가 세상에 나오고 나서 어떻게 엄마의 세상이 바뀌었는지, 그 아이가 얼마나 특별한 존재인지, 그런 내용들을 아이에게 들려준 것이다. 당연히 그 신문은 그 아이에게 평생토록 보관할 소중한 보물이 되었다.

이렇게 스토리텔링은 어떤 대상을 지금까지와는 다른 눈으로, 특별한 존재로 바라보도록 만들어주는 마법을 가지고 있다.

스토리텔링으로 꼬리표 떼기

이제 스토리텔링 교육의 또 다른 측면을 살펴보도록 하자. 교육에 있어서 좀 더 민감하고 힘든 부분인 아이의 마음속 생각이나 가치를 직접적 바꾸는 것과 관련된 스토리텔링 교육 방법이다.

우선 다음의 스토리를 읽어보자.

"영수는 초등학교 3학년 학생이었다. 영수는 특이하게도 학교 가는 것을 굉장히 좋아했다. 아침에 조금이라도 더 자려고 하는 다른 친구들과는 달리, 영수는 아침 7시에 알람 시계를 맞춰놓고 일어나서 학교에 일찍 갔다. 친구들과 이야기하고, 장난 치고, 축구를 하는 것이 영수에게는 가장 행복한 일이었다.

그리고 영수는 모두에게 친절해서 친구가 많았다. 그 덕분에 2학년 때부터 반에서 회장을 했다. 그는 항상 모두에게 웃는 모습으로 이야기하고 기분 나쁘거나 화내는 모습을 보이지 않았다. 그 때문에 항상 착하다는 말을 들었고, 자신도 모르게 '착한 아이'라는 이미지를 깨뜨리지 않기 위해 노력했다. 영수가 사람들을 만나며 주로 하는 생각은 '어떻게 하면 이 사람이 좋아할까?', '어떻게 이야기를 해야 기분 안 나빠 할까?' 같은 것들이었다.

그러던 어느 날 학급 친구의 생일 파티가 있었다. 그래서 대부분의 아이들이 돈을 가지고 학교에 왔고, 학교가 끝나면 그 돈으로 선물을 사서 그 친구의 생일 파티에 가려고 했다.

그런데 이날 영수는 큰 고민에 빠졌다. 어떤 친구의 주머니에서 5천 원짜리 지폐가 조금 튀어나와 있었는데, 평소에 아이들이 좋아하지 않는 한 친구가 그 돈을 빼서 자기 주머니에 넣는 것을 보았기 때문이다.

영수는 생각이 복잡했다. 돈을 잃어버린 친구가 돈을 되찾을 수 있게 해줘야 하지만, 만약 말을 한다면 돈을 훔친 친구가 곤경에 빠지게 될 것이고, 자기를 싫어하게 될지도 모른다는 생각이 들었다. '말을 해야 되나? 말을 하면 저 친구와의 관계는 어떻게 될까?', '애들이 나를 어떻게 생각할까?' 결국 영수는 자기가 본 것을 말하지 않으면 친구들과 자신과의 관계에 아무런 문제가 없을 것이라고 생각하게 되었다.

그런데 이런 영수의 태도 때문에 엉뚱한 아이가 피해를 보기 시작했다. 도둑을 맞은 친구가 다른 아이를 도둑으로 지목해서 큰 싸움이 벌어진 것이다. 도둑으로 의심받은 아이는 억울해서 더욱 크게 화를 냈고, 이내 그 싸움은 주먹질로까지 이어졌다.

영수는 어찌할 바를 몰랐다. '지금이라도 이야기를 해야 하나?' 그렇지만 여전히 무언가가 영수의 마음을 주저하게 만들고 있었다.

담임 선생님은 자초지종을 듣고는 누군가를 함부로 의심해서는 안 된다고 훈계했다. 하지만 교실의 분위기는 의심을 받는 아이가 정말로 도둑질을 했다는 쪽으로 쏠리기 시작했고, 그 친구는 하루 종일 책상에 엎드려서 눈물을 흘리고 있었다. 영수는 내내 마음이 불편했지만 결국 아무것도 하지 못했다.

그날 밤, 생일 파티를 다녀온 영수는 어두운 얼굴로 집에 들어왔다. 낮의 일을 떠올리면서 말을 하지 못했던 자신이 바보같이 느껴졌기 때문이다. '왜 나는 당당하게 말하지 못했을까? 뭐가 날 붙잡았던 거지?'라고 자책했다.

그때 영수의 표정을 눈치 챈 엄마가 방에 들어왔다. 엄마는 영수에게 무슨 일이 있었는지 차근차근 물어보았다. 엄마의 얼굴을 보면서 영수는 엄마가 평소에 자신에게 하던 말들이 떠올랐다. 항상 남들에게 친절하게 대하라는 말이었다. 그러자 영수에게 언뜻 자신이 낮에 한 일이 잘못된 것이 아니라는 생각이 들었다. 그래서 영수는 그날 있었던 일을 모두 엄마에게 이야기해주었다.

영수의 말이 끝나자 엄마는 잠시 침묵했다. 그러고 나서 말을 꺼냈다. '엄마는 영수가 친구들과 잘 어울리고 친구들에게 호의를 베풀면서 살라고 했지만, 소신 있게 살라는 이야기도 해주었단다. 기억나니? 엄마는 영수가 남에게 휘둘리지 않고 스스로 판단하고 옳다고 생각하는 것을 행동으로 옮길 수 있는 용기 있는 아이라고 생각했단다.'

그러면서 엄마는 어린 시절 영수와 비슷한 경험을 했던 이야기를 들려주었다. 어떤 아이가 다른 아이의 도시락을 훔쳐먹었는데 그걸 보고서도 모른 척했고 그 때문에 동네에서 가장 가난했던 아이가 누명을 쓰고 힘들어했다는 내용이었다.

엄마는 영수에게 그때 엄마가 잘못 생각했던 것이 무엇이었는지를 들려주었다. 그리고 영수에게 엄마의 행동 중에 바람직하지 못했던 것은 무엇이었는지를 물어보고 그것에 관해서 대화를 나누었다. 그리고 나서 엄마는 영수가 어렸을 적에 부당한 일에 대해서 화를 내기도 하고, 자기의 뜻을 굽히지 않았던 여러 가지 스토리들을 들려주었다.

엄마의 이야기를 들으면서 영수는 자신이 정말 착한 것이 아니라, 자기 주관이 없고 다른 사람의 눈치를 살피며 생활하기 때문에 착하게 보이는 것이 아닌가라는 생각이 들었다. 그리고 그렇게 행동하게 된 것이 자신에게 붙은 '착한 아이'라는 꼬리표 때문이라는 것을 깨달았다.

영수는 그 꼬리표 때문에 자기의 생각과 다른 의견에도 웃으면서 맞장구쳐주고, 누군가가 부당한 잘못을 저질러도 화를 내지 않고 웃으며 괜찮다고 했었던 것이다. 결국 영수에게 있어서 '착한 아이'라는 이미지는 좋은 것이라기보다는 일종의 굴레가 되어가고 있었던 것이다.

다음날 아침 영수는 큰 마음을 먹고 돈을 훔친 친구를 찾아갔다. 돈을 훔친 친구는 모른 척하면서 자기는 그런 적이 없다고 딱 잡아뗐다. 친구가 자꾸 거짓말을 하자 영수는 자기가 본 것을 선생님에게 이야기해주겠다고 했다. 그러자 그 친구는 몹시 성을 내면서 자기한테 왜 그러느냐, 나는 너를 친구라고 생각했는데 어떻게 그럴 수가 있냐고 따지고 들면서 영수의 멱살을 움켜잡았다. 영수에게는 다른 의견을 말하고 목소리를 높이는 것이 몹시나 힘든 일이었다. 하지만 그 순간 영수는 자기도 모르게 친구의 손을 뿌리치면서 처음으로 제대로 화를 냈다. 그런 그의 뜻밖의 모습에 친구는 놀라서 움츠러들었다. 영수는 친구에게 거칠게 '니가 계속 말을 하지 않으면, 내가 먼저 말할 테니까 알아서 잘 판단해!'라고 몰아붙였다.

영수는 항상 갈등을 두려워했지만 오히려 그렇게 자기의 생각을 분명하게 표현하고 나자 비 온 뒤 땅이 굳어진 것처럼 마음이 편하고 시원해지는 것을 느꼈다. 친구와 싸운 것이 좋은 것은 아니지만 영수는 한 가지 사실을 깨달았다. 자기 의견을 표출하고 내세우는 것이 나쁜 것이 아니라 오히려 건강한 자아를 위해 좋은 일이라는 것이다.

나중에 영수는 그 친구가 선생님을 찾아가서 모든 것을 털어놓았다는 사실을 알게 되었다. 그 일이 있은 뒤로 영수는 한층 더 소신 있는 삶을 살 수 있게 되었다. 지금도 여전히 영수는 착한 편이지만 예전과는 다른 착함을 가지고 있다. 다른 사람들과 마찰을 덜 일으키고 잘 지내는 것도 매우 중요하지만, 자신의 주관이 뚜렷하고 소신 있게 사는 것 또한 매우 중요하다는 것을 알게 된 것이다."

이 스토리에서 영수는 스스로를 규정하는 '착한 아이'라는 생각 때문에 힘들어했다. 그리고 그런 자신에 대한 규정이 영수의 정신적 성장을 가로막고 있었다. 이 스토리는 영수가 자신의 꼬리표와 싸워 나가는 모습을 보여주고 있다.

영수의 경우와 같이 아이들은 자라면서 머릿속에 자신에 관한 그릇된 생각, 옳지 않은 꼬리표를 만드는 경우가 많다. 영수의 경우는 긍정적인 꼬리표가 부정적인 역할을 했지만, 꼬리표는 대개 그 자체로 부정적인 것들이 많다.

'나는 머리가 나쁘다, 나는 못생겼다, 나는 마음이 약하다, 나는 게으르다, 나는 올빼미족이다, 나는 겁이 많다, 나는 운동신경이 둔하다, 나는 몸이 허약하다, 나는 자신감이 없다, 나는 패배자다, 나는 외톨이이다…' 같은 것들이다.

감수성이 예민한 시기에 누군가가 자신의 외모, 성격, 능력, 자질 같은 것에 대해 언급하게 되면 아이들은 쉽게 자신에 대해서 꼬리표를 붙이게 된다. 어떤 충격을 줄 수 있는 사건을 겪으면서도 아이들은 자기도 모르게 스스로 꼬리표를 붙이기도 한다.

일단 이런 꼬리표가 생기면 그것이 긍정적인 것이든 부정적인 것이든 아이는 마음속으로 항상 자신을 그 꼬리표로 규정하고, 그 꼬리표에 얽매여서 여러 가지 어려움을 겪게 된다. 잘못된 꼬리표는 개인의 자존감에 커다란 영향을 주어서 아이들의 올바른 성장을 가로막는 커다란 장애물이 될 수 있다.

한번 만들어진 이런 꼬리표는 평생을 따라갈 수도 있다. 의사, 판사, 사업가같이 성공적인 삶을 사는 것처럼 보이는 사람들조차도 이런 꼬리표에 얽매여 내면에 상처받은 아이의 모습을 그대로 지니고서 황폐한 삶을 살아가는 경우를 종종 볼 수 있다.

때문에 부모는 아이들이 스스로에게 어떤 꼬리표를 붙이고 있는지 잘 관찰하고, 이를 떼어낼 수 있도록 도와줄 필요가 있다. 그 유용한 수단이 스토리텔링이다.

꼬리표를 떼어내는 첫 번째 단계는 아이에게 그 꼬리표를 만들어낸 상황에 대한 스토리를 만들어보도록 하는 것이다.

아이의 생각을 바꾸어주기 위해서는 우선 본인이 머릿속에 담고

꼬리표를 만들기 준 자극은 어디에서부터 왔는가?	그 자극은 무엇인가?	바로잡아야 할 문제나 이슈는 무엇인가?
중학교 1학년, 국어 시간에 교실 강단에서 작품내용을 발표하던 때.	떨면서 발표를 제대로 하지 못하고 자리로 돌아오자 아이들이 소심한 겁쟁이라고 놀렸고, 선생님이 자신을 한심한 눈으로 바라보는 것 같아서 고개를 들지...	왜 발표를 제대로 하지 못했는가? 아이들이 얘기하는 것이 공정한 평가인가? 선생님의 의도는 무엇일까? 그 이전에 발표 할 때는 어땠는가?

아이의 스토리를 듣고 난 다음 부모는 그 스토리 속에서 꼬리표의 자극이 발생한 때, 발생한 경위, 잘못된 해석은 무엇인지 파악할 필요가 있다. 그런 다음 상황에 대한 명확한 인식을 가지고 아이와 대화를 해나갈 필요가 있다.

있는 무의식의 스토리들을 의식적으로 바라볼 수 있도록 해주어야 한다. 아이에게 최대한 구체적이고 생생하게 그 상황에 대한 스토리를 만들도록 요청하되, 그 스토리를 자신의 이야기가 아닌 3인칭, 즉 제3자의 눈으로 보는 것처럼 스토리를 만들게 한다.

3인칭 시점을 활용하는 이유는 아이가 상황에 대한 스트레스를 덜어낸 상태에서 스토리를 만들 수 있도록 하기 위함이고, 동시에 그 상황을 좀 더 객관적으로 볼 수 있도록 만들어주려는 의도 때문이다.

영수의 엄마처럼 아이와 유사한 상황을 담고 있는 스토리를 아이에게 들려주고, 아이가 객관적으로 그 스토리를 평가할 수 있도록 만들어주는 것도 좋은 방법이다.

그렇게 아이가 스토리를 만들어내고 나면, 그 다음부터는 아이가 만들어낸 스토리를 아이와는 아무 상관이 없는 것처럼 스토리의 내용만을 가지고 아이와 함께 대화를 나눠보도록 한다. 마치 책 속의 스토리를 보고 이야기하는 것 같은 상황이 되기에 아이는 보다 솔직하게 부모와 대화를 할 수 있다.

부모는 스토리의 내용을 차근차근 짚어가면서 이런 점이 잘못되었다, 이런 점이 옳지 않다, 이런 점은 이렇게 다르게 생각해볼 수 있다, 이런 부분을 이렇게 바꾸어보면 어떻게 될까 하고 아이와 함께 스토리 속에서 잘못된 내용을 하나씩 고쳐나갈 필요가 있다.

이런 과정을 통해서 예전의 스토리를 새로운 스토리로 바꾸어놓는 것이다. 아이들은 자신에게 붙어 있는 꼬리표가 부당한 것이라는 것을 자각하는 순간 자신도 모르게 스스로에 대한 생각을 바꾸기 시작한다. 아이의 생각을 알지 못하면 아이의 생각을 변화시킬 수 없다.

아이의 머릿속에 잘못 형성되어 있는 생각을 스토리로 끌어내고, 객관적인 시각에서 그것을 함께 고치고, 다시 새로운 스토리, 새로운 관점, 새로운 생각을 아이들에게 심어줌으로써 아이들은 잘못된 꼬리표를 떼어낼 수 있는 것이다.

6장

———

맺음말

Conclusion

엄밀하게 구분해보자면 아이들의 문화는 세 가지 카테고리로 나누어볼 수 있다.

먼저 '어린이를 위한 어린이 문화'가 있다.

이 문화는 어른들이 아이들에게 만들어주는 문화라고 할 수 있다. 요즘 활발하게 만들고 있는 어린이 전용 극장이라든지, 어린이들을 위한 연극, 뮤지컬 공연이나 다양한 이벤트 행사 같은 것들이 '어린이를 위한 문화'의 예이다. 보통 어린이 문화라고 하면 이런 어린이를 위한 문화를 떠올리는 것이 일반적이다.

두 번째로는 '어린이에 의한 어린이 문화'가 있다.

아이들이 스스로 참여하고 뛰어놀면서 콘텐츠를 만들어내고, 서로 교류하는 문화이다. 어린이를 위한 놀이터, 어린이들에 의해 만들어지는 공연, 연극, 경진대회 같은 것들이 '어린이에 의한 어린이 문화'의 예라고 할 수 있다.

이것은 원래 아이들이 서로 협력하고 조화를 이루어가는 문화인데, 요즘 우리 사회에서는 이런 활동들이 경연대회 같은 아이들 간의 경쟁 활동으로 변질되는 경우가 많아 안타까움을 주고 있다.

마지막 세 번째로 '어린이와 함께 하는 어린이 문화'가 있다.

이 문화는 어른들과 아이들이 함께 만들어 가는 것이다. 예를 들어, 덴마크에서는 '예술가 활동'이란 프로젝트를 진행한 적이 있다. 이 프로젝트는 문화부에서 여러 명의 예술가를 모은 다음에, 이들이 특정 학교에서 예술 작품 활동을 하도록 해주는 것이다.

프로젝트에 참여한 예술가들은 지정된 학교에서 아이들에게 예술 수업을 하는 것이 아니라, 그냥 평상시 자신들의 예술 작품 활동을 그대로 진행하게 된다. 그렇게 예술가들이 학교에서 작품을 만드는 동안 그들의 예술에 관심을 가지고 있는 아이들이 자연스럽게 그들의 활동에 참여해서 함께 시간을 보내는 것이다. 그런 과정 속에서 아이들은 자연스럽게 예술가들로부터 여러 가지 기법도 배우고, 그들 옆에서 자신의 작품도 같이 만들어보는 것이다. 이런 것이 바로 '어린이와 함께 하는 문화'의 예라고 할 수 있다.

앞서 언급한 다른 두 가지는 문화는 아이들과 어른들이 서로 떨어져 있기에 교육적 효과가 부족한 것이 사실이다. 하지만 세 번째 '어린이와 함께 하는 문화'는 어른들의 문화와 어린이들의 문화가 같이 엮어져 있기 때문에 아이들이 혼자서 쉽게 터득하기 힘든 것들을 익힐 수 있으면서도, 스스로의 능력을 발휘할 수 있다는 장점을 가지고 있다. 이 때문에 어린이와 함께 하는 문화가 최근의 아주 중요한 흐름으로 대두되고 있다.

하지만 우리나라에서 이런 문화는 아직 시작 단계로 그 사례를 쉽게 찾아보기 힘든 실정이다. 지금 우리에게 가장 부족하면서도 가장 필요한 것이 '어린이와 함께 하는 문화'이다.

가정에서 부모와 아이들은 단절되어 있는 경우가 많고, 학교에서도 아이들은 선생님이 가르치는 내용을 암기하거나 묻는 질문에 답하는 것을 제외하고는 쉽게 수업에 참여하지 못하는 상황이다. 이제 사회와 교육의 패러다임이 변화되고 있고, 아이들에게도 암기보다는 창의적 사고가 더욱 중요시되고 있다. 이런 흐름에 맞추어 '어린이와 함께 하는 문화'가 활성화될 수 있도록 교육의 방향을 재설정할 필요가 있다.

교육의 현장에서 '어린이와 함께 하는 문화'를 만들어내는 데 가장 유용한 도구가 스토리텔링이다.

마침 교육부에서는 학교 수업에 스토리텔링을 도입하는 시도를 하고 있다. 스토리텔링을 활용한 학교 수업도 교육의 목적을 가진 '어린이와 함께 하는 문화'의 일부인 것이다. 그 목적이 아이들의 태도와 가치관을 형성하는 것이든, 아이들의 잠재력을 끌어내기 위한 것이든, 어떤 지식을 전달해주기 위한 것이든 스토리텔링을 매개함으로써 '어린이와 함께 하는 문화'를 만들어낼 수 있다.

하지만 이런 스토리텔링의 문화를 제대로 만들어 가기 위해서는 아이들과 직접 접촉하는 위치에 있는 부모님, 선생님들이 스토리텔링을 할 수 있는 능력을 갖추고 있어야 한다.

필자는 이 책이 부모님, 선생님을 비롯하여 '어린이와 함께 하는 문화', 어린이와 함께 만들어가는 교육'을 위해 노력하는 모든 사람에게 조금이나마 도움이 되었으면 한다. 우리의 교육 현실을 생각하면 스토리텔링은 그냥 묻어두기에는 너무나 아까운 소중한 가치를 가지고 있다.

　필자는 앞으로도 교육에서 스토리텔링을 제대로 사용할 수 있는 방법을 찾기 위해 꾸준한 노력을 기울일 것이다. 스토리텔링에 관심을 가지고 있는 독자 여러분도 필자와 함께 힘을 모아 스토리텔링을 통해서 새로운 교육의 지평을 열어 나갈 수 있기를 바래본다.